TRAITÉ PRATIQUE

DE

L'EXTRADITION

suivi

DES INSTRUCTIONS MINISTÉRIELLES
DES CONVENTIONS D'EXTRADITION ET DES DÉCLARATIONS DE RÉCIPROCITÉ
ACTUELLEMENT EN VIGUEUR

PAR

EUGÈNE BOMBOY
DOCTEUR EN DROIT
Substitut du Procureur de la République
à Versailles

HENRI GILBRIN
DOCTEUR EN DROIT
Avocat, attaché au Ministère
de la Justice

PARIS
L. LAROSE ET FORCEL
Libraires-Éditeurs
22, RUE SOUFFLOT, 22

1886

TRAITÉ PRATIQUE

DE

L'EXTRADITION

IMPRIMERIE
CONTANT-LAGUERRE
LVX VITAM
BAR-LE-DUC

TRAITÉ PRATIQUE

DE

L'EXTRADITION

suivi

DES INSTRUCTIONS MINISTÉRIELLES
DES CONVENTIONS D'EXTRADITION ET DES DÉCLARATIONS DE RÉCIPROCITÉ
ACTUELLEMENT EN VIGUEUR

PAR

EUGÈNE BOMBOY
DOCTEUR EN DROIT
Substitut du Procureur de la République
à Versailles

HENRI GILBRIN
DOCTEUR EN DROIT
Avocat, attaché au Ministère
de la Justice

PARIS
L. LAROSE ET FORCEL
Libraires-Éditeurs
22, rue Soufflot, 22

1886

AVANT-PROPOS.

Cet ouvrage est essentiellement pratique; ce serait méconnaître notre pensée que de lui attribuer de plus hautes visées.

MM. Billot, ancien directeur des affaires politiques au Ministère des Affaires étrangères et Bernard, conseiller à la Cour de Dijon, exposent d'une façon magistrale, dans des traités presque récents, l'historique de l'extradition et les principes qui ont présidé à la conclusion des conventions actuellement en vigueur.

Si remarquables que soient ces études plus particulièrement théoriques, nous estimons qu'il importe de combler certaines lacunes développées par les progrès de la législation et d'insister sur la voie que doivent suivre tous ceux qui participent à une procédure d'extradition.

Les règles régissant cette matière, les relations existant entre la France et les autres nations, ne sont pas connues d'une façon bien précise. De là, des fautes regrettables : des malfaiteurs parviennent à échapper au châtiment qu'ils méritent, des procédures sont inutilement suspendues; des magistrats ne sachant pas sur quels documents les demandes d'extradition doivent être appuyées, négligent de transmettre les pièces nécessaires et des négociations qui doivent être suivies avec promptitude, sont ainsi retardées.

Ces irrégularités, constatées dans une circulaire par M. le Garde des sceaux, juge principal en matière d'extradition, se reproduisent encore aujourd'hui.

Puisse ce traité, où nous avons essayé de condenser les usages adoptés et les théories généralement admises, permettre de remédier à quelques-uns de ces inconvénients.

Sans rechercher ce que l'extradition a été dans le passé ou ce qu'elle sera dans l'avenir (sur ce dernier point un examen attentif des règles en vigueur amène forcément tout esprit judicieux à découvrir les réformes qui s'imposent), nous nous arrêtons à la jurisprudence actuelle en nous maintenant scrupuleusement dans l'exposition détaillée des règles imposées par la Chancellerie à tous les magistrats.

TRAITE PRATIQUE

DE

L'EXTRADITION.

NOTIONS GÉNÉRALES.

L'extradition consiste dans la remise d'un individu par un État à un autre État qui a compétence pour le juger et le punir.

C'est une opération conforme à la justice et à l'intérêt des États puisqu'elle tend à prévenir et à réprimer efficacement les infractions à la loi pénale.

L'association solidaire de tous les peuples pour le triomphe de la justice, l'assistance qu'ils se doivent pour empêcher l'impunité des crimes et des délits, telles sont les bases morales de l'extradition.

La sûreté des États, les exigences d'une bonne administration sont également intéressées à ce qu'il ne suffise pas aux coupables de franchir une frontière pour se créer un asile inviolable contre la justice humaine.

Aujourd'hui les moyens de communication sont si rapides et si nombreux, la fuite est si singulièrement facilitée par les progrès de la science, que les malfaiteurs parviendraient sans peine à se soustraire à toute répression s'ils n'avaient qu'à abandonner le pays où l'infraction a été commise.

Aussi, est-ce un devoir impérieux pour les États de se prêter une assistance conforme à la justice et tendant à favoriser la comparution devant les autorités compétentes de ceu qui ont essayé de l'éviter.

« La doctrine qui donne pour fondement à l'extraditio l'association de tous les peuples pour le triomphe de la jus tice, paraît destinée à prévaloir parce qu'elle prend sa sourc dans le droit naturel, et qu'elle considère l'humanité dan son ensemble, abstraction faite des limites conventionnelle qui séparent les diverses agglomérations humaines suivan les races, leur génie propre et les nécessités de leur existenc en sociétés différentes, suivant qu'elles ont été pénétrées plu ou moins profondément par la civilisation (1). »

Pendant longtemps, l'exil a pu être considéré comme l plus terrible des châtiments, comme aussi redoutable qu la mort. À Rome, l'exilé perd tout en perdant la patrie Exclu du culte de la cité, il se voit enlever du même coup so culte domestique et il doit éteindre son foyer. Il n'a plus l droit de propriété; sa terre, tous ses biens sont confisqués a profit des dieux ou de l'État. N'ayant plus de culte, il n' plus de famille, il cesse d'être époux et père (2).

Au moyen âge, l'exil n'est pas moins redouté et la seul pensée de l'existence au milieu de sociétés dont les mœur sont si différentes de celles du pays natal, inspire un légi time effroi. À l'heure actuelle les progrès de la civilisation tendent de plus en plus à faire disparaître le caractère afflictif de l'exil et pour une foule d'individus la répression serait tout à fait insuffisante.

Les réfugiés que visent les conventions d'extradition ne doivent pas être animés d'un patriotisme bien ardent et peu leur importe d'abandonner leur pays, pourvu qu'ils aient l'assurance de jouir en sécurité du produit de leurs méfaits. Souvent ils se bercent de l'espoir de se créer dans le pays de refuge une existence plus confortable que celle qu'ils avaient antérieurement, et d'y acquérir une considération qui leur faisait absolument défaut.

(1) Bernard, *Traité de l'extradition*, t. II, p. 18.

(2) V. Fustel de Coulanges, *La Cité antique*.

De plus, si l'infraction a été commise hors de la patrie du coupable; la fuite ne saurait avoir le caractère expiatoire qu'on serait tenté de lui attribuer.

Toutes ces idées démontrent surabondamment l'équité et l'utilité d'une mesure qui permet de placer sous la main de la justice des individus que la fuite mettait jadis à l'abri des lois.

En demandant l'hospitalité à un pays, les réfugiés ont quelquefois invoqué « le droit à l'asile. » Si chaque État, en vertu de son indépendance, peut accorder la faculté de séjourner sur son territoire, il ne s'ensuit pas que les étrangers puisent dans cette tolérance le moindre droit à faire valoir. Comment le droit à l'asile se concilierait-il avec l'idée de souveraineté territoriale? Comment le pouvoir exécutif se trouverait-il lié vis-à-vis d'individus venant s'établir sur son sol? « Il est évident, dit Faustin Hélie, que la seule volonté du réfugié ne saurait lui donner un droit absolu d'être reçu sur le territoire étranger. Son établissement sur ce territoire est toujours subordonné à la volonté du souverain; il se forme un véritable contrat, soit exprès, soit tacite entre l'expatrié et la nation qui lui sert de refuge; le concours des deux parties est donc indispensable. Tout homme est libre de se choisir une patrie, mais il faut que le pays qu'il adopte consente à l'adopter (1). »

Le séjour du réfugié ne doit donc être considéré que comme une simple tolérance qui cessera le jour où l'étranger accomplira des actes hostiles au gouvernement requérant. Si un État n'est jamais tenu d'extrader un individu, il a le devoir strict d'empêcher qu'on n'abuse de l'asile qu'il accorde pour menacer l'ordre public, la sécurité des autres États; il doit prendre les mesures indispensables pour s'opposer à des manifestations de cette sorte.

Chaque État fixe les conditions auxquelles il tolère sur son territoire la présence des réfugiés.

Parfois il se contentera d'exercer une surveillance active,

(1) Faustin Hélie, *Traité de l'instruction criminelle*, t. V, p. 658.

parfois des moyens plus énergiques seront nécessaires et il procédera soit à l'internement, soit à l'expulsion.

Ainsi la France a interné et même fait conduire à la frontière Allemande ou Belge des Carlistes compromis dans l'insurrection de 1872 (1).

C'est un droit indéniable pour un État d'offrir un asile sans avoir à répondre aux réclamations du pays quitté, mais ce qui excède son droit, c'est la liberté ou l'encouragement accordé à tout réfugié qui ne garde pas une neutralité absolue. De l'attitude du réfugié doit dépendre son séjour dans le pays de refuge. Victor Hugo retiré à Bruxelles au moment des événements de la Commune déclara dans l'*Indépendance Belge* qu'il ouvrait dans sa maison de la place des Barricades un asile à tous les proscrits de la Commune. Cette offre d'asile parut au Gouvernement Belge un assentiment donné aux crimes des fédérés et pour éviter des troubles autant que pour empêcher la formation d'une association dirigée contre le Gouvernement français, l'administrateur de la sûreté publique notifia à V. Hugo que « sa présence étant une occasion de troubles de nature à compromettre la paix publique, il était invité à quitter le pays.

L'exterritorialité n'implique aucun droit d'asile. Par suite, l'extradition d'un inculpé qui s'est réfugié dans l'hôtel d'un agent diplomatique en cherchant à se placer sous la protection de ce dernier, ne peut être refusée. Seulement il faut des ménagements extrêmes pour extraire le malfaiteur de l'endroit où il a cherché un refuge (2). Dans tous les cas, l'agent diplomatique est tenu de livrer aux autorités compétentes la personne régulièrement poursuivie, qui se serait réfugiée chez lui, ou d'autoriser dans sa demeure la recherche du fugitif (3).

Si dans les investigations rendues indispensables par suite

(1) V. Bluntschli, *Le droit international codifié.*

(2) *Droit international* de Heffter, traduit par Bergson, nos 394 et suivants, p. 132.

(3) Bluntschli, *Droit international,* n° 200.

de l'hospitalité offerte dans l'hôtel de l'agent, ce dernier se rendait coupable de quelque infraction à la loi pénale; les tribunaux de l'État près duquel il est accrédité ne pourraient intervenir pour le juger. Hors le cas de haute trahison ou d'hostilité manifeste émanant de l'agent et dirigé contre l'État, on ne peut le faire arrêter et même, en ce cas, on ne peut le retenir que jusqu'à ce que l'État dont il dépendait ait fait droit aux réclamations. Dans aucun cas, il ne peut être jugé (1).

« Il ne faut pas considérer d'une manière absolue l'hôtel du ministre étranger comme une partie du territoire du pays qu'il représente. Il n'y aurait plus de souveraineté si, au sein de chaque État se trouvait un territoire indépendant qui pût servir de refuge à tous les criminels. On doit donc se borner à déduire de l'inviolabilité de l'hôtel ces simples conséquences : que cet hôtel est sous la protection particulière des autorités locales qui doivent le mettre à l'abri de toute insulte, que ces autorités ne peuvent pas même dans les cas prévus par les lois, y pénétrer ou y envoyer leurs agents, qu'elles doivent en référer au chef de l'ambassade pour obtenir son agrément ou au ministre des Affaires étrangères pour avoir son autorisation, et que sauf le cas de nécessité pressante où le bien public serait en danger et ne permettrait point de délai, elles doivent attendre pour agir, la détermination du Gouvernement (2). »

Le fondement légal du droit d'extradition, en ce qui concerne notre droit actuel, réside dans la loi du 3 décembre 1849 qui permet au pouvoir exécutif de contraindre un étranger à quitter le territoire, si sa présence constitue un danger pour la sécurité publique (3).

« Le ministre de l'Intérieur pourra par mesure de police enjoindre à tout étranger voyageant ou résidant en France de

(1) Bluntschli, *Droit international*, n° 210.

(2) Faustin Hélie, *Traité de l'instruction criminelle*, t. II, n° 631.

(3) En ce sens, Billot, *Traité de l'extradition*, p. 31 ; Lawrence, *Commentaire sur les éléments du droit international*, t. IV, p. 479.

sortir immédiatement du territoire Français et le fera con duire à la frontière. Il aura le même droit à l'égard de l'é tranger qui aura obtenu l'autorisation d'établir son domicil en France; mais après un délai de deux mois la mesure ces sera d'avoir son effet, si l'autorisation n'a pas été révoqué par décision du Gouvernement, qui devra prendre l'avis du Conseil d'État (V. art. 7). »

Depuis que cet article confère au pouvoir exécutif le droit d'obliger par mesure de police un étranger à sortir du territoire, il n'est pas nécessaire de remonter à une époque plus éloignée pour rechercher d'autres textes donnant une base légale au droit d'extradition. En vertu de la loi de 1849, le Gouvernement est libre soit d'expulser simplement un individu, soit de le faire remettre à la frontière entre les mains des autorités qui ont compétence pour le juger.

Bien que l'extradition et l'expulsion soient fondées sur la loi de 1849, il faut se garder de les confondre l'une et l'autre. L'expulsion consiste dans le fait d'interdire à un individu de séjourner sur le sol Français sans le livrer à telle ou telle autorité étrangère. De plus, quand un individu est simplement l'objet d'un arrêté d'expulsion, il est de tradition constante qu'il ne doit pas être dirigé vers la frontière d'un pays dont il déclare redouter la justice. En aucun cas, et c'est une observation importante, l'expulsion ne sert les intérêts de la justice puisqu'elle n'a d'autre effet que d'éloigner du territoire des individus que leur attitude passée ou présente fait considérer comme dangereux.

L'extradition assure mieux le triomphe de la justice puisqu'elle permet de remettre aux autorités qui ont compétence pour le juger et le punir, l'individu qu'elles ont réclamé. L'extradition et le droit d'expulsion n'ont de caractère commun que leur application exclusive aux étrangers et jamais aux nationaux (1).

(1) Voir toutefois, art. 3 *in fine* de la loi du 4 mars 1872, qui établit des peines contre les affiliés de l'association internationale des travailleurs. « Tout Français auquel aura été fait application du paragraphe précédent

Ce n'est pas seulement comme facilitant la répression des délits qu'il faut envisager l'extradition, ce serait la considérer à un point de vue beaucoup trop étroit. Son rôle est plus étendu et nous tenons à appeler l'attention sur l'effet préventif qu'elle doit produire.

Les délits seraient moins nombreux si les coupables n'espéraient échapper au châtiment et c'est à ce propos qu'il est utile de rappeler cette pensée de Beccaria, « que la persuasion pour les coupables de ne pouvoir trouver sur la terre un lieu où les crimes puissent demeurer impunis serait un moyen efficace de les prévenir. » Quand cette idée se popularisera que la fuite n'est pas un obstacle à l'action de la justice et que par des formalités faciles à accomplir on peut être ramené dans le pays dont on a enfreint les lois, l'immigration des criminels baissera sensiblement et la moralité publique bénéficiera d'une mesure qui contribuera à détourner du crime tant d'individus se fiant encore à l'existence du droit d'asile.

La France, particulièrement, profitera de la généralisation de ces idées, car, par son climat, par les mœurs hospitalières de ses habitants, elle se présente à l'esprit des étrangers comme le pays le plus agréable à habiter, celui où leur genre de vie, s'il doit se modifier, subira les plus heureuses transformations. Ce sont là les vraies raisons qui contribuent, avec l'espérance de l'impunité, à attirer sur notre territoire tant d'individus poursuivis par la justice de leur pays.

Pendant l'année 1883, 398 extraditions ont été effectuées. Sur ces 398 extraditions, la France en avait demandé 125, savoir : 45 à la Belgique, 41 à la Suisse, 12 à l'Angleterre, 5 à l'Italie, 4 à l'Allemagne, 3 à l'Espagne, 3 aux Pays-Bas, 1 à l'Autriche, 1 à la Tunisie et 1 à la principauté de Monaco. Des 273 extraditions accordées par la France, 158 l'ont été à la Belgique, 50 à l'Italie, 27 à l'Allemagne, 24 à la Suisse,

restera, pendant le même temps, soumis aux mesures de police applicables aux étrangers conformément aux articles 7 et 8 de la loi du 3 décembre 1849. »

9 aux Pays-Bas, 3 à l'Espagne et 2 à l'Angleterre. Les 398 malfaiteurs extradés étaient poursuivis : 150 pour vol, 49 pour abus de confiance ou vol domestique, 43 pour faux, 34 pour assassinat, meurtre ou infanticide, 31 pour escroquerie, 26 pour banqueroute frauduleuse, 20 pour viol ou attentat à la pudeur, 13 pour coups et blessures, 8 pour attentat aux mœurs, 7 pour incendie (1).

Cette donnée suffisamment probante permet d'apprécier toute l'importance de la procédure qui permet de livrer aux juridictions répressives un si grand nombre de coupables dont la scandaleuse impunité aurait une influence néfaste.

La célérité avec laquelle s'examine tout ce qui a rapport à l'extradition engage de plus en plus les nations à se demander leurs services réciproques parce qu'elles sont assurées de l'extrême diligence apportée dans l'examen de leurs requêtes et dans les investigations effectuées en vue d'amener la prompte arrestation des personnes qui y sont désignées.

La voie diplomatique n'entraîne pas, comme on est généralement tenté de le croire, de retards dans la transmission et l'examen des demandes d'extradition, et on se ferait une fausse idée de la longueur des délais que réclame une procédure d'extradition si l'on acceptait sans réserve cette affirmation de M. Macé, ancien chef de la sûreté de Paris, « qu'une extradition par voie diplomatique nécessite autant de temps que la conclusion d'un traité avec la Chine (2). »

Les lenteurs de la voie diplomatique sont souvent exagérées à dessein et on incrimine trop facilement les fonctionnaires des administrations centrales dont on méconnaît souvent le zèle et dont l'activité contraste singulièrement avec les préoccupations étroites qu'on leur prête si volontiers.

Pourquoi supposer qu'ils n'examinent pas ces affaires avec la même attention que les magistrats du parquet? N'ont-ils pas le même intérêt à assurer la répression? et pourquoi dès

(1) V. compte général de l'administration de la justice criminelle en France et en Algérie pendant l'année 1883.

(2) M. Macé, *Le service de la sûreté*, p. 309.

lors suspecter le soin qu'ils ne manquent jamais d'apporter à l'étude de ces questions.

Au ministère des Affaires étrangères et au ministère de la Justice, les demandes d'extradition sont examinées en quelques heures et ce n'est que dans des cas tout à fait exceptionnels et en présence de difficultés graves qu'elles y séjournent plus longtemps.

Si nous insistons sur la rapidité de ces procédures c'est pour bien montrer que souvent la répression suit de près la perpétration du délit et qu'il ne faut jamais, en présumant que les formalités entraîneront de longs délais qui affaibliront l'impression publique, hésiter à faire des démarches pour obtenir la remise d'un individu réfugié en pays étranger. Les négociations pour amener la remise d'un inculpé réfugié dans un État limitrophe durent rarement plus d'un mois.

Si les demandes d'extradition tendent à augmenter de plus en plus, c'est précisément parce que quelques jours suffisent souvent pour y donner satisfaction.

Ajoutons pour engager à introduire ces requêtes dès que l'intérêt de la justice l'exige, que la proportion des coupables qui ne sont pas découverts est bien faible si l'on tient compte de l'habileté que déploient ceux qui, poursuivis par la justice, ont déjà pu lui échapper une première fois en franchissant les frontières du pays où ils avaient commis une infraction.

M. Billot, en se plaçant à un point de vue presque exclusivement juridique, démontre suffisamment que les rapports qui s'établissent entre deux Gouvernements à propos d'une extradition, acte de haute souveraineté ne doivent s'exercer que par la voie diplomatique. De plus, il constate que la demande d'extradition en suivant la voie diplomatique engage, en quelque sorte, la responsabilité du Gouvernement requérant et que l'État requis est ainsi assuré que les poursuites sont sérieuses.

Évidemment ces seules considérations suffisent pour justifier l'usage de la voie diplomatique, mais des observations dues à une expérience quotidienne nous font considérer le maintien de la procédure actuelle comme tout à fait indispensable.

Si toute demande d'extradition pouvait être introduite directement par les magistrats du parquet, de graves inconvénients ne tarderaient pas à se manifester. Des requêtes seraient considérées comme non avenues par les diverses puissances, la détention préventive des inculpés se prolongerait parfois outre mesure. Et plus particulièrement en ce qui concerne les magistrats français, nous connaissons la surveillance qu'exerce la chancellerie sur tous les documents qui lui sont transmis. Elle recherche non-seulement si les faits reprochés aux fugitifs ne constituent pas des infractions politiques, mais elle intervient presque chaque jour pour prier les parquets de faire compléter les mandats d'arrêt produits à l'appui d'une demande d'extradition et pour rappeler aux magistrats que l'arrestation provisoire d'un inculpé ne sera pas maintenue par l'État requis si les pièces exigées par les conventions ne sont pas expédiées sans délai.

Malgré le soin qu'elle ne manque jamais d'apporter dans la vérification des documents qui lui sont soumis, il n'est pas rare que les puissances étrangères se plaignent du laconisme extrême des pièces qui leur sont adressées (1).

Voilà ce que révèle la pratique, et ces simples observations suffisent pour montrer l'utilité de la voie diplomatique et les inconvénients qu'entraînerait la suppression d'un contrôle exercé par le Garde des sceaux et le Ministre des Affaires étrangères.

L'extradition rentre dans le droit international public, car elle met en rapport deux États à l'occasion d'une infraction commise sur le territoire de l'un par un individu qui s'est réfugié sur le territoire de l'autre — aussi les règles qui la gouvernent n'ont rien d'absolu ni d'invariable. — Elles résultent soit des coutumes, soit des traités internationaux (2).

(1) Voir lettre du Ministre de la Justice de Belgique dans l'ouvrage de M. Kirchner, *L'extradition*, p. 365.

(2) Voir Garraud, *Précis de droit criminel*, p. 523.

La connaissance de la procédure suivie, par les autorités françaises, ne saurait provenir que de l'étude des instructions ministérielles et des conventions internationales.

Notre droit interne paraît dégager de plus en plus les principes de cette matière; cependant il faut bien le reconnaître, et nous aurons occasion d'insister plus longuement sur ce point, certaine opinion de la jurisprudence se justifie difficilement et n'a été admise que par crainte de se heurter à des impossibilités pratiques.

À l'heure actuelle, les divers États sont unis par des traités nombreux dont le champ d'application tend à s'étendre de jour en jour.

Le traité Franco-Belge du 15 août 1874 nous apparaît comme le plus approprié à servir de type aux traités que la France conclura dans l'avenir.

L'utilité des conventions générales d'extradition a été clairement démontrée par M. Billot, « qui a représenté les difficultés contre lesquelles auraient à lutter deux puissances qui ne seraient pas liées par une convention de cette nature. À chaque cas nouveau, il faudrait avoir une convention nouvelle pour conclure un contrat particulier d'extradition, et l'issue de la négociation resterait incertaine; l'État requis n'accueillant pas immédiatement la demande d'extradition peut exiger des renseignements complémentaires, réclamer une promesse de réciprocité, enfin, refuser l'extradition sans donner de motifs. Perte de temps, incertitude sur l'issue de la procédure, voilà deux écueils sur lesquels les négociations courent le risque d'échouer. Il est donc tout à fait naturel que les États aient cherché à en éviter la rencontre, en se traçant, dans une convention générale, la ligne à suivre pour chaque affaire particulière. Ils ont déterminé les conditions que les demandes d'extradition doivent remplir pour être accueillies; ils se sont d'avance obligés à y faire droit lorsqu'il sera satisfait à ces conditions [1]. »

Pour être valables, les traités d'extradition doivent réunir

(1) Billot, *Traité de l'extradition*, p. 9.

les conditions essentielles exigées par l'article 1108 du Code civil pour la formation d'un contrat de droit privé : le consentement des deux parties contractantes, leur capacité de contracter, un objet certain formant la matière de l'engagement, une cause licite dans leur obligation. Il est facile de se rendre compte que rien ne s'oppose à ce que ces éléments coexistent dans les conventions internationales.

Toutefois, il existe une différence assez saillante entre les contrats de droit civil et les contrats intervenus entre deux puissances souveraines : la violence précédant la conclusion d'un contrat international ne saurait le vicier.

Comme le fait remarquer Montesquieu, aucune assimilation n'est possible entre le droit civil et le droit des gens au point de vue des circonstances précédant la formation d'un contrat. En droit civil, il est loisible de revenir sur un contrat vicié par la violence, car des tribunaux sont compétents pour prononcer la résiliation ; en droit des gens il en est différemment, et cela tient à ce qu'aucune autorité supérieure ne peut intervenir ; la force seule domine (1). Dès à présent, il est difficile de prévoir quand se réalisera ce vœu si souvent formulé par les publicistes de la création d'un tribunal arbitral appelé à résoudre les questions intéressant la souveraineté de deux États.

Les États mi-souverains peuvent conclure des traités d'extradition, à moins toutefois que les liens qui les unissent à la puissance suzeraine ne créent un obstacle absolu. C'est ainsi que la République d'Andorre ne saurait négocier de conventions avec la France ou avec l'Espagne, mais il n'y aurait, à notre sens, aucune raison de s'opposer à ce qu'elle en conclût avec d'autres puissances.

Le contrat d'extradition existe dès que l'État requis a donné son consentement ; il n'est pas nécessaire que ce consentement soit notifié à l'État requérant. C'est à tort que l'on a voulu exiger une notification en s'appuyant sur l'article 932 du Code civil dont la disposition ne s'explique que par la

(1) Montesquieu, *Esprit des lois*, livre XXVI, chapitre XXI.

défaveur dont les donations sont l'objet de la part du législateur qui multiplie les cas de nullité. Le consentement est souvent tacite. *Eàdem vis est expressi atque taciti consensus.* Il résulte de la remise de l'inculpé aux autorités étrangères ou de tout autre acte qui en fait supposer l'existence. C'est au point de vue de la prescription qu'il importe de rechercher l'époque précise où l'extradition est accordée.

Si des dispositions destinées à rester secrètes viennent modifier la convention, nous estimons qu'il y a lieu de leur attribuer la même valeur qu'à l'acte principal.

Le contrat d'extradition intervenant entre deux puissances et, dans aucun cas, l'extradé n'étant admis à critiquer la mesure qui intervient à son égard, ce serait faire échec à la souveraineté des hautes parties contractantes que de venir contester la validité de ces clauses.

Lorsque les négociations sont terminées, est-il nécessaire que le Parlement ratifie les conventions?

Nous ne le pensons pas, l'article 8 de la loi constitutionnelle sur les pouvoirs publics, du 16 juillet 1875, est ainsi conçu : « Le Président de la République négocie et ratifie les traités. Il en donne connaissance aux Chambres aussitôt que l'intérêt et la sûreté de l'État le permettent. — Les traités de paix, de commerce, les traités qui engagent les finances de l'État, ceux qui sont relatifs à l'état des personnes et au droit de propriété des Français à l'étranger, ne sont définitifs qu'après avoir été votés par les deux Chambres. » Les restrictions établies par le second alinéa de cet article ne mentionnent pas les conventions d'extradition, de plus, on peut hésiter à reconnaître une modification du statut personnel dans les conventions générales sur l'extradition par la raison que le principe de non-rétroactivité ne les régit pas. Ce sont uniquement des questions de procédure qui y sont résolues ; en conséquence, la ratification par les Chambres des traités de cette nature n'est pas indispensable, et le Président de la République est investi du droit de les ratifier (1).

(1) En ce sens, Garraud, *Précis de droit criminel*, p. 524 : « Les traités

Si, en fait, ces conventions sont soumises au Parlement, c'est uniquement par déférence.

La ratification par l'autorité législative offre ce grave inconvénient de reculer l'époque de la mise en vigueur de la convention; ainsi la convention Franco-Anglaise conclue le 4 août 1876 n'a été approuvée par les Chambres que le 3 avril 1878.

Si nous faisons immédiatement application de la règle que nous venons d'exposer, nous en déduirons que le Président de la République peut toujours accorder à des puissances étrangères l'extradition d'individus poursuivis pour des faits qui ne sont pas prévus dans les conventions.

L'extradition n'est obligatoire que si l'État requis est engagé vis-à-vis du Gouvernement requérant; au contraire, en dehors des traités, elle est toujours facultative (1).

L'énumération des infractions qui figure dans une convention ne limite donc pas les droits du pouvoir exécutif qui reste toujours maître absolu d'accorder l'extradition d'un inculpé. Cette théorie a été consacrée par un arrêt de la Cour de cassation du 13 avril 1876 : « La Cour, sur l'unique moyen tiré de l'illégalité de l'extradition du demandeur, en ce que le crime pour lequel il a été livré aux autorités françaises ne serait pas prévu par le traité du 21 juin 1845 passé entre la France et la Prusse, ni par celui du 11 décembre 1871 entre la France et l'Allemagne.

« ..... Attendu, il est vrai, que le crime d'abus de confiance prévu par l'article 408 Code pénal n'est pas spécifié dans l'article 2 du traité conclu le 21 juin 1845 entre la France

d'extradition n'affectent pas, au sens propre du mot, l'état des personnes, qui n'est autre chose que l'ensemble des droits civils et politiques d'un individu : le Gouvernement requis, en accordant l'extradition, n'enlève aucun droit à l'extradé; il le replace seulement dans la situation qu'il avait avant sa fuite. » En sens contraire, M. Laboulaye, rapporteur de la loi constitutionnelle du 16 juillet 1875.

(1) Les traités définissent les obligations réciproques des nations et les rendent claires et précises, mais ils ne les créent pas. Faustin Hélie, livre III, chap. v, § 134.

et la Prusse, ni par la convention du 11 décembre 1871 dont l'article 18 n'a fait qu'étendre à l'Alsace-Lorraine les dispositions du traité de 1845.

« Mais attendu que le droit d'extradition est un droit que le Gouvernement puise dans sa propre souveraineté et non dans les traités qu'il a pu conclure avec la puissance à laquelle appartient le réfugié, que les conventions de cette sorte obligent sans doute les États qui les ont consenties à se livrer réciproquement leurs nationaux poursuivis pour crimes sur leurs territoires respectifs, dans les cas qu'elles déterminent, mais qu'elles ne peuvent faire obstacle à ce que l'extradition soit accordée dans d'autres cas et pour d'autres crimes que ceux qui sont spécifiés; que ces actes de haute administration généralement motivés sur des nécessités ou même de simples convenances internationales échappent à toute appréciation et à tout contrôle de l'autorité judiciaire qui n'a pas à s'enquérir des motifs qui ont déterminé l'extradition, que l'extradé, soit en vertu de ces mêmes traités, soit spontanément en vertu d'un acte du Gouvernement sur le territoire duquel il s'était réfugié, n'a aucun titre pour réclamer contre son extradition; que sa fuite, pour se soustraire à la justice de son pays ne lui crée aucun droit; que l'État étranger auquel il demande asile est toujours maître de le lui refuser (1). »

Il n'en est pas de même dans les États où le Gouvernement est enchaîné par une loi. Ainsi en Belgique, en Hollande, en Angleterre, aux États-Unis, des lois déterminent les infractions pour lesquelles l'extradition peut avoir lieu, et le Gouvernement n'a d'autre liberté que celle de se mouvoir dans les limites fixées par la loi d'extradition.

Par conséquent, il ne faut pas toujours conclure que la remise des malfaiteurs puisse être seulement effectuée pour les infractions visées dans les traités. Il y a lieu de rechercher si le pays de refuge ne possède pas de loi sur l'extradition qui entrave sa liberté d'action.

Si donc, après un examen même approfondi des conven-

(1) Sirey, 1876. 1. 287; et Dalloz, 1876. 1. 512.

tions qui relient l'État où il a commis son crime et l'État où il a l'intention de se réfugier, un individu pense que le fait pour lequel il est poursuivi n'entraînera pas son extradition, il risque souvent d'être, à bref délai, victime d'une erreur que l'étude seule des conventions ne saurait dissiper.

Dans une circulaire du 30 juillet 1872, le Garde des sceaux a appelé l'attention des magistrats sur ce point : « Excepté pour l'Angleterre, les États-Unis, la Belgique (ajoutez les Pays-Bas), le silence du traité relativement à certains délits n'empêche pas de réclamer l'extradition qui peut être accordée à titre de réciprocité. L'extradition peut avoir lieu de même en l'absence de tout traité, comme avec la Russie ou le Brésil. »

Ainsi le système suivi aux États-Unis en matière d'extradition ne permet pas au Gouvernement fédéral de prendre l'engagement de livrer un individu à charge de réciprocité en dehors des termes stricts du traité. Dans ce pays, ce n'est pas à l'autorité administrative qu'il appartient, ainsi qu'en France, de statuer en matière d'interprétation sur les clauses d'un traité d'extradition, ce droit est réservé exclusivement au pouvoir judiciaire.

Les États s'aperçoivent de plus en plus qu'ils n'ont point à bénéficier de la présence sur leur territoire de tous ces individus que leurs méfaits éloignent de leur patrie, et si aucune convention n'existe ou si les faits ne sont pas visés dans la convention en vigueur, les États qui ne sont point liés par une loi peuvent toujours livrer ces individus à charge de réciprocité.

Depuis quelques années, la France n'a pas conclu de nouveaux traités d'extradition. Les négociations engagées avec divers États ont été suspendues en attendant le vote définitif d'une loi sur l'extradition votée par le Sénat en 1879.

Mais pour obvier aux inconvénients qui naissent de l'absence de traités ou des lacunes de certaines conventions, le Gouvernement français n'hésite jamais à demander, lorsque les lois du pays de refuge le permettent, ou à accorder des extraditions sous condition de réciprocité.

Si les délits sont visés dans une convention d'extradition, la remise est obligatoire, car on leur a reconnu un caractère grave au point de vue social.

En l'absence de traité, il faut se décider suivant les circonstances, car il peut arriver que l'impunité de certaines infractions n'ait, dans un autre État, rien d'alarmant pour l'ordre public (1).

Sans méconnaître l'utilité de la réciprocité qui a pour résultat d'étendre le domaine de l'extradition, nous pensons qu'elle ne doit pas être considérée comme une des bases du droit d'extradition (2). Par sa seule présence, le malfaiteur constitue souvent un danger pour le pays de refuge par suite de ses antécédents et du spectacle de son impunité, et un État peut avoir un intérêt direct à remettre aux autorités étrangères qui ont compétence pour lui faire expier son infraction, un malfaiteur qui a enfreint leurs lois. C'est au Gouvernement seul qu'il appartient de déterminer quelles sont les conditions dans lesquelles la réciprocité doit être exigée. On considère souvent la réciprocité comme commandée par la justice, et c'est parce qu'elle ne nous était pas accordée par l'Angleterre, que la France dénonçait en 1865 le traité du 13 février 1843 qui, dans cet intervalle, n'avait produit qu'une seule extradition sur les soixante qui avaient été demandées.

Outre l'intérêt qu'a tout État de purger son territoire de la présence de criminels qui viennent y chercher un asile, on peut ajouter qu'une disposition dont le besoin ne se fait nullement sentir et dont l'utilité est peu apparente ne devrait figurer qu'exceptionnellement dans une convention d'extradition.

(1) V. par exemple à l'appendice la solution qu'ont reçue les différentes demandes d'extradition adressées à la France par la Russie.

(2) « Le pays où se réfugient des malfaiteurs a intérêt à les livrer même sans réciprocité; cette mesure est beaucoup plus efficace que l'expulsion pour écarter le danger provenant de leur présence, car elle intimide davantage ceux qui seraient tentés de suivre leur exemple et de s'introduire sur le territoire, elle contribue ainsi à la sécurité intérieure en même temps

« Il n'y a, dans le principe de réciprocité, rien qui réponde à une idée vraiment scientifique; sans doute, on a le droit de refuser à un État étranger les avantages qu'il ne veut pas accorder; le Gouvernement français agissait régulièrement en 1865 en dénonçant le traité qui l'unissait à l'Angleterre et qui ne recevait pas d'exécution sérieuse de la part de celle-ci, mais il aurait néanmoins fait un acte conforme au droit en accueillant les demandes d'extradition adressées par le Gouvernement anglais. La question de savoir s'il faut livrer les criminels à un État qui ne veut pas nous restituer les nôtres est une question de politique, d'utilité pratique et non une question de justice. Nous ne faisons rien d'injuste en les lui refusant, comme nous ne faisons rien d'injuste en les lui accordant. On a donc eu tort de faire de la réciprocité quelque chose d'essentiel, et le législateur devrait laisser au Gouvernement la faculté d'agir suivant les circonstances (1). »

À moins d'être conclus entre deux États qui ont les mêmes lois et la même procédure criminelle comme l'Angleterre et les États-Unis, les traités d'extradition ne peuvent être fondés, comme le sont les traités de commerce, sur le principe d'une complète égalité, et on ne peut y réclamer d'un contractant telles ou telles facilités, par cela seul qu'on les lui accorde ou plutôt qu'on les lui offre soi-même (2). Le principe de réciprocité est maintenu dans l'article premier du projet de loi voté par le sénat le 4 avril 1880 (3).

qu'elle est conforme à la justice générale. » Bard, *Précis de droit international*, p. 37.

(1) Rapport de M. Renault, *Annuaire de l'Institut du droit international*, 1881-1882, p. 76.

(2) Prévost-Paradol, *Revue des Deux-Mondes*, 15 février 1866.

(3) La réciprocité doit être l'état normal; c'est elle que l'on doit présumer dans l'interprétation des traités; mais il ne faut pas que la France se prohibe absolument le droit d'extrader pour des faits qui, inoffensifs ordinairement sur son territoire et non prévus par ses lois, constituent cependant, au point de vue de la morale et des principes généraux du droit, de véritables crimes très justement prévus et punis par d'autres législations sous des dominations particulières. Ainsi la France devrait accorder l'extradition à la

Pour légitimer l'extradition, il nous a suffi de montrer qu'elle répondait à une véritable obligation : celle d'assurer le triomphe de la justice, ce qui implique cette idée fondamentale que les faits qui la motivent doivent être envisagés comme répréhensibles par les lois de l'État requérant et de l'État requis.

Après avoir recherché et exposé les principes qui servent de base au droit d'extradition, nous allons indiquer les personnes passibles d'extradition et les actes que les différents États considèrent comme de nature à motiver cette mesure. Nous nous attacherons ensuite à déterminer d'une façon précise les diverses formalités que nécessite une procédure d'extradition.

Hollande pour le fait de porter atteinte à la solidité des digues qui peut amener les plus grands malheurs dans ce pays, sans avoir à la demander à son tour pour le même fait que ne prévoient pas nos lois (V. Deloume, professeur à la Faculté de Toulouse, *Principes généraux de droit international en matière criminelle*, p. 156).

DES PERSONNES PASSIBLES D'EXTRADITION.

La nationalité et la condition de l'inculpé doivent toujours faire l'objet d'un examen attentif, car les conventions actuellement en vigueur établissent que certaines catégories de personnes ne sont pas soumises à l'extradition (1). Comme nous l'établirons plus loin, l'extradition devrait s'appliquer à toute personne, sans distinction de nationalité, poursuivie pour une infraction grave et réfugiée sur un autre territoire que celui où le fait a été perpétré. Mais dans l'état des relations internationales, nous doutons fort de l'adoption prochaine de ce principe que la science aussi bien que l'intérêt général paraissent réclamer avec autant d'insistance. Le cas qui se présente le plus fréquemment dans la pratique est celui où l'inculpé dépend par sa nationalité du pays requérant; mais d'autres hypothèses peuvent être soulevées, par exemple lorsque l'inculpé appartient par sa nationalité « soit au pays de refuge, soit à un pays tiers. Nous allons examiner quelles sont les solutions qui doivent intervenir.

L'État requérant, en dissimulant la nationalité de l'inculpé, s'expose à ce que l'extradition concédée soit considérée

(1) L'esclave en touchant le sol français devient libre. « *Fit liber quisquis solum galliæ cum vice contegerit.* Sous quelque prétexte que ce soit, et si grave que soit le crime qu'il ait commis, l'esclave ne saurait être livré au pays requérant qu'autant que ce dernier prendrait l'engagement d'agir à son égard comme vis-à-vis d'un homme libre. Cet engagement, pris par l'État requérant de traiter le réfugié comme un homme libre, ne doit pas suffire au Gouvernement requis qui doit, en outre, s'assurer que la demande d'extradition n'est pas basée sur une infraction dont la criminalité résulterait uniquement de la condition antérieur de l'esclave.

comme non avenue, alors même que la véritable nationalité connue de l'État requis eût été sans influence sur l'issue de la procédure, car une décision motivée sur de fausses déclarations pourrait créer des complications regrettables (1).

(1) *L'extradition,* par F.-J. Kirchner, Introduction, p. XVI.

DES RÉFUGIÉS PAR FORCE MAJEURE.

Les réfugiés par force majeure sont passibles d'extradition. Les Gouvernements ne doivent pas se préoccuper des événements qui jettent sur leur territoire des individus poursuivis par la justice étrangère. Du moment que la nationalité des malfaiteurs et les faits qu'ils ont commis permettent de les extrader, pourquoi s'inquiéter des circonstances qui amènent leur présence sur le sol d'un État?

En vertu de son droit de souveraineté, l'État, reste toujours maître de prendre telle détermination qu'il jugera utile à l'égard de tout étranger trouvé sur son territoire.

En ce qui concerne la France, le pouvoir exécutif peut, dans tous les cas, en vertu de la loi du 3 décembre 1849, prendre un arrêté d'expulsion contre un étranger dont la présence est considérée comme dangereuse. Comment lui refuserait-on de livrer à la justice compétente un délinquant qui se trouve dans les limites de sa souveraineté [1].

Est-ce une violation du droit des gens? Nullement, comme le prouvent la raison que nous avons donnée en nous appuyant sur l'idée de souveraineté et les faiblesses de l'argumentation des partisans du système adverse se fondant sur le terme « réfugié » qui semble indiquer qu'il s'agit d'une action volontaire, réfléchie.

N'est-ce pas insister outre mesure sur la signification d'un terme dont on ne peut tirer aucun argument, puisqu'il ne figure pas dans tous les traités? De plus, n'est-il pas permis de présumer que les négociateurs ont statué sur le *plerumque fit* et n'ont pas attribué au mot « réfugié » le sens restreint que quelques-uns lui attribuent?

(1) Bernard, *De l'extradition,* t. II, p. 97.

Cette manière de voir semble appelée à triompher. Défendue par la plupart des publicistes, elle a été adoptée en 1879 devant le Sénat lors de la discussion du projet de loi sur l'extradition dont l'article 1er porte « que le Gouvernement pourra, sous condition de réciprocité, livrer aux Gouvernements étrangers, sur leur demande, tout individu non Français poursuivi, mis en prévention ou accusation, ou condamné par les tribunaux de la puissance requérante, pour avoir commis sur le territoire de cette puissance l'une des infractions ci-dessus indiquées et qui serait TROUVÉ sur le territoire de la République ou de ses possessions coloniales (1). »

(1) En ce sens, Billot, p. 63.

DES SUJETS D'UN PAYS TIERS.

Si l'individu dont l'extradition est demandée n'appartient, par sa nationalité, ni au pays requérant ni au pays requis, il est d'usage de le désigner sous le nom de sujet d'un pays tiers.

Ainsi, un Belge coupable d'un crime commis en France se réfugie en Italie. Si la France réclame son extradition à l'Italie, les négociations ne s'établiront pas seulement entre ces deux pays, mais la Belgique consultée donnera son avis sur l'extradition.

Le Gouvernement du pays tiers intervient parce qu'il doit étendre sa protection sur ses nationaux, même lorsqu'ils sont à l'étranger. Peut-être contestera-t-il l'utilité de l'extradition ou se bornera-t-il à demander l'insertion de réserves dans l'acte d'extradition? Parfois, si sa législation le lui permet, il réclamera l'extradition.

Jamais l'État requis n'est lié par l'avis du pays tiers, il reste toujours libre d'agir comme bon lui semble sauf toutefois en ménageant les justes susceptibilités d'un État dont il méconnaît les observations. Le pays de refuge ne doit pas abdiquer son indépendance, le droit de livrer l'inculpé à l'État qui le poursuit ne peut être diminué.

Le droit du pays requérant de réclamer l'extradition pour une infraction commise sur son territoire, même lorsque le criminel n'est pas son sujet, se justifie facilement (1). C'est la

(1) Pourrait-on objecter que cette mesure, n'ayant pas pour effet de le renvoyer devant les juges de son pays, est injuste ou oppressive? ou que l'agent, étant étranger à l'une et à l'autre nation, ne peut être livré par l'une à l'autre? Mais d'abord les juges du lieu de la perpétration du crime sont les juges naturels de l'accusé; ensuite, l'extradition n'a point pour objet de rendre un individu à son pays, mais bien de restituer un accusé à la juridiction compétente (Faustin Hélie, *Instruction criminelle*, t. II, p. 19).

loi territoriale qui a été violée, la loi dont l'État doit assurer le respect; par conséquent, c'est cet État qui a l'intérêt le plus direct à la répression, et ses droits ne doivent pas être amoindris par la fuite du coupable. Si le coupable est arrêté au moment de la perpétration de l'infraction, la justice locale est compétente. Doit-elle cesser de l'être si le coupable parvient à gagner une terre étrangère? Ce sont, dit-on, les bonnes relations existant entre les États qui ont contribué à faire adopter cette règle plus strictement imposée quand elle fait l'objet d'une clause spéciale. Mais pourquoi admettre l'État requis à donner un avis qu'on ne lui demanderait pas si le coupable avait été arrêté sur le territoire dont il a violé les lois?

À notre avis, l'État dont l'inculpé dépend par sa nationalité ne devrait être admis à demander l'extradition de son national que dans le cas où il serait plus directement intéressé à la répression.

Jamais ce n'est à l'État requérant qu'il appartient de consulter l'État tiers.

L'État requérant, en formant une demande d'extradition, doit seulement prouver l'infraction commise et sa compétence; c'est au pays de refuge à examiner souverainement les diverses raisons qui seraient de nature à faire écarter la demande.

Le Gouvernement français ne se conforme pas rigoureusement aux règles que nous avons exposées et lorsqu'on lui demande l'extradition d'un individu qui n'est pas sujet de l'État requérant, il néglige de consulter le pays tiers et la procédure se poursuit comme si l'inculpé appartenait par sa nationalité au pays requérant.

Avant de terminer cet exposé sur la situation du sujet d'un État tiers, rappelons l'article 5 du Code d'instruction criminelle pour démontrer que le Gouvernement français, consulté par un État sur le point de savoir s'il se propose de demander l'extradition d'un de ses sujets dont l'extradition est réclamée par un État dont le territoire a été le lieu de l'infraction, est dans l'impossibilité de le faire, à moins, toutefois, qu'il ne s'agisse d'un des crimes prévus par l'article 7.

« Tout Français qui, hors du territoire, s'est rendu coupable d'un crime puni par la loi française, peut être poursuivi et jugé en France. Tout Français qui, hors du territoire de France, s'est rendu coupable d'un fait qualifié délit par la loi française, peut être poursuivi et jugé en France, si le fait est puni par la législation du pays où il a été commis, aucune poursuite n'a lieu *avant le retour de l'inculpé en France,* si ce n'est pour les crimes énoncés en l'article 7. »

Si donc un Français, après avoir commis un assassinat en Belgique, se réfugie en Allemagne, le Gouvernement allemand demandera au Gouvernement français s'il se propose d'introduire une requête d'extradition.

La réponse du Gouvernement français est commandée par l'article 5 qui n'autorise de poursuites que lorsque le retour de l'inculpé en France est volontaire.

Comme nous l'avons fait observer, il en serait autrement si les crimes reprochés (hors celui d'attentat à la sûreté de l'État), figuraient parmi ceux qui sont énumérés dans l'article 7 du Code d'instruction criminelle et qui sont les crimes de contrefaçon du sceau de l'État, de monnaies nationales, de papiers nationaux, de billets de banque autorisés par la loi. Dans ces différentes hypothèses, le Gouvernement français pourrait demander l'extradition, parce que l'article 5 *in fine* ne subordonne pas les poursuites au retour volontaire de l'inculpé.

DES NATIONAUX.

La France ne livre jamais ses nationaux. De toutes les nations avec lesquelles elle a conclu des conventions, il n'y a que les États-Unis qui consentent à lui accorder l'extradition de leurs sujets.

La jurisprudence du Gouvernement français, est nettement exposée dans la circulaire de M. Martin du Nord du 5 avril 1841 : « Les puissances ne consentent pas à livrer leurs nationaux ; il en résulte que la France ne peut réclamer que l'extradition d'un Français ou d'un étranger réfugié dans un pays autre que celui auquel il appartient. » Cette théorie n'est plus aujourd'hui rigoureusement exacte, puisque les États-Unis admettent l'extradition de leurs nationaux. Au moment où la circulairé était rédigée, les États-Unis n'accordaient pas d'extradition, parce que la question de savoir si le droit de livrer les criminels appartient à chacun des États ou au Gouvernement central n'était pas encore tranchée.

Voilà la seule exception au principe de non-extradition des nationaux, elle n'a d'importance qu'au point de vue théorique ; car, comme nous l'exposerons ultérieurement, les exigences du Gouvernement fédéral sont telles, les demandes d'extradition rencontrent tant d'obstacles que jamais le Gouvernement français ne sera assez téméraire pour réclamer l'extradition d'un citoyen américain.

L'Angleterre, qui admet en principe la remise de ses nationaux, les a cependant exclus de la convention du 14 août 1876 dont les dispositions sont basées sur une stricte réciprocité. L'article 2 est ainsi conçu : « Les nationaux respectifs soit d'origine, soit par l'effet de la naturalisation sont exceptés de l'extradition (1). »

Toutes les puissances, sauf les États-Unis, s'interdisant de nous livrer leurs nationaux, il est indispensable, lors de l'introduction d'une demande d'extradition, de s'enquérir soigneusement de la nationalité de l'individu poursuivi, afin de ne jamais réclamer d'un Gouvernement l'extradition d'un de ses sujets.

Quand c'est à la France qu'une requête d'extradition est adressée, le procureur de la République, conformément aux prescriptions de la circulaire du 12 octobre 1875, vérifie le statut personnel de l'inculpé et le mentionne dans l'interrogatoire. — En présence de graves difficultés sur le point de déterminer si le réfugié est Français ou étranger, le procureur de la République n'hésitera pas à saisir le tribunal civil.

Cet usage de ne pas livrer les nationaux est constaté et défendu dans l'Exposé des motifs du projet de loi voté en deuxième lecture par le Sénat dans la séance du 4 avril 1880.

« L'article 1er mentionne une restriction qui est insérée dans tous nos traités. La France ne livre point ses nationaux. Il est admis qu'un citoyen rentré dans sa patrie ne peut en être arraché par une accusation venue de l'étranger qui aura pour effet de le distraire de ses juges naturels. L'article 5 du Code d'instruction criminelle, en permettant au ministère public de poursuivre à son retour en France tout Français ayant commis un crime hors du territoire, donne à la justice répressive les droits dont elle ne saurait être dépouillée. Cette disposition rend inutile l'extradition; elle ne permet donc à personne d'échapper à la vindicte des lois. L'exception appliquée aux nationaux est une garantie pour les Français sans être un péril pour l'ordre national. La plupart des États ont adopté cette règle. Seuls, l'Angleterre et les États-Unis

(1) L'Angleterre, dans la convention qu'elle a conclue avec l'Espagne le 4 juin 1878, s'engage à extrader ses nationaux, alors que l'Espagne maintient le principe de leur non-extradition. — Communication à la Société de législation comparée, faite par M. Heurteau, chef des affaires criminelles (mars 1880).

professent une opinion contraire et n'admettent pas qu'un homme puisse être soustrait à la justice d'un pays dont il a violé les lois. Nous n'avons pas pensé qu'il y eût des motifs suffisants pour déroger à la tradition sous l'empire de laquelle ont été conclues nos conventions diplomatiques. »

Assurément la France, en ne livrant pas ses nationaux, ne compromet pas les intérêts de la justice répressive, puisque, du moment où un Français est revenu volontairement sur son territoire, l'article 5 permet, sauf une restriction en ce qui concerne les délits, de le poursuivre devant les tribunaux.

La plupart des législations étrangères contiennent des dispositions de cette nature. Ce n'est donc pas sur l'impunité dont les coupables bénéficient dans des cas fort rares que nous comptons nous appuyer pour combattre avec d'éminents publicistes un système imposé par le droit conventionnel.

« Les devoirs de protection de l'État n'ont pas l'étendue qu'on prétend leur donner. L'État doit veiller à ce qu'aucun de ses nationaux ne soit, à l'étranger, victime de denis de justice, de flagrantes iniquités. Mais lorsqu'une puissance offre une organisation régulière et de suffisantes garanties de justice, l'État ne manque pas à ses devoirs en livrant les coupables à l'application des lois qu'ils ont violées. S'il a des devoirs à l'égard de ses nationaux, il en a d'autres à remplir envers les États voisins ; il manquerait à ces derniers s'il refusait son concours à la répression des infractions commises sur le territoire étranger (1). »

On ne saurait exciper également du droit pour un national d'être jugé par ses juges naturels. Car, quels sont ces juges naturels auxquels font allusion les chartes de 1814 et de 1830? Ce sont peut-être les juges du lieu de l'infraction aussi bien que ceux du pays auquel l'inculpé appartient par sa nationalité. La difficulté de déterminer d'une façon précise ce qu'il faut entendre par « juges naturels » amène les par-

(1) Billot, *Traité de l'extradition*, p. 67.

tisans de l'un ou de l'autre système à se fonder sur ce texte ambigu.

Aucune raison vraiment solide n'est donnée à l'appui de cette règle qui veut que les nationaux ne soient pas extradés. Cependant les garanties de l'instruction, l'utilité de la répression sont plus manifestes là où l'infraction a été commise. Ne sont-elles pas sensiblement diminuées si c'est le pays de refuge qui retient l'affaire et statue?

En ce qui concerne l'instruction, c'est au lieu où le fait a été perpétré que les éléments du corps du délit seront plus facilement reconstitués. Les complices pourront être aisément englobés dans les poursuites. Les preuves seront plus facilement rassemblées.

Lors des débats publics, les témoins devront comparaître sous peine d'être passibles des peines édictées contre les témoins défaillants.

Le droit international n'admettant pas que la comparution d'un témoin puisse être sanctionnée par une peine quelconque, car les distances, le temps nécessaire pour assister aux débats ont amené les négociateurs à penser que les dérangements causés aux témoins ne sont pas compensés par l'utilité de leur présence au procès, il en résulte que les témoins cités par voie diplomatique ont toute liberté de comparaître (1).

En supposant même que les témoins viennent déposer devant les tribunaux du pays de refuge, l'instruction faite à l'audience sera moins complète.

Obligés de s'exprimer dans leur langue maternelle, les témoins pourront ne pas être compris des magistrats qui réclameront le concours d'interprètes dont les traductions ne reproduiront peut-être pas fidèlement des nuances de langage

(1) V. par exemple, convention du 16 juillet 1873 avec l'Italie. « Si dans une cause pénale, la comparution personnelle d'un témoin est nécessaire, le gouvernement du pays auquel appartient le témoin, l'engagera *à se rendre à l'invitation* qui lui sera faite. Si le témoin requis *consent* à partir, une indemnité de voyage et de séjour lui sera accordée et payée d'avance par l'État requérant. »

réflétant souvent des impressions dont la connaissance importe beaucoup aux juges.

Quant à la répression, c'est là où le délit a produit ses effets que la nécessité de l'exemple est imposée par l'utilité sociale. « Si le lieu de la peine ne peut être que celui où s'est commis le crime, c'est parce que c'est là seulement et non ailleurs, que les hommes sont forcés de faire du mal à un particulier pour prévenir le mal public (1). »

Se défie-t-on des juges étrangers? Doit-on suspecter leur impartialité? Si ces autorités étrangères n'inspirent pas une confiance absolue, pourquoi leur livrer des individus appartenant à une autre nationalité (2)? Quand il s'agit de crimes politiques, les États ne se livrent pas les réfugiés, non-seulement parce que la détermination du délit est difficile, mais surtout parce que la répression peut ne pas être juste. Mais pour les délits de droit commun, il n'y a pas lieu de redouter que les entraînements des passions n'égarent les juges, et lorsque des traités d'extradition interviennent entre deux puissances, c'est qu'elles reconnaissent qu'elles offrent toute garantie de justice et d'impartialité.

Les droits de souveraineté de l'État ne sauraient être affaiblis par le fait de la remise d'un national à une puissance étrangère. Et sur ce point nous ne faisons que suivre l'opinion de Napoléon Ier, certes, bien soucieux de n'abdiquer aucune des prérogatives de la souveraineté.

Le décret du 23 octobre 1811 réglait en effet la procédure à suivre pour examiner la demande d'extradition d'un national adressée à la France par un gouvernement étranger.

« Toute demande d'extradition faite par un gouvernement étranger contre un de nos sujets prévenu d'avoir commis un crime contre des étrangers sur le territoire de ce gouvernement nous sera soumise par notre grand juge ministre de la Justice, pour y être par nous statué ainsi qu'il appartiendra. A cet effet, ladite demande appuyée de pièces justificatives

(1) Beccaria, *Traité des, délits et des peines*, XX.

(2) V. Bard, *Précis de droit international*, p. 53.

sera adressée à notre ministre des relations extérieures, lequel la transmettra avec son avis à notre grand juge ministre de la Justice. »

Si rare qu'ait été l'application de ce décret, puisqu'on peut à peine citer quelques Français remis aux autorités étrangères (1), il est bien permis de supposer que Napoléon, en consentant même parfois à accorder l'extradition de ses soldats, n'entendait pas accomplir un acte qui dût amoindrir son autorité.

Tous les arguments donnés à l'appui du système dont nous souhaitons l'adoption ont été fidèlement réunis dans un discours prononcé par Jules Favre au Corps législatif lors de la discussion de la loi du 27 juin 1866 : « C'est à mon sens une préoccupation étroite, mesquine de nationalité que de prétendre que l'extradition ne puisse pas s'opérer dans de telles circonstances. L'extradition sera le dernier mot de cette lutte entre deux principes contradictoires qui se sont longtemps combattus et qui finiront par s'entendre dans un sentiment commun de justice. En définitive, ce sera la meilleure, la plus sûre et en même temps la plus tutélaire des répressions, une répression bien supérieure à l'exception contenue dans l'article 5; devant la juridiction étrangère l'inculpé serait sur les lieux, il pourrait produire des preuves, faire entendre des témoins, il aurait tous les moyens d'information si précieux dans une affaire criminelle (2).

Oui, l'avenir imposera cette règle, que c'est là où le crime a été commis que doit avoir lieu la répression; le libre-échange des criminels assurera la plus grande protection de la société. Toutefois, nous apporterions quelque tempérament à ce prin-

(1) Un décret du 20 décembre 1812 porte que le nommé Vauclaire (Pierre-François), natif de Dolle (Haut-Rhin), aide-major du 7e régiment de ligne, prévenu de bigamie, sera mis à la disposition des autorités de Bavière.

Un autre décret du 25 février 1813 met à la disposition des autorités de Nassau le nommé Flor (Gabriel) du département de Rhin-et-Moselle, prévenu de vol qualifié.

(2) Dalloz, 1866. 4. 82. — V. Garraud, *Précis de droit international*, p. 526. — Billot, *op. cit.* — Bernard, *op. cit.*

cipe, en décidant que le pays de refuge pourra connaître des infractions à la répression desquelles il aura un intérêt tout particulier. C'est ainsi qu'en écartant les crimes attentatoires à la sûreté de l'État qui sont exclus de toutes les conventions, nous pensons que dans le cas de contrefaçon du sceau de l'État, de monnaies nationales ayant cours, de papiers nationaux, de billets de banque autorisés par la loi, l'inculpé pourra être poursuivi dans le pays de refuge dont la juridiction aura ainsi la priorité sur la juridiction territoriale. Hors ces cas, la loi territoriale sera toujours compétente.

Nous avons appelé antérieurement l'attention sur l'importance qu'il y a lors de l'introduction d'une demande d'extradition à s'assurer que le réfugié n'appartient pas à la nationalité du pays requis. De même, lorsqu'une requête semblable est adressée au Gouvernement français, il y a lieu de contrôler toutes les déclarations de l'inculpé qui prétend être Français. Généralement le procureur de la République auquel la circulaire du 12 octobre 1875 fait une obligation expresse de vérifier les assertions de l'individu qui prétend appartenir à la nationalité française, n'aura qu'à consulter les chapitres 1 et 2 du titre premier du Code civil et les lois complémentaires des 22 mars 1849, 7 février 1851, 16 décembre 1874, 14 décembre 1882 et 28 juin 1883. Mais parfois il s'élève des difficultés en ce qui concerne la nationalité de nos malheureux compatriotes que le traité de Francfort a séparés de la mère-patrie.

Des divergences d'opinions se sont manifestées entre la France et l'Allemagne au point de vue des habitants dont la nationalité se trouvait modifiée.

De là de graves inconvénients, il peut arriver que le Gouvernement allemand demande l'extradition d'individus qu'il considère comme ses nationaux, tandis que la France persiste à les regarder comme ses sujets. Il importe donc de rappeler brièvement la jurisprudence adoptée par le Gouvernement français.

En ce qui concerne les individus originaires des territoires cédés, ils avaient, pour conserver la qualité de Français, à remplir une double formalité : faire avant le 1er octobre 1872 une déclaration d'option devant les autorités compétentes et de plus à transférer leur domicile sur le territoire français (1). L'inaccomplissement de l'une de ces deux formalités suffit pour que la qualité de Français n'ait pas été maintenue.

Si, par conséquent, après avoir fait une déclaration d'option et s'être établi momentanément en France, un Alsacien-Lorrain est revenu se fixer en Alsace-Lorraine, son option doit être considérée comme imparfaite, car un des éléments de l'option fait ici défaut. Ce n'est point une élection de domicile que le traité exige de ceux qui tiennent à conserver la qualité de Français, c'est un domicile réel, effectif.

Mais si, après avoir séjourné sur le territoire français pendant un laps de temps suffisamment considérable, un optant est revenu dans les pays annexés, son option est régulière et sans nous préoccuper de l'annulation qui a pu être prononcée par l'autorité allemande, nous pensons que la perte de la qualité de Français ne peut résulter que d'une condamnation établissant que l'optant s'est fixé en Alsace-Lorraine sans esprit de retour (2). Quant aux personnes dont la déclaration d'option a été régulière et qui reviennent pé-

(1) Art. 2 du traité de Francfort (10 mai 1871). « Les sujets français originaires des territoires cédés, domiciliés actuellement sur ce territoire, qui entendront conserver la nationalité française, jouiront jusqu'au 1er octobre 1872 et moyennant une déclaration préalable faite à l'autorité compétente, de la faculté de transporter leur domicile en France et de s'y fixer, sans que ce droit puisse être altéré par les lois sur le service militaire, auquel cas la qualité de citoyen français leur sera maintenue. »

(2) Le maintien de la qualité de Français n'a pu résulter d'une simple déclaration et il est nécessaire que cette déclaration ait été accompagnée d'un transport effectif de domicile sur le territoire français. En conséquence, il ne faut pas hésiter à admettre qu'un des deux éléments de l'option fait défaut si un individu après s'être établi momentanément en France, s'est installé de nouveau en Alsace-Lorraine. Il en serait cependant autrement, si après un séjour prolongé en France il était rentré en Alsace-Lorraine, car dans ces conditions son option serait valable et on ne pourrait la considérer comme non-avenue qu'autant qu'il serait établi, par une décision judiciaire, que l'établissement en Alsace-Lorraine aurait été fait sans esprit de retour (Jurisprudence de la chancellerie).

riodiquement en Alsace-Lorraine, rappelées, soit par de chers souvenirs, soit par l'administration de leurs propriétés, elles n'ont pas à redouter de voir le Gouvernement français tenir compte des annulations d'option qu'a pu prononcer l'autorité allemande. En 1872, M. le Ministre des Affaires étrangères a fait connaître à M. Deschange, député de Meurthe-et-Moselle, l'opinion du Gouvernement français qui n'a jamais varié : « le retour momentané des Alsaciens-Lorrains dans les pays annexés, sans l'autorisation de l'administration allemande ou contrairement aux prescriptions qu'elle aurait édictées à ce sujet peut sans doute exposer les intéressés à des inconvénients plus ou moins graves, mais ne saurait suffire à lui seul pour les priver du bénéfice de la nationalité dont la conservation est garantie par nos traités avec l'Allemagne. »

Pour les individus qui, sans être originaires des territoires cédés, y étaient simplement domiciliés au 20 mai 1871 (1), ils ont conservé la qualité de Français même s'ils n'ont pas transporté leur domicile en France. Toutefois, la perte de cette qualité résulterait d'une décision judiciaire établissant qu'ils se sont fixés sur le territoire allemand sans esprit de retour (V. art. 17 du Code civil).

Le Gouvernement français, en application de ce principe, a refusé au Gouvernement allemand l'extradition de la nommée L..., poursuivie à Metz pour banqueroute frauduleuse, par ce motif que née à Reims en 1851, elle était simplement domiciliée en Alsace-Lorraine au moment de la cession de ce pays et dans ces conditions n'était pas tenue, aux termes du traité de Francfort, d'opter pour conserver sa nationalité d'origine. En n'insistant pas sur la demande qu'il avait formée, le Gouvernement allemand a fait des réserves formelles sur la question de nationalité. En effet, d'après une jurisprudence dont il ne se départit pas, les personnes domiciliées en Alsace-Lorraine lors de la cession et non originaires de ce

(1) Nous adoptons la date du 20 mai 1871 et non celle du 2 mars comme fixant l'époque de la dénationalisation de l'Alsace-Lorraine. V. art. 3 de la convention additionnelle du 11 décembre 1871 et arrêts de la Cour de cassation des 8 juin 1871 et 22 janvier 1872.

pays devaient, pour rester Françaises, le quitter avant le 1er octobre 1872.

En ce qui concerne la femme mariée, la nationalité de son mari ne s'impose pas toujours à elle. Il est vrai que les articles 12 et 19 (C. civ.) établissent que la femme suit la condition de son mari, mais ce n'est qu'au moment même du mariage que la nationalité du mari devient celle de la femme. Alors en effet la femme consent à ce changement en même temps qu'au mariage. Il en est autrement ensuite et l'on ne saurait admettre que la seule volonté du mari puisse la dépouiller de cette qualité essentiellement personnelle.

Pour éviter les difficultés qui pourraient se produire ultérieurement, M. Dufaure, dans une circulaire du 30 décembre 1872, a fait connaître que « tous ceux qui sont nés dans les territoires cédés, quels que soient leur âge, leur *sexe,* leur domicile, sont tenus de faire une déclaration s'ils entendent conserver la qualité de Français, qu'à défaut de cette déclaration dans le délai prescrit, ils seront considérés comme Allemands; et qu'au contraire, tous ceux qui ne sont pas nés dans ces territoires n'ont aucune déclaration à faire et sont Français de plein droit. »

Par conséquent, si la femme est née hors d'Alsace-Lorraine elle a conservé la nationalité française, même au cas où son mari originaire des territoires cédés est devenu Allemand.

Si la femme est née en Alsace-Lorraine, elle a dû, pour conserver son ancienne nationalité, opter avec l'autorisation de son mari.

Si une étrangère a épousé un Alsacien-Lorrain, elle n'a pas eu à opter, car la qualité de Française qu'elle a obtenue par son mariage ne l'attache pas particulièrement à telle ou telle province du sol français. Ces différentes solutions ne sont pas admises par l'Allemagne, dont la loi du 1er juin 1870, sur la nationalité, établit que la femme suit toujours la condition de son mari; par conséquent, dans le cas où les autorités allemandes nous adresseraient une demande d'extradition visant une femme mariée, il y aurait lieu de s'inspirer des principes que nous venons d'exposer.

Mais ce sont les individus qui étaient mineurs au moment de l'expiration des délais d'option dont la situation soulève les plus graves difficultés.

Le Gouvernement français admet que les mineurs avaient le droit de séparer leur sort de celui du chef de famille et d'opter avec l'assistance de leurs représentants légaux. Cette opinion, paraissant résulter de l'accord intervenu entre les négociateurs Français et Allemands, était constatée par M. Dufaure dans une circulaire du 30 mars 1872 : « Le Gouvernement allemand a toujours répondu qu'il n'y avait aucune distinction à établir entre les majeurs et les mineurs; que les conditions et les délais établis par les traités étaient applicables à ces derniers; mais ils ont ajouté que leurs déclarations seraient valablement faites avec l'assistance de leurs représentants légaux..... Dès à présent, les déclarations des mineurs doivent être reçues dans cette forme par les autorités françaises. »

En conséquence, le représentant légal pouvait subroger le mineur pour accomplir les différentes formalités de l'option; il est inutile de rechercher si le représentant légal a opté pour lui-même et les effets de la déclaration se produisent en la personne du mineur absolument comme si l'intéressé était majeur.

Si un mineur est né en Alsace-Lorraine, émancipé ou non, une déclaration d'option a dû être faite soit par lui avec l'assistance de son représentant légal, soit par le représentant légal seul au nom du mineur. Comme le fait remarquer M. Chavegrin, refuser au représentant légal le pouvoir dont il s'agit, c'est décider par voie de conséquence qu'il a été légalement impossible à une catégorie nombreuse d'Alsaciens-Lorrains de demeurer Français : ainsi les mineurs trop jeunes pour intervenir eux-mêmes dans un acte. Au surplus, tout prouve que l'esprit du traité a été de réserver à chacun des habitants du pays cédé le moyen de sauvegarder sa nationalité; l'article 2 ne fait aucune distinction tirée de l'âge, et, dans les conférences de Francfort, les plénipotentiaires des deux puissances ont toujours reconnu que les mineurs, quels qu'ils fussent, pourraient être soustraits à l'Allemagne. On méconnaîtrait donc le sens de la convention du 10 mai en soutenant une solution qui aurait mis un obstacle infranchissable à l'option de certains mineurs et qui les aurait bon gré mal gré rattachés à l'État conquérant (1).

Si le mineur est né hors d'Alsace-Lorraine, sa qualité de Français n'a subi aucune atteinte du fait du traité, et il n'y a pas lieu de rechercher si son représentant légal était ou non originaire des territoires cédés.

Dans aucun cas, la nationalité du représentant légal ne détermine celle du mineur.

À l'aide de ces principes, on établira aisément la nationalité de tout Alsacien-Lorrain encore mineur au 1er octobre 1872, et il sera indispensable d'apporter, dans l'examen de toute demande d'extradition concernant cette classe d'indi-

(1) V. M. Chavegrin, agrégé à la Faculté de droit de Paris. Sirey, 1885. 2. 90, note sur arrêt de la Cour de Paris du 13 août 1883.

Jean P... est né à Sarrebourg, en 1863. Son père, en 1871, après l'annexion de l'Alsace-Lorraine, a opté pour la nationalité française.

En 1883, Jean P... se présente aux examens de l'école spéciale militaire provisoirement inscrit sur la liste des candidats, il en est rayé par décision du ministre de la Guerre en date du 2 juin 1883 comme ayant perdu la qualité de Français. L'option de M. P..., père, disait-on, effectuée en son nom exclusif, ne pouvait être invoquée par son fils, que la déclaration n'avait point concerné et qui avait, en conséquence, acquis définitivement la qualité d'Allemand en vertu du traité du 10 mai. M. Jean P... s'est pourvu devant le Tribunal de la Seine qui, dans un jugement du 20 juillet 1883, a décidé « que la nécessité de l'option a été imposée à tous les individus originaires des territoires cédés, même aux mineurs non émancipés avec l'assistance de leurs représentants légaux. » Le jugement a été infirmé par un arrêt de la Cour de Paris du 13 août 1883. Sans vouloir entrer dans la discussion de divers arguments sur lesquels insiste la Cour, contentons-nous seulement de dire que nous sommes d'autant plus à l'aise pour combattre la décision de la Cour de Paris que nous pensons que P..., après avoir perdu la qualité de Français, pouvait toujours la recouvrer en se fixant en France, avec l'autorisation du Gouvernement, conformément à l'article 18 du Code civil. Depuis longtemps, nous réclamons instamment que le ministère de la Justice adopte une jurisprudence plus libérale en permettant à tous nos compatriotes, sans distinguer s'ils ont un permis d'émigration ou s'ils sont nés postérieurement au 1er janvier 1851, de recouvrer la qualité de Français.

vidus, une attention d'autant plus scrupuleuse que sur tous ces points le Gouvernement allemand émet des théories absolument différentes. La jurisprudence française ne s'inspire pas uniquement du désir de favoriser les aspirations patriotiques de nos chers compatriotes, mais elle s'appuie sur le texte du traité de Francfort aussi bien que sur les déclarations des négociateurs (1).

S'il s'élève des contestations sur la nationalité d'un individu dont l'extradition est demandée, les tribunaux civils sont compétents pour déterminer s'il est Français et, par conséquent, s'il jouit des prérogatives des nationaux. L'action publique appartient au ministère public, ainsi que le reconnaît un arrêt de la Cour de Colmar du 19 mai 1868.

Il s'agissait d'un sieur Ostermann, français d'origine, qui avait fondé un établissement de commerce à Bâle et avait obtenu dans cette ville le droit de bourgeoisie. Déclaré en faillite, poursuivi pour banqueroute frauduleuse, il s'était réfugié à Strasbourg où il ne tardait pas à être arrêté sur la demande des autorités bâloises et en vue d'une extradition ultérieure.

Ostermann s'opposa à l'extradition en produisant un acte de naissance établissant sa qualité de Français; il ajouta qu'il n'était dans aucun des cas prévus par l'article 17 du Code civil et, en conséquence, qu'il ne pouvait être extradé et il demandait à être mis en liberté.

Le Tribunal de Strasbourg, statuant conformément aux conclusions du ministère public, fit droit à la demande de l'inculpé qui fut immédiatement élargi. Mais le procureur général près la Cour de Colmar, M. de la Marsonnière, interjeta

(1) Le traité de cession de Nice et de la Savoie à la France du 24 juin 1860 et le décret des 30 juin-12 juillet 1860 ont suscité quelques difficultés. Toutefois, en ce qui concerne les demandes d'extradition, nous n'avons jamais rencontré d'affaires où nous ayons dû essayer de concilier les textes précités. En conséquence, nous avons pensé qu'il était inutile de consacrer un chapitre spécial à l'examen de ces questions, et nous renvoyons au *Précis de droit international* de M. Bard, où la jurisprudence est très nettement exposée. V. p. 167.

appel et fit consacrer par la Cour le droit qui appartient au ministère public d'intervenir comme partie principale dans les matières où l'ordre public est intéressé et de déférer au juge d'appel toute décision touchant à l'ordre public quelle qu'ait été son attitude en première instance (1). Voici les considérants de l'arrêt : « Attendu qu'on est bien ici en présence d'une matière spéciale et déterminée, dans des circonstances qui intéressent au plus haut degré l'ordre public, et autorisent exceptionnellement au civil l'action publique du ministère public, d'après les termes combinés de l'avis du Conseil d'État du 12 brumaire an XI, des articles 2, titre 8 de la loi du 24 août 1790 ; 41, loi du 20 avril 1810; 121 et 122 du décret du 18 juin 1811 et 75 de la loi du 25 mars 1817.

« Attendu que vainement encore l'intimé oppose-t-il à la recevabilité de l'appel cette double objection que devant les premiers juges M. le procureur impérial de Strasbourg, selon lui, simple partie jointe, aurait conclu en faveur de la requête et fait ensuite exécuter le jugement conforme.

« Qu'en droit et comme l'indique son titre, le ministère public par la nature de sa fonction, par les intérêts impersonnels et d'ordre public, dont en pareil cas, il devient l'expression, n'est jamais simple partie jointe, mais reste toujours la partie principale, impuissant à transiger ou compromettre, qu'ainsi il ne saurait être lié par ses conclusions non plus que par l'exécution du jugement lui-même. »

(1) Sirey, 1868. 2. 245. — Dalloz, 1868. 2. 285.

DES MODIFICATIONS DANS LA NATIONALITÉ.

La qualité de sujet du pays de refuge ayant pour effet d'empêcher l'extradition, il est dès lors évident que des malfaiteurs pour éviter d'être remis aux autorités du pays dont ils ont enfreint les lois, parviendront parfois à acquérir cette qualité qui, suivant les diverses législations, s'obtient plus ou moins rapidement. Ainsi la loi française admet qu'un individu né en France de parents étrangers, qui forme dans l'année de sa majorité une déclaration, acquiert la qualité de Français, pourvu que, dans le cas où il résiderait en France, il déclare que son intention est d'y fixer son domicile, et que, dans le cas où il résiderait en pays étranger, il fasse sa soumission de fixer en France son domicile et qu'il l'y établisse dans l'année à compter de l'acte de sa soumission (V. C. civ., art. 9).

Il en est de même de l'individu né à l'étranger d'un Français ayant perdu la qualité de Français, il pourra toujours recouvrer cette qualité (art. 10); dans cette hypothèse, aucun délai n'emporte déchéance.

Les Alsaciens-Lorrains qui n'ont pas opté pour la France conformément aux dispositions du traité de Francfort peuvent toujours recouvrer la qualité de Français en rentrant en France avec l'autorisation du Président de la République (V. art. 18 Code civil).

Une étrangère qui épouse un Français suit la condition de son mari (art. 12 C. civ.).

Par conséquent, indépendamment de la naturalisation qui ne s'obtient qu'à l'expiration d'un délai relativement assez long (1), un individu peut, dans certains cas, acquérir aisé-

(1) Voir loi relative à la naturalisation du 29 juin 1867.

ment une qualité qui empêche le Gouvernement français de l'extrader. Il ne faut pas que cette modification apportée dans le statut personnel d'un coupable puisse cependant assurer son impunité.

Pour obvier à cet inconvénient, il faut considérer la naturalisation comme frauduleuse, la tenir comme non avenue au point de vue de l'extradition (1).

C'est le système qui a prévalu dans la convention Franco-Anglaise du 14 août 1876, art. 2 : « Les nationaux respectifs soit d'origine, soit par l'effet de la naturalisation, sont exceptés de l'extradition ; toutefois, s'il s'agit d'une personne qui, depuis le crime ou le délit dont elle est accusée ou pour lequel elle a été condamnée, aurait obtenu la naturalisation dans le pays requis, cette circonstance n'empêchera pas la recherche, l'arrestation et l'extradition de cette personne, conformément aux stipulations du présent traité. »

La convention Franco-Danoise du 28 mars 1877 réserve l'extradition d'un individu fixé dans le pays depuis plus de deux ans; c'est en quelque sorte l'ancien droit d'asile qui reparaît : « Les deux gouvernements se réservent en outre la faculté de ne pas livrer les étrangers fixés et domiciliés dans le pays, à moins que la demande d'extradition ne concerne un fait commis par l'étranger avant son arrivée dans le pays requis et que celui-ci n'y soit domicilié depuis moins de deux ans. »

Les législations belge et allemande font rétroargir la naturalisation au jour de la perpétration de l'infraction (2).

Toute contestation sur la nationalité sera comme nous l'avons vu soumise à l'autorité judiciaire compétente.

(1) « Si l'inculpé n'est devenu citoyen de l'État requis que depuis la perpétration du fait incriminé, on peut considérer cette naturalisation comme non-avenue au point de vue de l'extradition; c'est le système le plus simple et le plus pratique. Bard, *Précis de droit international*, p. 56. — V. également, Bernard, II, p. 159 et Billot, p. 74. V. de Vazehles, *Étude sur l'extradition*.

(2) En ce qui concerne la Belgique, voir loi du 15 mars 1874; Kirchner, p. 215.

DES ACTES QUI PEUVENT DONNER LIEU A L'EXTRADITION.

Avant 1869, nos traités d'extradition ne visaient que des crimes, mais ceux que nous avons conclus depuis cette époque comprennent, dans leur énumération, un certain nombre de délits. Nous avons déjà cité le traité Franco-Belge du 15 août 1874 comme celui qui nous paraît répondre le mieux aux aspirations de l'heure présente et comme destiné à servir de modèle aux nouvelles conventions que conclura désormais le Gouvernement français.

En examinant dans leur ordre chronologique les divers traités signés par la France, on remarquera que la liste, d'abord assez restreinte des cas d'extradition, va presque constamment en augmentant.

L'extradition, sans être une peine à proprement parler, est cependant une mesure extrêmement rigoureuse, puisqu'elle entraîne forcément l'arrestation provisoire de l'inculpé souvent pendant un délai assez long. Cette raison, jointe au peu d'utilité que présente la répression et aux frais qu'exige la procédure, a fait penser qu'il ne fallait recourir à l'extradition que pour des faits présentant un certain caractère de gravité. Les crimes, les délits motiveront seuls une extradition.

SECTION PREMIÈRE.

Des contraventions et des délits spéciaux.

Les contraventions, au contraire, ne pourront jamais servir de base à une pareille mesure. Dans les traités qui unissent la France aux autres puissances, on ne relève aucune contravention figurant dans l'énumération des faits pouvant donner lieu à extradition. Car ces infractions ne violent pas la justice universelle, et, de plus, l'extradition occasionne des frais relativement élevés et entraîne généralement une détention préventive assez longue.

Les délits spéciaux ne donnent également pas lieu à extradition.

L'extradition, nous l'avons dit, a sa base dans l'association solidaire de tous les peuples pour le triomphe de la justice universelle, par conséquent, elle ne doit pas s'appliquer à des faits considérés comme délits spéciaux, par exemple les infractions aux lois sur les douanes sur les impôts, ou aux lois purement militaires, car ces faits ne présentent pas une criminalité absolue et ne blessent pas les principes de la justice universelle.

SECTION II.

De la désertion.

La désertion des soldats de l'armée de terre ne peut jamais motiver une extradition. « À l'exception des crimes et délits politiques et de la désertion qui sont soigneusement et formellement exceptés de tous les traités souscrits au nom de la France, les faits graves réprimés par toutes les législations donnent lieu désormais à la remise de l'inculpé (1). »

La criminalité de la désertion est diversement appréciée : dans certains pays, c'est un simple délit correctionnel; dans d'autres, c'est un crime passible des peines les plus graves. Enfin, le soldat qui déserte n'est pas un individu nécessairement dangereux pour le pays qui l'accueille. En ce qui concerne la France, on sait que la légion étrangère se recrute presque entièrement parmi les déserteurs étrangers; le Gouvernement français n'a donc pas intérêt à les livrer

(1) Compte général de l'administration de la justice pour 1884.

à la juridiction étrangère et à se priver volontairement de leurs services [1]. On a cependant objecté que l'on ne pouvait avoir une grande confiance dans des soldats qui ont trahi leur patrie en refusant de payer l'impôt du sang? Mais de récents événements viennent contredire cette assertion. Et si le ministre de la Guerre a augmenté le contingent des légionnaires étrangers, c'est assurément parce qu'il appréciait les services de ces hommes que le patriotisme a peut-être éloignés de leur patrie.

Nous faisons allusion aux Polonais et aux Alsaciens-Lorrains qui viennent se réfugier sur notre territoire et signent souvent de leur sang leur demande de naturalisation ou de réintégration dans la qualité de Français.

Ainsi donc les déserteurs ne sont jamais livrés aux autorités étrangères, sauf s'ils sont poursuivis pour des infractions de droit commun, et, dans ce cas, le Gouvernement requérant doit prendre l'engagement de ne pas les juger du chef de désertion sans leur consentement exprès.

Il est d'usage de toujours rendre au Gouvernement étranger les objets d'équipement, les armes, les chevaux et autres objets emportés par le déserteur dans sa fuite [2].

En ce qui concerne les matelots, soit qu'ils appartiennent à la marine de guerre ou à la marine marchande, ils ne sont pas soumis à l'extradition, mais ils peuvent grâce à une procédure très expéditive être réintégrés à bord du bâtiment qu'ils ont abandonné. « L'usage universellement reçu est que sur les renseignements fournis par les consuls de leur nation, ou, à défaut d'agents consulaires, par les commandants ou capitaines de ces navires aux autorités du pays dans lequel la désertion a eu lieu, toute aide et assistance pour la recherche, saisie et arrestation desdits déserteurs, soient donnés par ces autorités. Ces déserteurs doivent même, à la réquisition et aux frais de leurs consuls, être détenus et

(1) Billot, p. 95.

(2) *Droit pénal international et de l'extradition*, Pasquale Fiore, traduit par Antoine, t. II, p. 575.

gardés dans les prisons du pays pendant un certain temps, si leur réintégration à bord de leur bâtiment ou à bord d'un autre de leur nation n'a pu être immédiatement effectuée (1). » La situation exceptionnelle des marins nécessite une procédure moins lente que l'extradition. La présence sur le navire de tous les hommes qui s'y trouvent est souvent indispensable pour lui permettre de naviguer en toute sécurité, de plus, il faut que le marin toujours disposé au changement sache que la fuite sur un sol étranger ne le délie pas de ses devoirs et qu'il peut être, sur l'ordre de son capitaine ou du consul, être ramené à bord dans le plus bref délai. Toutes les puissances maritimes accordent sans difficulté l'extradition des marins déserteurs et en font généralement l'objet de clauses insérées dans leurs conventions consulaires ou dans leurs traités de commerce et de navigation (2). Voyez par exemple les conventions du 23 février 1853 avec les États-Unis; 23 juin 1854 entre la France et l'Angleterre; avec l'Italie, des 26 juillet 1862 et 8 novembre 1872; avec l'Espagne, 4 juillet 1861; avec la Suède, 15 mai 1868; du 5 février 1873 avec la Belgique; du 7 janvier 1876 avec la Grèce.

Dès qu'un consul ou un capitaine s'adresse aux autorités françaises pour leur demander leur concours, celles-ci doivent le leur prêter sans restriction.

Quant aux devoirs de nos consuls, en ce qui concerne les déserteurs de la marine commerciale, ils sont réglés par les articles 25 et 26 de l'ordonnance du 29 octobre 1833 (V. *Bulletin des lois*, 1833, 2e partie, p. 485).

« Art. 25. — Lorsqu'un homme de l'équipage désertera, le capitaine devra remettre au consul une dénonciation indiquant les nom, prénoms et signalement du déserteur. Cette dénonciation sera certifiée par trois des principaux de l'équipage.

« Art. 26. — Sur le vu de cette dénonciation, le consul ré-

(1) Ortolan, *Diplomatie de la mer*, t. I, p. 313.

(2) Calvo, *Droit international, théorique et pratique*, t. II, p. 435.

clamera auprès des autorités locales l'arrestation et la remise des déserteurs, et, s'ils ne lui sont pas remis avant le départ du navire, il donnera au capitaine tous les certificats nécessaires et signalera les coupables à l'administration de la marine du port d'armement.

« Dans le cas où le consul éprouverait des refus ou des difficultés de la part des autorités locales, il ferait les représentations ou protestations convenables, et il en rendrait compte à nos ministres des Affaires étrangères et de la Marine. »

En ce qui concerne les déserteurs de la marine de guerre, c'est à l'article 15 de l'ordonnance du 7 novembre 1833 qu'il faut se référer (V. *Bulletin des lois*, 1833, 2e partie, p. 503). « Si des hommes désertent des bâtiments de guerre, le consul, sur la dénonciation qui lui sera faite dans les formes prescrites par les lois et règlements, interviendra auprès de l'autorité locale pour qu'ils puissent être poursuivis et arrêtés.

« En cas d'arrestation, la prime sera immédiatement payée aux capteurs s'ils la réclament, par les soins du consul.

« Le déserteur sera reconduit à son bord si le bâtiment auquel il appartient n'a pas repris la mer. Si ce bâtiment est parti et qu'il y ait sur rade d'autres bâtiments de guerre, le déserteur sera mis à la disposition de l'officier commandant en chef. A défaut de bâtiment de guerre, le consul renverra le déserteur en France sur un navire de commerce, avec ordre écrit au capitaine de le remettre en arrivant à la disposition de l'administration de la marine, et il en rendra compte au ministre. »

SECTION III.

Des crimes et délits politiques.

Éliminons également les délits politiques des actes qui peuvent donner lieu à extradition. Par délits politiques, il faut entendre les actes qui ont pour but de porter atteinte par des moyens contraires à la loi, à l'ordre politique ou à l'ordre social établi dans un pays. Autrefois, l'extradition n'était guère pratiquée que pour les crimes politiques. Les relations entre les États étaient beaucoup moins fréquentes qu'aujourd'hui et les négociations étaient tellement longues qu'on ne les entamait que dans des cas extrêmement rares. De plus, comme nous l'avons déjà fait observer, l'éloignement du coupable paraissait souvent un châtiment suffisant. Aujourd'hui, les mêmes raisons ne sauraient être invoquées. « C'est peut-être en ce qui concerne les faits politiques que l'extradition de notre temps diffère le plus de l'extradition telle qu'elle a été longtemps pratiquée.

« Presque tous les cas d'extradition qui se placent dans l'antiquité se réfèrent à des réfugiés politiques, et il en a été encore ainsi au moyen âge et jusqu'à une époque voisine de la nôtre (1). »

La règle que l'extradition n'a pas lieu pour les faits politiques n'a été admise en principe et formulée dans les textes que depuis la Révolution de Juillet. Voici, sans doute, l'incident qui hâta l'insertion dans les conventions d'une clause relative aux infractions politiques. Un officier Napolitain, Antonio Galotti, affilié à la secte des Carbonari, poursuivi pour délits politiques, s'était réfugié sur le sol français. Son extradition fut demandée par le ministre napolitain, le prince Castelciada, qui prit l'engagement formel que Galotti ne serait jugé que pour des infractions de droit commun.

Sur cette assurance, l'extradition fut accordée, mais le Gouvernement français ne tarda pas à apprendre que les faits incriminés n'étaient, en réalité, que des faits politiques.

Une interpellation fut adressée au cabinet de Martignac, le 9 juillet 1829, et les orateurs de l'Opposition, dont plusieurs n'étaient pas étrangers au carbonarisme, attaquèrent vivement le Gouvernement et l'obligèrent en quelque sorte à faire une déclaration de principes.

Voici les paroles du ministre de l'Intérieur qui n'eut pas

(1) Renault, *Journal du droit international privé*, 1880, p. 55.

de peine à démontrer que la religion du Gouvernement paraissait avoir été surprise et qu'aucune démarche ne serait négligée pour réparer l'erreur qui avait pu être commise.

« Nous avons constamment établi la distinction nécessaire qui doit être faite entre les crimes politiques et les crimes communs qui intéressent la société entière et qui se rattachent aux intérêts les plus chers de l'humanité et de la propriété.....

« Le Gouvernement de Naples avait réclamé l'extradition de Galotti. Cinq mois se sont écoulés avant que cette extradition eût été autorisée ; pendant cinq mois, le Gouvernement du roi, fidèle aux principes que je viens de rappeler, avait exigé du Gouvernement napolitain des actes judiciaires qui fissent connaître la nature des délits qui lui étaient reprochés, les délits furent qualifiés par des actes judiciaires de vol et d'attentat aux personnes et aux propriétés, les actes judiciaires émanaient d'une autorité judiciaire résidant dans un Gouvernement constitué, dans un Gouvernement paisible avec lequel nous avons des relations tous les jours (1)..... »

M. de Polignac, arrivé aux affaires le 8 août 1829, quelques jours après cette discussion, essaya, comme le cabinet précédent, d'obtenir par des dépêches et des actes comminatoires la restitution de Galotti. Mais ce fut seulement en octobre 1830, que Louis-Philippe parvint à le faire mettre en liberté. Nous pensons, avec MM. Weiss et Lucas, qu'il existe un lien entre cette affaire et la décision prise quelques mois plus tard par le conseil des ministres de ne plus accorder d'extradition d'aucune espèce (2).

C'est par une lettre du 8 avril 1831 que le ministre des Affaires étrangères, Horace Sébastiani, notifia aux diverses puissances la décision que ses collègues avaient adoptée au mois de février.

Toutefois, le Gouvernement français ne suivit pas long-

(1) *Moniteur* du samedi 11 juillet 1829.

(2) *Le droit d'extradition appliqué aux délits politiques* par Lammasch, traduit et annoté par MM. Weiss et Lucas, professeurs à la Faculté de Dijon, p. 27.

temps cette jurisprudence dont les conséquences néfastes n'auraient pas tardé à se manifester, et dès le 30 septembre 1833, une déclaration signée à Zurich modifiait le traité conclu avec la Suisse le 18 juillet 1828, en en excluant les délits politiques.

« Les crimes politiques s'accomplissent dans des circonstances si difficiles à apprécier, ils naissent de passions si ardentes qui sont leur excuse, que la France maintient le principe que l'extradition ne peut avoir lieu pour faits politiques. C'est une règle qu'elle met son honneur à soutenir, elle a toujours refusé depuis 1830 de pareilles extraditions, elle n'en demandera jamais [1]. »

L'exclusion de cette classe de délits s'explique donc par les circonstances diverses dans lesquelles se commettent ces infractions, circonstances qui ne permettent pas d'apprécier *à priori* si la répression sera juste. L'assistance donnée à un Gouvernement étranger pour la répression des faits criminels doit assurer le triomphe de la justice; or, en matière politique, il faut craindre les entraînements de la passion des parties; la partialité est souvent à redouter. Dans ces conditions, un État ne peut se faire l'auxiliaire d'un autre État. De plus, l'impunité de ces infractions est rarement dans un autre État une cause de désordre et d'insécurité.

Enfin, la nécessité où se trouverait placé l'État requis pour apprécier la criminalité des faits en jugeant les institutions du pays requérant, l'amènerait forcément à violer le principe de non-intervention dans les affaires intérieures des puissances étrangères.

On a quelquefois prétendu que ces faits ne pouvaient donner lieu à extradition, car leur criminalité était toute relative et dépendait de l'issue des événements, mais le vice de cette argumentation saute aux yeux, car le crime ne cesse jamais d'avoir été un crime; peu importe la marche des événements, l'idée de justice et, par conséquent, la criminalité d'un fait ne se modifie pas à leur gré.

(1) Circulaire du Garde des sceaux du 5 avril 1841.

Telles sont les considérations qui font exclure des conventions internationales tant de faits qui sont pour les États une cause presque permanente de malaise.

Il n'est pas toujours facile de déterminer ce qui, dans chaque cas particulier, constitue un crime politique, notamment lorsque des crimes de droit commun sont commis pour des faits politiques. « Ce qui est l'élément essentiel d'appréciation, c'est l'intention de porter atteinte à l'ordre politique et social. Donc, lorsque les faits incriminés sont mélangés d'éléments de droit commun, l'examen de chaque affaire permet seul de décider si l'on est en présence d'un acte politique et cet examen appartient à l'État requis (1). »

La France n'accorde et ne demande aucune extradition pour crime politique. Elle n'établit aucune distinction entre les infractions purement politiques et celles qui sont complexes ou connexes. Et la chancellerie, dans l'examen qu'elle fait subir à toute procédure d'extradition, recherche avec soin si sous la couleur de crimes de droit commun ne se dissimulent pas des faits politiques. « Des nombreux traités que la France a conclus avec les autres puissances, il n'y a que le traité conclu le 9 novembre 1843 avec les États-Unis qui ne renferme pas de clause excluant les crimes politiques, mais même pour les traités très rares qui ne contiennent pas de clause formelle, il est permis d'affirmer que l'état de l'opinion publique sur ce point est tel qu'aucun Gouvernement ne demanderait et surtout qu'aucun Gouvernement n'accorderait l'extradition d'un individu auquel on ne reprocherait que des faits de nature politique (2). »

Assurément, dans bien des cas, l'humanité conseille de ne pas déférer à de pareils désirs, mais les publicistes qui combattent l'extradition pour crimes politiques, ne s'égarent-ils pas en intéressant l'opinion publique à des actes qui méritent souvent la réprobation universelle? Cette question ne saurait être résolue sans distinction.

Certes, nous nous associons de tout cœur aux idées géné-

(1) V. Bard, *op. cit.*, p. 45.

(2) Renault, *Journal de droit international privé*, 1880, p. 58.

reuses développées par lord Palmerston dans la dépêche qu'il adressait à lord Bloomfield, ambassadeur d'Angleterre à Saint-Pétersbourg, en faveur de réfugiés Hongrois qui se trouvaient en Valachie et dont les gouvernements autrichien et russe demandaient l'extradition : « Les lois de l'hospitalité, les exigences de l'humanité, les sentiments naturels à l'homme se réunissent pour écarter de telles extraditions et tout Gouvernement indépendant qui, de lui-même, en accorderait une de ce genre, serait à juste titre et universellement stigmatisé comme s'étant déshonoré. » Mais cette théorie ne saurait être admise sans réserve : le droit d'asile ne doit pas toujours être assuré à des réfugiés politiques plus certains qu'en aucun temps de n'être pas livrés à leurs ennemis.

Grâce à l'extension de ce principe, les survivants de la Commune ont pu trouver à l'étranger un asile inviolable. Le caractère soi-disant politique de la Commune devait-il protéger tous les forfaits qui en ont été la conséquence si atroces qu'ils aient été? Jules Favre ne le pensait pas, et à peine l'ordre était-il rétabli dans Paris, qu'il envoyait la dépêche suivante aux représentants de la France à l'étranger. « L'œuvre abominable des scélérats qui succombent sous l'héroïque effort de notre armée ne peut être confondue avec un acte politique.

« Elle constitue une série de forfaits prévus et punis par les lois de tous les peuples civilisés. L'assassinat, le vol, l'incendie systématiquement ordonnés, préparés avec une infernale habileté, ne doivent permettre à leurs auteurs ou à leurs complices d'autre refuge que celui de l'expiation légale.

« Aucune nation ne peut les couvrir d'immunité et sur le sol de toutes, leur présence serait une honte et un péril.

« Si donc vous apprenez qu'un individu compromis dans l'attentat de Paris a franchi la frontière de la nation près de laquelle vous êtes accrédité, je vous invite à solliciter des autorités locales son arrestation immédiate et à m'en donner de suite avis pour que je régularise cette situation par une demande d'extradition (1). »

(1) *Journal officiel* du 27 mai 1871.

Mais l'exécution de ces instructions qui paraissait au début ne devoir rencontrer aucun obstacle ne fut pas favorisée par les Gouvernements qui auraient dû comprendre qu'il était de l'intérêt commun de faire une justice exemplaire des malfaiteurs qui avaient organisé ou soutenu cette odieuse révolte (1).

La France, dans des circonstances analogues, n'a pas hésité à suivre cette jurisprudence internationale. N'a-t-elle pas refusé l'extradition d'insurgés carlistes auxquels on reprochait des actes barbares en se contentant soit de les interner, soit de les faire conduire aux frontières de Belgique ou d'Allemagne?

Mais ne faudrait-il pas établir une distinction entre des faits extrêmement graves si l'on considère les maux qui peuvent en être la conséquence? Pourquoi ne pas étendre l'extradition à des faits que les États sont plus directement intéressés à réprimer que les crimes de droit commun car ils troublent plus profondément l'organisation de la société? M. Renault estime avec raison que les réfugiés politiques ne sont pas toujours dignes de l'auréole dont on se plaît trop volontiers à les entourer, et la morale, de même que le droit positif, s'unissent souvent pour flétrir leur conduite. Et ceux qui se livrent à des attentats dans le but de porter atteinte à la sûreté de l'État ne sont pas toujours animés de mobiles plus nobles que les assassins; leurs passions sont souvent aussi mauvaises.

Personne ne saurait contester ces idées inspirées par de nombreuses observations, mais ce qui arrête encore l'adoption par les États d'une règle tempérant un principe aussi contraire à leur stabilité, c'est l'impossibilité manifeste de rencontrer une formule établissant une distinction rationnelle qui permette de reconnaître une classe de faits pour lesquels les nations s'entendraient pour accorder l'extradition.

On a proposé de remplacer en pareil cas l'extradition par une répression infligée par l'État de refuge. Mais cette proposition ne saurait être adoptée, car l'État requis, en portant un jugement sur l'inculpé, apprécierait en même temps les ins-

(1) V. de Vazehles, p. 72.

titutions du pays requérant et violerait ainsi le principe de non-intervention dans les affaires intérieures des puissances étrangères. Et la violation serait d'autant plus flagrante qu'au lieu de trancher la question préjudicielle de savoir si l'extradition peut et doit être accordée, les autorités du pays de refuge se prononceraient définitivement sur la culpabilité même de l'accusé (1).

L'Institut de droit international, amené à examiner cette question dans sa session de 1880, a formulé les règles suivantes. Art. 13 et 14.

« L'extradition ne peut avoir lieu pour faits politiques, l'État requis apprécie souverainement d'après les circonstances si le fait à raison duquel l'extradition est réclamée a ou non un caractère politique. Dans cette appréciation, il doit s'inspirer des deux idées suivantes : Les faits qui réunissent tous les caractères de crimes de droit commun, ne doivent pas être exceptés de l'extradition à raison seulement de l'intention politique de leurs auteurs. Pour apprécier les faits commis au cours d'une rébellion politique, d'une insurrection, ou d'une guerre civile, il faut se demander s'ils seraient ou non excusés par les usages de la guerre. »

Par exception, certaines conventions ne considèrent pas l'attentat à la vie d'un souverain comme un crime politique, mais bien comme un crime de droit commun. Dans ces conditions, l'extradition pourra être accordée (Voir traité Franco-Belge du 15 août 1874, art. 3, § 2 : « Ne sera pas réputé délit politique, ni fait connexe à un semblable délit, l'attentat contre la personne du Chef d'un État étranger ou contre celle des membres de sa famille, lorsque cet attentat constituera le fait soit de meurtre, soit d'assassinat, soit d'empoisonnement. » La même disposition est insérée dans les conventions conclues avec le Chili le 11 avril 1860; la Norwège, 4 juin 1869; la Bavière, 29 novembre 1869; le

(1) *Le droit d'extradition appliqué aux délits politiques*, par Lammasch, traduit et annoté par A. Weiss et P.-L. Lucas, professeurs agrégés à la Faculté de Dijon, 1885, V, p. 80.

Luxembourg, 12 septembre 1875; la principauté de Monaco, 8 juillet 1876; le Danemark, 28 mars 1877.

Au contraire, dans les traités où aucune clause énonçant cette exception n'est insérée, l'extradition par application des principes exposés plus haut ne pourra jamais être consentie.

Mais, sur ce point, n'est-ce pas trop restreindre la portée de l'extradition que de l'accorder seulement dans ce cas, et en s'inspirant des traités que nous venons de citer, ne faudrait-il pas décider que l'assassinat doit donner lieu à extradition. C'est, du reste, l'opinion exposée et défendue par M. Renault : « Il n'y pas crime politique, par cela seul que le fait a été commis dans un but politique ou sous l'empire de la passion politique. Par exemple, en dehors de toute lutte ouverte, un individu persuadé que la vie de telle personne met obstacle à la réalisation de ses espérances politiques, tue cette personne ou tente de la tuer; il n'y a pas là un crime politique dans le sens où l'expression doit être prise ici; il y a un assassinat commis sous l'empire de la passion politique, ce qui est bien différent. Pourquoi la passion politique aurait-elle plus d'effet que toute autre passion qui pourrait être au moins aussi excusable? Au point de vue juridique, il n'y a pas plus d'assassinat politique qu'il n'y a à distinguer, suivant que l'assassinat est commis par vengeance, ou par cupidité, etc., le fait est toujours le même, quelque variées que puissent être les circonstances dans lesquelles il se produit.

Qu'au point de vue international, la criminalité ne soit pas aggravée par le but politique, poursuit-on par le caractère de la victime, c'est tout ce qu'on peut exiger. La conscience nous dit, à moins d'être singulièrement obscurcie par les préventions des partis, que ceux qui ont tué le président Lincoln, le duc de Berry, Rossi, que Fieschi, Orsini, Nobiling, Passanante ou Otero ont commis des assassinats ou des tentatives d'assassinat. Au point de vue moral, il a pu y avoir des différences entre ces individus, comme il peut y en avoir entre ceux qui agissent sous l'empire des passions non politiques; ils n'en sont pas moins tous des assassins ou des meurtriers dans toutes les langues et dans dans toutes les législations. L'indulgence pour le criminel qui sacrifie sa vie pour assurer le triomphe de ses idées, la sympathie pour ces idées, l'antipathie pour sa victime et le régime qu'elle représente ne doivent pas faire illusion, sans quoi toute notion de droit et de justice disparaît (1).

SECTION IV.

Des délits de presse.

D'après une jurisprudence constante les diverses puissances assimilent les délits de presse aux délits politiques et décident en conséquence que ces infractions ne peuvent motiver une demande d'extradition.

SECTION V.

Des crimes et délits de droit commun.

L'extradition, on le voit, est limitée aux violations de la loi universelle, puisqu'elle ne s'étend pas aux contraventions, aux délits spéciaux, aux délits politiques.

Sans vouloir faire une nomenclature des actes qui, d'après les conventions en vigueur, peuvent donner lieu à extradition, nous devons indiquer les principes qui servent de base aux traités actuels.

L'infraction doit être punie d'après la législation du pays requérant et du pays requis, de plus, elle doit offrir une certaine gravité justifiant les mesures rigoureuses qu'entraîne toute procédure d'extradition. L'article 2 du projet de loi voté par le Sénat s'inspire de ces idées dans l'énumération des faits pouvant motiver une extradition : « Les faits qui pourront donner lieu à l'extradition, qu'il s'agisse de la demander ou

(1) Renault, *op. cit.*

de l'accorder, sont les faits suivants : 1° Tous faits punis de peines criminelles par les lois françaises; 2° les faits punis de peines correctionnelles par les lois françaises, lorsque le maximum de la peine est de deux ans et au-dessus. La peine applicable pour les inculpés, la peine appliquée pour les condamnés détermine les cas dans lesquels l'extradition peut être réclamée ou accordée (1). Sont comprises dans les dispositions qui précèdent, en matière de crimes, la tentative et la complicité, de même en matière de délits, lorsqu'elles sont punissables d'après les lois françaises. Ces dispositions comprennent aussi les infractions de droit commun commises par les militaires, marins ou assimilés (2). »

En conséquence, les conventions les plus récentes stipulent généralement que l'extradition n'aura lieu que pour les délits passibles d'au moins 2 ans d'emprisonnement. La même

(1) La plupart des traités en vigueur ne suivent pas sur ce point les principes du projet de loi. Ainsi, d'après l'article 2 du traité Franco-Belge du 15 août 1874, l'extradition a lieu dans les cas prévus : « Pour les condamnés contradictoirement ou par défaut, lorsque le total des peines prononcées sera au moins d'un mois d'emprisonnement; pour les prévenus, lorsque le maximum de la peine applicable au fait incriminé sera, d'après la loi du pays réclamant, au moins de deux ans d'emprisonnement ou d'une peine équivalente, ou lorsque le prévenu aura déjà été condamné à une peine criminelle ou à un emprisonnement de plus d'un an » (V. art. 2 des conventions conclues avec l'Espagne le 14 décembre 1877, avec le Luxembourg, 12 septembre 1875).

L'article 2 *in fine*, de la convention Franco-Bavaroise, du 29 novembre 1869, établit que « pour les condamnés contradictoirement ou par défaut, l'extradition devra être accordée lorsque la peine prononcée sera au moins de deux mois d'emprisonnement. » Les conventions Franco-Italienne du 12 mai 1870, Franco-Suisse du 9 juillet 1869 et Franco-Monégasque du 8 juillet 1876, contiennent une disposition identique.

M. Deloume combat la distinction du projet de loi et fait observer, avec raison, « qu'en admettant le même degré de pénalité pour les inculpés et pour les condamnés on établit une égalité tout à fait irrationnelle entre ce qui n'est qu'une simple éventualité et ce qui est une réalité acquise » (*Principes généraux de droit international*, p. 157).

(2) Il faut se référer aux traités placés à la fin de l'ouvrage pour rechercher les infractions qui donnent lieu à extradition dans nos rapports avec les diverses puissances.

règle n'est pas suivie en ce qui concerne les condamnés; dont l'extradition peut avoir lieu lorsque les condamnations contradictoires, ou par défaut, prononcent un ou deux mois d'emprisonnement.

Le traité Franco-Anglais ne fixe aucun minimum.

En ce qui concerne la tentative et la complicité, le projet de loi français admet qu'elles peuvent motiver l'extradition en matière de crimes et de même en matière de délits lorsqu'elles sont punissables d'apres les lois françaises.

Pour les crimes, le projet de loi se conforme à l'esprit de l'article 2 du Code pénal qui assimile au crime lui-même toute tentative de crime qui aura été manifestée par un commencement d'exécution, si elle n'a été suspendue ou si elle n'a manqué son effet que par des circonstances indépendantes de la volonté de son auteur. Pour la tentative de délit qui n'est considérée comme délit que dans des cas déterminés par une disposition spéciale de la loi, la restriction du projet de loi se justifie (1).

Les complices d'un crime peuvent être passibles d'extradition comme les auteurs principaux.

Cette disposition insérée déjà dans les traités du 21 juin

(1) Des traités actuellement en vigueur conclus avant 1869, le traité avec les États-Unis du 9 novembre 1843 est le seul admettant l'extradition pour tentative de meurtre.

Quelques autres visent la tentative d'attentat à la pudeur avec violence; par exemple, les traités avec le Wurtemberg, 26 janvier 1853; avec la Prusse, 21 juin 1845; avec la Saxe, du 28 avril 1850; avec le Portugal, 13 juillet 1854; avec la Nouvelle-Grenade, du 9 avril 1850; avec Brême, 10 juillet 1847; avec l'Autriche-Hongrie, 13 novembre 1855.

Dans les traités conclus depuis 1869, la tentative a presque toujours fait l'objet de clauses spéciales.

Voir, par exemple, convention avec la Bavière, du 29 novembre 1869; convention Franco-Belge, 15 août 1874; convention Franco-Espagnole, 14 décembre 1877.

V. Convention Franco-Italienne, 12 mai 1870; — Franco-Luxembourgeoise, 12 septembre 1875; — Franco-Monégasque, 8 juillet 1876; — Franco-Suisse, 9 juillet 1869; — Franco-Danoise, 28 mars 1877.

La convention Franco-Britannique, du 14 août 1876, ne prévoit que la tentative de meurtre.

1845, avec la Prusse ; du 9 avril 1850, avec la Nouvelle-Grenade; du 23 mars 1853, avec le Venezuela; du 10 février 1858, avec les États-Unis figure dans presque toutes les conventions conclues depuis 1869. Voyez les conventions signées avec la Suisse, 9 juillet 1869; avec l'Italie, 12 mars 1870; avec la Belgique, 15 août 1874; avec le Pérou, 15 septembre 1874; avec le Luxembourg, 12 septembre 1875 ; avec la principauté de Monaco, 8 juillet 1876; avec l'Angleterre, 14 août 1876; avec le Danemark, 28 mars 1877; avec l'Espagne, 14 décembre 1877. D'après les conventions récentes, les complices d'un délit sont soumis à l'extradition comme les auteurs principaux.

Les faits commis antérieurement à la mise en vigueur des traités peuvent motiver une extradition, absolument comme les faits commis postérieurement. Un traité n'établit aucune pénalité nouvelle et n'aggrave pas les pénalités existantes; il ne fait que régler les rapports de deux États et transformer une obligation morale en une obligation juridique (1).

L'Exposé des motifs présenté à la Chambre le 5 juin 1877 à l'appui du projet de loi relatif au traité d'extradition avec l'Angleterre, du 14 août 1876, répond aux diverses objections qui avaient été élevées contre l'article 4 de la convention qui établissait que le traité s'appliquait aux crimes et délits commis antérieurement à sa signature.

« Cette clause a été représentée comme portant atteinte au principe de la non-rétroactivité des lois. Au point de vue purement théorique, la plupart des objections formulées contre l'extradition pour crimes commis antérieurement au traité, sont applicables au droit d'extradition lui-même. Le traité d'extradition n'est qu'une loi de procédure et de compétence avec laquelle le principe de non-rétroactivité n'a rien à faire. Le droit d'extradition, qu'on lui attribue au point de vue philosophique un caractère obligatoire ou facultatif entre nations, existe *à priori*, comme un attribut

(1) V. Renault, *Annuaire de l'Institut de droit international*, 1881-1882, p. 88.

du pouvoir souverain dans chaque État. Le traité qui intervient, ne le crée point, il ne fait que l'organiser, le délimiter dans son application, dans sa marche; dans ces conditions, c'est donc bien réellement une loi de procédure et de compétence qui, comme les actes de ce genre, n'est pas soumise à la règle ordinaire de la non-rétroactivité. Cette doctrine est universellement admise *en Europe* (1). Tous les traités la consacrent implicitement, sans même qu'il soit besoin d'en parler, comme une conséquence évidente du droit d'extradition. Une seule puissance, la Grande-Bretagne y a été un moment contraire, mais elle est revenue depuis lors à des vues plus justes, et si le traité du 14 août 1876 a cru devoir s'expliquer en termes formels à ce sujet, c'est pour se conformer aux usages des magistrats anglais qui, on le sait, ne s'en rapportent qu'au texte littéral (2). »

Quel est, en effet, le principe du droit d'extradition? c'est

(1) L'article 5 de la convention conclue avec les États-Unis le 9 novembre 1843 établit que « les dispositions de cette convention ne s'appliqueront en aucune manière aux crimes énumérés dans l'article 2 commis antérieurement à sa date. »

V. art. 10 de la convention conclue avec la Nouvelle-Grenade, le 9 avril 1850 : « Il est également stipulé que l'application de la présente convention aura pour point de départ la date de la signature et que les faits antérieurs à cette date ne pourront être l'objet d'une demande d'extradition. » La même clause figure dans l'article 10 de notre convention avec le Venezuela du 23 mars 1853.

(2) En ce sens, Bard, *op. cit.*, p. 39. « Rien ne s'oppose à ce que l'extradition ait lieu en vertu d'un traité pour des faits antérieurs audit traité. Le principe de non-rétroactivité de la loi pénale signifie qu'on ne peut appliquer la peine édictée par une loi aux faits antérieurs à cette loi, mais l'extradition n'est pas une peine, et n'est même pas, à proprement parler, un acte de procédure; nul inculpé en fuite ne saurait avoir un droit acquis à n'être jamais livré en justice. » V. également De Vazehles, *Étude sur l'extradition*, p. 49.

V. également, arrêt de la cour d'assises de la Seine du 13 décembre 1846, cité dans Dalloz, P. 1847, à la table au mot *Extradition*.

« Les traités d'extradition ne faisant que régler les droits préexistants, ce n'est pas leur donner un effet rétroactif que de reconnaître la régularité d'une extradition faite en vertu d'un traité de cette nature pour des crimes ou délits antérieurs à ce traité. »

qu'aucun État ne doit permettre que son territoire serve de refuge pour violer la loi universelle. Or, cette loi est violée lorsqu'un État offre un asile à des criminels et il n'y a pas à se préoccuper de l'époque de la perpétration de l'infraction (1).

Si, au moment de la demande d'extradition les faits, ou la peine entraînée par ces faits, étaient couverts par la prescription, l'extradition n'aurait pas lieu. Mais à la loi de quel pays faut-il se référer pour apprécier si la prescription éteint l'action publique ou les droits d'exécution?

Les délais varient suivant les diverses législations, et même dans certains pays l'action publique pour un crime ne se prescrit pas.

Le droit conventionnel admet que la prescription applicable est celle du pàys de refuge. Et comme le fait remarquer M. Bernard, « cela revient à dire que la prescription la plus courte est applicable au prévenu ou au condamné, car il est certain que le Gouvernement requérant demande l'extradition pour un délit non prescrit suivant la loi en vertu de laquelle s'exerce la poursuite, ou bien en termes encore plus simples, cela signifie que le pays de refuge pourra refuser l'extradition, par cela seul que l'action ou la condamnation seraient prescrites d'après sa législation, quoiqu'elle ne le soit pas encore d'après la législation du pays requérant. Ce système est dérivé du principe fondamental proclamé par le droit conventionnel, suivant lequel l'extradition entre deux nations n'est admise que pour les faits qui relèvent de la loi pénale, tout à la fois dans la législation de l'une et dans celle de l'autre. Le pays de refuge, dit-on, n'a pas le droit de livrer un coupable à ses juges naturels s'il n'est pas punissable d'après la loi locale. Or, la prescription ayant pour effet d'éteindre l'action publique ou de faire obstacle à l'exécution de la peine est un accessoire nécessaire de la loi pénale, une de ses modalités essentielles. Par conséquent, pour savoir si un réfugié serait punissable d'après la loi locale, il est impossible de diviser

(1) Renault, *Annuaire de droit international*, 1881-1882, p. 88.

celle-ci, de ne l'envisager que sous telle ou telle de ses faces et de ne pas la soumettre aux modifications qu'elle peut souffrir de la prescription. Le réfugié ne sera pas punissable si cette prescription lui est acquise, puisque la pénalité locale n'est plus applicable au délit ou à l'exécution de la peine; c'est donc la prescription seule du pays requis que l'on doit prendre en considération (1). »

D'après l'article 3 du projet de loi français qui adopte cette solution, « l'extradition ne sera pas accordée, lorsqu'aux termes soit des lois françaises, soit des lois de la puissance requérante ou requise, la prescription de l'action sera acquise antérieurement à la demande d'extradition, ou la prescription de la peine antérieurement à l'arrestation de l'individu réclamé. »

Mais ce système est vivement critiqué par des publicistes qui démontrent qu'il ne répond pas à l'idée juridique de la prescription.

En effet, la véritable raison d'être de la prescription en matière pénale ne réside pas dans la difficulté de retrouver des témoins dont les souvenirs ne sauraient être que fort vagues. Si le temps amène le dépérissement des preuves, on comprend que ce motif soit invoqué pour justifier la prescription de l'action publique, mais il ne saurait s'appliquer également quand il s'agit de rechercher la véritable base de la prescription d'une condamnation qu'il est facile d'établir par la production du jugement ou de l'arrêt.

Les remords du coupable n'expliquent pas mieux le fondement de la prescription, car il faut supposer la perpétration d'une grave infraction et l'existence d'un remords.

Mais c'est dans le souvenir de l'infraction qu'il faut en chercher l'explication rationnelle. Du moment où le fait est effacé, le besoin de l'exemple ne se fait plus sentir, le droit de punir cesse même d'exister.

Dès lors, comme le fait observer M. Billot, cette raison n'a aucune force sur le territoire où l'inculpé est venu se

(1) Bernard, p. 308.

réfugier. Le souvenir du fait n'a pu s'affaiblir là où l'infraction n'a peut-être jamais été connue. Dans ces conditions, la prescription du pays de refuge ne saurait être invoquée, et ce sont les lois seules du pays requérant qui devraient être considérées (1).

À quel titre? À quel droit le pays de refuge vient-il se substituer dans l'appréciation de la difficulté des preuves et de l'utilité du châtiment (2)?

La force des arguments opposés au système du droit conventionnel ne nous échappe point, mais il ne faut pas perdre de vue que certains pays n'admettent pas la prescription des crimes. Dès lors, un réfugié domicilié en France depuis plus de quarante ans pourrait être l'objet d'une demande d'extradition que le Gouvernement français se verrait contraint d'accueillir (3).

Un revirement s'est produit récemment dans les dispositions du droit international, et une clause insérée dans diverses conventions laisse au pays requis la latitude d'accorder l'extradition lorsque les faits seront prescrits d'après sa législation.

« L'extradition pourra être refusée, si la prescription de la peine ou de l'action est acquise d'après les lois du pays où le prévenu s'est réfugié (4). »

D'après une jurisprudence constante, cette faculté d'appréciation laissée à l'État requis profite toujours à l'inculpé quand la prescription est acquise d'après les lois du pays de refuge. Tant qu'une condamnation n'est pas intervenue, c'est la prescription de l'action qu'il faut envisager; après la condamnation, c'est celle de la peine. Si le jugement n'a été rendu qu'après la prescription de l'action d'après la loi fran-

(1) V. Garraud, *op. cit.*, p. 552; Billot, p. 220.

(2) Weiss, *Études sur les conditions de l'extradition*, p. 140.

(3) V. sur ce point des détails intéressants donnés par M. Serruzier, *op. cit.*, p. 21.

(4) Traité avec l'Italie, 12 mai 1870; avec la Bavière, 20 novembre 1869, art. 10; avec la Belgique, 15 août 1874, art. 11; avec l'Espagne, 14 décembre 1877; avec la Suisse, 9 juillet 1869.

çaise, il ne faut pas se décider d'après la prescription de la peine, mais d'après celle de l'action (1).

Lorsque les pièces produites à l'appui d'une demande d'extradition parviennent au ministère de la Justice, il y a lieu d'examiner si elles mentionnent la date des faits reprochés à l'inculpé pour pouvoir apprécier si la prescription ne les couvre pas. De même, les juges d'instruction, dans les mandats, visant des individus réfugiés sur le sol étranger, doivent toujours mentionner la date de l'infraction pour que l'État requis se prononce en toute connaissance de cause.

(1) V. Seruzier, p. 21.

DES MALFAITEURS RÉFUGIÉS EN FRANCE.

Toute demande d'extradition doit être transmise par la voie diplomatique. Une clause spéciale imposant cette obligation est insérée dans toutes les conventions en vigueur (1). « La demande d'extradition devra toujours être faite par la voie diplomatique. »

La demande d'extradition formulée par un Gouvernement étranger parvient au ministère des Affaires étrangères par l'intermédiaire de l'agent diplomatique accrédité auprès du Gouvernement français.

Les consuls et les vice-consuls n'ont aucun caractère pour introduire une requête d'extradition, parce qu'ils ne font pas partie des agents diplomatiques qui ont pour mission de représenter leur gouvernement (2).

Le ministre des Affaires étrangères vérifie si le ministre étranger a qualité pour saisir le Gouvernement d'une demande officielle d'extradition, si les formes exigées par les conventions ont été suivies, et si les faits reprochés à l'inculpé sont prévus dans les traités ou sont l'objet d'une déclaration de réciprocité. En un mot, c'est lui qui exerce la question préalable. Et, dans le cas où la requête ne lui paraît pas satisfaire à toutes les exigences que nous avons mentionnées, il la renvoie à l'agent diplomatique en le priant de compléter les documents produits à l'appui de la requête ou en l'informant des motifs qui ne permettent pas d'y faire droit.

(1) V., par exemple, art. 3 du traité Franco-Suisse du 9 juillet 1869 ; art. 4 du traité Franco-Italien du 12 mai 1870 ; art. 4 du traité Franco-Belge du 15 août 1874.

(2) *Traité du droit pénal international et de l'extradition*, p. 612, de Fiore, traduit par Ch. Antoine.

Si la requête paraît régulière, les pièces qui l'accompagnent sont traduites dans les bureaux du ministère et le dossier est transmis immédiatement au garde des sceaux. Ce n'est que dans des circonstances tout à fait exceptionnelles que la demande est adressée directement au ministre de l'Intérieur qui prescrit sans retard les mesures nécessaires pour amener l'arrestation de l'inculpé.

Le garde des sceaux est le juge principal en matière d'extradition. Il examine soigneusement les documents produits à l'appui de la demande, contrôle si les faits relevés dans le mandat d'arrêt, dans l'ordonnance de renvoi devant la juridiction répressive ou dans le jugement sont prévus par la convention conclue avec l'État requérant. Il recherche également si l'infraction ou la peine n'est pas prescrite, et, en cas de concours de demandes, à quel État il convient d'accorder la préférence (1). Sans s'arrêter à la qualification énon-

(1) Dans le cas extrêmement rare de réclamation de la part de divers États d'un individu poursuivi pour une ou plusieurs infractions, quelle sera l'attitude du Gouvernement requis? A quelle requête donnera-t-il la préférence? La doctrine n'est pas encore parvenue à faire insérer dans les conventions des clauses établissant, d'une façon bien précise, les principes qui doivent déterminer la décision de l'État requis.

C'est la requête qui favorise le mieux les intérêts de la justice qui doit être accueillie, et l'État requis ne doit pas s'inspirer de considérations étrangères au droit pour déférer au désir d'une puissance dont il veut se ménager les bons offices.

« L'extradition a été imaginée pour assurer l'action et servir les intérêts de la justice répressive. Il est donc logique de faire produire à cette mesure le plus grand effet possible et de l'employer dans le sens le plus conforme à sa destination. C'est à ce point de vue que la nation requise doit se placer, quand elle est obligée de se prononcer entre deux demandes d'extradition formées contre le même individu. Elle doit comparer les conditions de chacune des demandes, la gravité relative des actes incriminés, le besoin de répression qui existe dans chacun des pays requérants » (V. Billot, p. 231).

Dans les différentes conventions conclues par la France avant 1869, nous ne rencontrons aucune clause créant une obligation pour l'État requis auquel sont adressées plusieurs demandes d'extradition. Les négociateurs ont simplement constaté que le Gouvernement requis statuait librement (V. par exemple convention Franco-Autrichienne du 13 novembre 1855, art. 6).

Les stipulations expresses relatives à cette matière sont rares, et nous

cée dans l'acte émanant de la juridiction étrangère, il précise la nature du fait en l'appréciant au moyen de tous les éléments du dossier. Enfin, l'extradition n'ayant jamais lieu pour infraction politique, s'il présume que sous la couleur de crimes de droit commun se dissimulent des crimes politiques, il ne donne aucune suite à la demande et transmet ses observations au ministre des Affaires étrangères.

Lorsque les faits relevés dans la requête ne paraissent pas suffisamment établis, ou si quelque doute s'élève de savoir s'ils rentrent dans les termes des traités, des renseignements complémentaires sont immédiatement demandés par l'intermédiaire du ministre des Affaires étrangères.

« Dans le cas où il y aurait doute sur la question de savoir

pensons qu'en général il faut s'inspirer des principes suivants consacrés par quelques conventions.

1° Lorsqu'un inculpé est poursuivi dans deux États pour la même infraction, l'extradition doit être accordée à celui sur le territoire duquel l'infraction a été commise (V. art. 8 de la convention Franco-Bavaroise du 29 novembre 1869).

2° En cas de poursuites dirigées contre un individu coupable de diverses infractions, c'est la gravité des faits qui déterminera la juridiction, toutefois, il y aura lieu d'apprécier les facilités accordées pour que l'inculpé soit restitué d'un pays à l'autre pour juger successivement les accusations (V. art. 8 de la convention Franco-Bavaroise du 29 novembre 1869; art. 8 de la convention Franco-Italienne du 12 mai 1870; art. 7 de la convention Franco-Suisse du 9 juillet 1869.

Par conséquent, si un Italien poursuivi pour des infractions commises en Italie et dans la principauté de Monaco se réfugiait en France, le Gouvernement français, en présence d'une double demande d'extradition, devrait livrer l'inculpé au Gouvernement monegasque. En procédant différemment, le Gouvernement français ne servirait pas les intérêts de la justice, puisque le Gouvernement italien ne consentirait pas ultérieurement à remettre un de ses nationaux au Gouvernement monegasque.

D'après la convention Franco-Britannique du 14 août 1876 « Si l'individu réclamé par l'une des hautes parties contractantes est aussi réclamé par une ou plusieurs autres puissances, du chef d'autres infractions commises sur leurs territoires respectifs, son extradition sera accordée à l'État dont la demande est la plus ancienne en date ; à moins qu'il n'existe entre les Gouvernements qui l'ont réclamé un arrangement qui déciderait de la préférence, soit à raison de la gravité des crimes commis, soit *pour tout autre* motif » (V. art. 12).

si le crime ou délit, objet de la poursuite, rentre dans les prévisions de la présente convention, des explications seront demandées et, après examen, le Gouvernement, à qui l'extradition est réclamée statuera, sur la suite à donner à la demande [1]. »

« Les pièces produites à l'appui de la demande et rédigées « dans la forme usitée dans le pays requérant font foi dans le « pays requis conformément à la règle (*locus regit actum*). « Les autorités du pays requis n'ont pas à se reporter aux lois « du pays requérant pour vérifier la régularité des docu- « ments produits. En les transmettant par la voie diplomati- « que, le Gouvernement requérant en atteste par là même « l'authenticité. Sa responsabilité se trouve directement en- « gagée. C'est là une garantie dont on ne saurait méconnaître « la valeur [2]. »

S'il résulte de l'examen auquel s'est livré le garde des sceaux, que la demande s'applique à des infractions de droit commun qui ne sont pas prescrites et qui sont prévues dans les conventions conclues avec l'État requérant, les pièces sont adressées au ministre de l'Intérieur qui ordonne des recherches à l'effet d'amener l'arrestation de l'inculpé. Le ministre des Affaires étrangères est aussitôt informé que des dispositions sont prises, pour déférer au désir du Gouvernement requérant.

Au moment où les documents sont transmis au ministre de l'Intérieur, un extrait du dossier mentionnant les nom, prénoms, âge, lieu de refuge de l'inculpé, les faits qu'il a commis, la demande d'extradition formée contre lui est envoyée au casier central. De la sorte, les procureurs de la République, en demandant au casier central le relevé des condamnations subies par un étranger, sont avertis des poursuites dont il est l'objet de la part d'une autre puissance. Grâce à ces renseignements, plusieurs individus, arrêtés pour mendicité ou vagabondage et qui avaient échappé à toutes les recher-

(1) V. par ex. art. 5, § 4, de la convention Franco-Belge du 15 août 1874.

(2) V. Billot, p. 168.

ches effectuées par les agents de l'administration, ont pu être extradés.

Les agents administratifs qui, sur l'ordre du ministre de l'Intérieur, procèdent à une arrestation en vue d'une extradition ultérieure, doivent conduire sur-le-champ l'étranger devant le procureur de la République de l'arrondissement dans lequel il est trouvé et remettre à ce magistrat les pièces en vertu desquelles ils opéraient leurs investigations.

Le garde des sceaux, dans la dépêche qu'il adresse à son collègue de l'Intérieur pour le prier d'ordonner l'arrestation du réfugié, ne manque jamais de rappeler les prescriptions de la circulaire du 12 octobre 1875, qui établit qu'aussitôt « l'arrestation opérée, l'étranger sera immédiatement conduit « devant le procureur de la République de l'arrondissement « où elle a eu lieu, et que ce magistrat recevra en même « temps communication de toutes les pièces jointes à la de- « mande d'extradition. »

Interrogatoire de l'inculpé par le procureur de la République.

Le procureur de la République doit procéder sans délai à l'interrogatoire de l'inculpé. Dans aucun cas, il ne doit surseoir à cette formalité. « Il arrive parfois que les chefs de par- « quet à la disposition desquels est mis l'étranger arrêté, « croient devoir attendre pour procéder à l'interrogatoire et « transmettre le procès-verbal qui doit en être dressé, qu'il « leur ait été officiellement donné avis de l'existence d'une « demande d'extradition régulière.

« Il est donc utile de rappeler que les prescriptions de la « circulaire du 12 octobre 1875 doivent être immédiatement « exécutées, soit qu'il y ait eu une demande régulière d'ex- « tradition, soit que l'arrestation ait été provoquée préalable- « ment par voie diplomatique avec pièces explicatives, soit « même que l'arrestation ait eu lieu sur la demande directe « des magistrats d'un pays étranger, conformément aux « traités.

« Le chef du parquet doit provoquer les explications de « l'individu arrêté, sans avoir à se préoccuper du degré au- « quel la procédure d'extradition est parvenue lors de la date « à laquelle il est saisi.

« C'est à l'administration centrale de la justice, seule, qu'il « appartient, lorsqu'elle reçoit le procès-verbal de l'interro- « gatoire, de donner la suite qu'elle comporte à la demande « d'extradition qui serait régulièrement formée, ou de s'assu- « rer, dans le cas contraire, par l'entremise du département « des Affaires étrangères, des intentions du Gouvernement « étranger.

« En un mot, les chefs de parquet sont mis en demeure de « procéder conformément à la circulaire du 12 octobre 1875, « non point par la demande d'extradition, dont l'examen ne « ressort pas de leur compétence, mais par le seul fait de « l'arrestation qui a été opérée sur la demande des autorités « étrangères (1). »

Le procureur de la République constate l'identité de l'inculpé, recherche sa nationalité, contrôle ses allégations tendant à établir son innocence ou que les faits qui lui sont reprochés ne rentrent pas dans les prévisions du traité.

Enfin, il termine son interrogatoire en demandant à l'étranger s'il consent ou non à être livré aux autorités du pays requérant sans attendre l'accomplissement des formalités d'extradition.

En ce qui concerne les assertions du prévenu cherchant à établir sa non-culpabilité, le magistrat n'a pas à examiner la question au fond. Il doit simplement vérifier si, dans les explications fournies par l'inculpé, il en est qui démontrent d'une façon tout à fait péremptoire qu'il n'a pas participé aux faits qui servent de base à la demande d'extradition. Tout autre est le système suivi par l'Angleterre et les États-Unis, qui, permettant aux magistrats d'examiner le fond du procès, a le grave inconvénient d'influencer peut-être la décision des

(1) V. note insérée au *Bulletin officiel* de la chancellerie, janvier 1878; v. également, note du 6 décembre 1876.

autorités du pays requérant en préjugeant la question de culpabilité.

La constatation de l'identité doit faire l'objet d'un examen spécial. C'est partir d'un principe erroné que d'appliquer au droit international cette maxime, que la seule juridiction compétente pour constater l'identité est celle qui doit connaître du fond de l'affaire et par suite de décider qu'il y a lieu d'extrader un inculpé alors même que des doutes sérieux s'élèvent sur son identité. C'est au Gouvernement requérant qu'il appartient de déterminer d'une façon très précise la condition de l'individu dont il désire obtenir la remise.

Pour atteindre ce but, qu'il joigne à la demande d'extradition, un signalement, des photographies, des extraits de correspondances, toutes les indications enfin qui serviront à établir que le réfugié est bien l'individu poursuivi. À l'aide de ces renseignements, la plupart du temps le Gouvernement requis déterminera sans difficulté la condition de l'inculpé. À notre avis, un étranger ne doit être extradé qu'autant que son identité est parfaitement établie.

Si l'individu arrêté réclame le concours d'un interprète, le procureur de la République lui accordera toutes les facilités, et au besoin en désignera un dont les honoraires seront payés comme frais urgents de justice criminelle (1).

Un avocat pourra également assister l'inculpé, et comme il ne s'agit pas d'un débat contradictoire mais seulement d'une enquête officieuse, il ne pourra suivre l'interrogatoire ni l'enquête. Toutefois, il pourra rédiger un mémoire qui sera transmis à la chancellerie en même temps que l'interrogatoire (2).

Pendant le temps qu'exigera l'enquête sommaire à laquelle se livrera le procureur de la République, l'étranger ne sera pas placé sous mandat de dépôt, mais restera consigné à la disposition de l'administration (3).

(1) Circulaire du 12 octobre 1875.

(2) V. Charles Antoine, sur Fiore, *op. cit.*, p. 365.

(3) V. Circulaire du 12 octobre 1875.

Les magistrats ne doivent pas manquer d'éclairer l'inculpé sur les conséquences d'une extradition volontaire. Par conséquent, en terminant l'interrogatoire, ils devront faire connaître à l'étranger les effets que la jurisprudence attribue au consentement d'être livré avant l'accomplissement des formalités d'extradition.

Il ne faut pas qu'un consentement donné sans connaissance de cause crée à l'inculpé une situation plus désavantageuse qu'il ne le pensait.

Le consentement doit être libre, éclairé, réfléchi, et l'étranger doit être mis à même d'en apprécier toutes les conséquences.

Souvent, des réfugiés expriment le désir d'être remis immédiatement aux autorités de leur pays, s'imaginant qu'ils abrègent simplement leur détention préventive, et que leur extradition volontaire sera assimilée à celle qui résulterait d'un décret.

Pour obvier à des surprises de ce genre, le procureur de la République doit avertir l'étranger que le consentement à être livré sans formalités ne diminue pas seulement les délais de la détention préventive, mais a encore pour effet de placer l'extradé dans la même situation que s'il s'était volontairement constitué prisonnier dans le pays qui le réclame, et que, par suite, il est exposé à être poursuivi même pour des infractions qui ne sont pas prévues dans les conventions conclues avec le pays requérant.

Depuis quelques années, la jurisprudence belge s'est modifiée et a adopté les solutions de la jurisprudence française sur les effets du consentement. M. Bara, ministre de la Justice, dans une circulaire du 12 mai 1881, constate l'abandon des anciennes théories qu'il avait défendues en 1868 à la Chambre des représentants, où il déclarait que l'extradé volontaire devait être considéré comme livré en vertu d'une extradition régulière. « Il importe que les étrangers qui veulent s'affranchir des formalités de la procédure d'extradition et qui, dans ce but, renoncent au bénéfice des traités internationaux, soient formellement avertis que cette renonciation les exposent à être poursuivis et punis de quelque chef que ce puisse être dans le pays qui l'a réclamé. »

Depuis cette époque, les autorités belges font signer à l'étranger la déclaration suivante : « Le soussigné déclare que c'est sur sa demande formelle qu'il a été remis sans attendre l'accomplissement des formalités de l'extradition, consentant expressément et librement à être poursuivi et puni de quelque chef que ce soit sans pouvoir invoquer le bénéfice des traités internationaux. »

Enfin, l'interrogatoire doit mentionner non-seulement l'âge, le lieu de naissance, le nom de l'extradé, mais encore le fait incriminé et le tribunal saisi du procès. À défaut de ces renseignements, les parquets étrangers, dans les ressorts desquels s'effectuent nos extraditions, se trouvent dans l'obligation de se livrer à la recherche du parquet qui a provoqué les poursuites et à la disposition duquel l'extradé doit être placé (1).

S'il y a plusieurs prévenus, les interrogatoires doivent être rédigés sur des cahiers séparés.

Si l'inculpé consent à être livré sans aucune formalité, le procureur de la République se borne à dresser procès-verbal de cette déclaration en double original. L'un de ces originaux est transmis à la chancellerie par l'intermédiaire du procureur général; l'autre est remis en même temps que les pièces produites à l'appui de la demande, à l'autorité administrative, qui se charge de transférer l'étranger à la frontière et de le remettre aux autorités du pays étranger.

En outre, le procureur de la République doit s'assurer que la détention administrative de l'inculpé ne se prolonge pas outre mesure.

Parfois un étranger, dont l'arrestation provisoire a été demandée directement aux autorités françaises, est remis à l'État requérant avant l'introduction d'une demande régulière d'extradition. De là de longues négociations entre les

(1) Voyez décision du 26 mars 1877.

deux gouvernements pour rechercher les causes de cette irrégularité.

Assurément, c'est l'autorité administrative qui doit endosser la responsabilité de cette manière d'agir, car elle ne doit jamais livrer un individu avant d'en avoir reçu l'ordre de la chancellerie, mais les magistrats doivent quelquefois partager cette responsabilité, car dans certains parquets des frontières, la livraison immédiate de l'inculpé a lieu sur les conseils de l'autorité judiciaire qui ne doit jamais s'ingérer dans les questions de remise.

L'illégalité d'une extradition consentie sans intervention diplomatique ne saurait être couverte par le consentement ultérieur de l'inculpé.

Si l'étranger refuse d'être livré sans formalité ou s'il restreint son consentement à une ou plusieurs infractions, le procès-verbal de l'interrogatoire sera dressé en simple original et adressé au procureur général avec les documents qui appuyaient la requête d'extradition.

Rapport du procureur de la République au procureur général.

Dans le cas où l'étranger consent à être livré sans aucune formalité, le procureur de la République transmet au procureur général :

1° Un double du procès-verbal d'interrogatoire ;

2° Son avis motivé sur l'accueil qui doit être fait à la demande.

Quand l'individu refuse d'être livré avant l'entier accomplissement des formalités, le procureur de la République adresse au procureur général :

1° Les pièces qui accompagnaient la demande d'extradition ;

2° Le procès-verbal d'interrogatoire ;

3° Les résultats de l'enquête ;

4° Son avis motivé.

Si l'inculpé se trouve détenu dans une ville à raison d'un délit commis en France et qui a motivé des poursuites judiciaires contre lui, il importe que le procureur de la République, dans l'arrondissement duquel l'individu est poursuivi, fasse connaître à la chancellerie la situation de l'inculpé et l'obstacle légal qui s'oppose à une extradition immédiate. — Le décret qui sera provoqué constatera la réserve que l'extradition ne sera mise à exécution qu'après qu'il aura été satisfait à la justice française.

Enfin, toutes les fois que la procédure d'extradition soulève une grave difficulté, les chefs de parquet doivent la signaler sans retard au garde des sceaux avec leur avis motivé (1).

Rapport du procureur général au garde des sceaux.

Le procureur général adressera au garde des sceaux les divers documents que nous avons énumérés et qui lui ont été envoyés par le procureur de la République. Il y joindra ses observations.

Les transmissions de l'interrogatoire par le procureur de la République au procureur général et par celui-ci à la chancellerie doivent avoir lieu sans retard. Cette célérité, recommandée par plusieurs circulaires, abrège la détention préventive des inculpés. Il ne faut pas perdre de vue que la chancellerie ne prie le ministre de l'Intérieur de faire livrer l'inculpé qu'après avoir examiné le rapport du procureur général.

Examen des pièces par la chancellerie. — Décret d'extradition. — Remise de l'extradé aux autorités étrangères.

Lorsque l'inculpé consent à être livré sans aucune formalité, le garde des sceaux, après avoir constaté la régularité des pièces qui lui ont été transmises par le procureur général,

(1) Note du 6 décembre 1876.

prie le ministre de l'Intérieur de vouloir bien faire remettre l'étranger aux autorités du pays requérant.

Jamais l'autorité administrative ne doit livrer un individu, même avec son consentement, sans en avoir reçu l'avis de la chancellerie.

Il est indispensable que tous les éléments de la procédure soient concentrés au ministère de la Justice, qui seul peut exercer un contrôle effectif et s'assurer que les conditions exigées par le droit conventionnel sont remplies.

Sans ces précautions, il serait à craindre que l'extradition ne dégénérât en simple mesure de police, ce qui, comme nous l'avons déjà constaté, pourrait créer de sérieuses difficultés. Le séjour des malfaiteurs dans les prisons est ainsi prolongé, mais, à la réception de leur interrogatoire, si la demande d'extradition n'est pas encore formulée, le département des Affaires étrangères est immédiatement informé (1).

Si, au contraire, l'inculpé ne consent pas à être livré avant l'entier accomplissement des formalités, ou s'il fait quelques réserves sur certains chefs d'accusation, un décret d'extradition est préparé s'il y a lieu et soumis à la signature du Président de la République.

Ce décret vise les faits, les qualifie, mentionne qu'ils sont prévus dans les conventions conclues avec le gouvernement requérant ou qu'ils ont fait l'objet d'une déclaration de réciprocité.

Il constate que les documents produits à l'appui de la demande d'extradition sont réguliers et ordonne que l'inculpé sera mis à la disposition des autorités étrangères compétentes.

Les réserves faites par le pays requis résultent des termes du décret, tantôt elles sont expresses, tantôt tacites. Si la demande relève différents chefs d'accusation, par exemple ceux de vol et de tentative d'escroquerie et que le décret ne mentionne que le vol, il est évident qu'il y a une réserve tacite.

Parfois, le décret énonce formellement les conditions de

(1) V. note au *Bulletin officiel de la chancellerie,* année 1877.

l'extradition : s'il s'agit d'un réfugié subissant actuellement une peine, le décret exposera qu'il ne pourra être livré aux autorités étrangères qu'après avoir satisfait à la justice française. C'est l'application de l'adage : *In pari causâ melior est causa possidentis*. Cependant, si les autorités étrangères devaient souffrir du retard apporté à la remise de l'inculpé, la chancellerie n'hésiterait pas à autoriser une remise momentanée. Il est même arrivé que le réfugié a été l'objet d'une grâce pour rapprocher le moment de la remise.

Aussitôt que le décret d'extradition a été soumis à la signature du Président de la République, ce qui exige un délai de trois ou quatre jours, la chancellerie en transmet au ministre de l'Intérieur une ampliation signée du directeur des affaires criminelles avec les divers documents qui étaient joints à la demande.

Voici la teneur d'un décret d'extradition :

Le Président de la République française,

Vu la demande du Gouvernement..... tendant à obtenir l'extradition du nommé..... poursuivi à..... pour.....

Sur le rapport du garde des sceaux, ministre de la Justice,

Attendu que le fait susqualifié est prévu par la convention conclue entre la France et..... et que le Gouvernement..... produit à l'appui de sa demande..... (pièces justificatives).

Décrète :

ARTICLE I.

Le nommé N..... sera mis à la disposition des autorités.....

ARTICLE II.

Le garde des sceaux, ministre de la Justice, et les ministres de l'Intérieur et des Affaires étrangères sont chargés, chacun en ce qui le concerne, de l'exécution du présent décret.

Fait à..... le.....

(Signature du Président de la République.)

(Contreseing du Garde des sceaux.)

Si les faits ne sont pas prévus par une convention reliant l'État requis et l'État requérant, la formule du décret est ainsi modifiée :

« Attendu que le fait susqualifié fait l'objet d'une déclaration de réciprocité intervenue le....., entre les gouvernements..... »

Dès que le ministre de l'Intérieur a reçu une ampliation du décret, il prescrit au préfet du département où est détenu l'inculpé d'assurer son transfèrement à la frontière. Quelques irrégularités s'étant produites dans les ordres que donnaient les agents de l'administration qui dirigeaient indifféremment les extradés sur les pays qui les réclamaient, tantôt par les voies ferrées et sous la garde d'agents de police locaux, tantôt sous l'escorte de la gendarmerie et tantôt enfin par le service général des voitures cellulaires, le ministre de l'Intérieur a cru devoir donner sur ce point des instructions précises.

« Dans ces conditions, il m'a paru que le moyen le plus simple de prévenir le retour des irrégularités signalées était d'adopter en principe un mode unique de transfèrement qui ne pût laisser place à aucune indécision dans les ordres à donner non plus que dans leur exécution, et je me suis déterminé, en conséquence, à charger exclusivement, désormais, de la conduite des extradés, le service des voitures cellulaires, comme étant plus à même que tout autre, par son organisation spéciale, de remplir cette mission de la façon la plus régulière et la moins coûteuse (1). »

Dès que l'inculpé est prêt à partir, les préfets doivent aviser immédiatement le ministre de l'Intérieur, pour le mettre à même de faire parvenir, en temps utile, les indications nécessaires au service des transfèrements, chargé d'assurer la conduite et la remise des extradés à la frontière (2).

(1) V. circulaire de M. Martin-Feuillée, sous-secrétaire d'État à l'Intérieur, 18 juillet 1879.

(2) V. *loc. cit.*

Les documents qui motivent l'extradition tels que mandats, jugement, interrogatoire, doivent toujours être remis aux autorités étrangères en même temps que l'extradé, ils servent à établir sa situation réelle aux yeux des autorités de son pays, il doit en être ainsi à l'égard de tous les fugitifs, quel que soit le pays qui les réclame [1]. Si un décret d'extradition est intervenu, une ampliation sera remise aux autorités du pays requérant.

(1) V. circulaire de M. de Marcère, ministre de l'Intérieur, 28 octobre 1876.

SAISIE ET REMISE DES OBJETS EMPORTÉS PAR LE FUGITIF.

Les autorités judiciaires ou administratives qui procèdent à l'arrestation d'un individu dont l'extradition est demandée doivent saisir en même temps tous les objets qu'il a emportés dans sa fuite.

Ces objets peuvent offrir beaucoup d'utilité pour l'instruction, servir de pièces de conviction; de plus, il peut être nécessaire de les restituer aux personnes qui en ont été dépossédées.

Le droit conventionnel considère cette saisie comme obligatoire indépendamment de toute requête spéciale. D'après la jurisprudence de la chancellerie, quand l'arrestation provisoire d'un inculpé est demandée par les autorités étrangères, il y a lieu, même en l'absence d'une commission rogatoire, de procéder à la saisie de tous les objets qui peuvent être trouvés en la possession de l'inculpé.

Si l'extradition ne peut avoir lieu, soit par suite de la nationalité du prévenu, soit par suite de son décès, la remise des effets doit cependant être faite. Mais si des tiers impliqués dans les poursuites ont acquis des droits et s'opposent à ce que les autorités étrangères soient mises en possession des objets, il est nécessaire de recourir à un débat contradictoire devant les tribunaux compétents, car on ne peut pas trancher différemment les difficultés de cette nature [1].

Voici la clause insérée dans les traités les plus récents : « Quand il y aura lieu à l'extradition, tous les objets saisis qui peuvent servir à constater le crime ou le délit, ainsi que

(1) V. Billot, p. 160.

les objets provenant de vol, seront, suivant l'appréciation de l'autorité compétente, remis à la puissance réclamante, soit que l'extradition puisse s'effectuer, l'accusé ayant été arrêté, soit qu'il ne puisse y être donné suite, l'accusé ou le coupable s'étant de nouveau évadé ou étant décédé. »

Cette remise comprendra aussi tous les objets que le prévenu aurait cachés ou déposés dans le pays et qui seraient découverts ultérieurement. Sont réservés, toutefois, les droits que des tiers non impliqués dans la poursuite auraient pu acquérir sur les objets indiqués dans le présent article (1). »

Malgré le silence ou les termes restrictifs de certaines conventions, les diverses puissances auxquelles le gouvernement français a demandé des extraditions, n'ont jamais hésité à admettre les règles que nous avons énoncées.

Ainsi le traité conclu avec les États-Unis le 9 novembre 1843, ne contient aucune disposition relative à ce sujet, et cependant dans les rares circonstances où le gouvernement des États-Unis nous a accordé des extraditions, il nous a fait parvenir en même temps les divers objets qui avaient pu être trouvés en la possession des inculpés.

La plupart du temps, la remise des objets s'effectue en même temps que celle de l'extradé. Si les objets sont de petite dimension et sans grande valeur, ils sont confiés aux agents des prisons et placés dans les voitures cellulaires qui transportent l'extradé à la frontière.

Lorsque les objets ont une certaine valeur, ils doivent être adressés à l'agent diplomatique qui se charge de les faire parvenir aux autorités judiciaires de son pays.

Enfin s'ils sont trop volumineux pour être transportés par

(1) V., par exemple, art. 8 de la convention Franco-Belge du 15 août 1874;

Art. 8 de la convention Franco-Espagnole du 14 décembre 1877;

Art. 14 de la convention Franco-Britannique du 14 août 1876;

Art. 6 de la convention Franco-Italienne du 12 mai 1870;

Art. 5 de la convention Franco-Suisse du 9 juillet 1869;

Art. 10 de la convention Franco-Péruvienne du 30 septembre 1874.

les voitures cellulaires, on prie dès lors l'agent diplomatique d'indiquer le mode d'envoi auquel il faut recourir. Ainsi pour des colis fort lourds qui devaient être envoyés à Liverpool, l'ambassadeur d'Angleterre a indiqué une agence qui a consenti à se charger du transport.

DE L'ARRESTATION PROVISOIRE.

Dans les cas d'urgence, au lieu de suivre la voie que nous avons tracée, les autorités du pays requérant peuvent transmettre par la poste ou le télégraphe aux autorités du pays de refuge un simple avis indiquant le nom du malfaiteur, l'infraction qu'il a commise.

Cette mesure est fréquemment imposée par les circonstances, car le moindre retard permet parfois à l'inculpé de prendre des dispositions qui le mettent à même de se soustraire à toute recherche ultérieure.

Souvent, grâce aux conversations que le fugitif a tenues avant son départ, ou aux premiers renseignements fournis par les témoins, on arrive facilement à découvrir le lieu de refuge et des investigations rapidement effectuées sont suivies d'un prompt succès.

Mais l'arrestation provisoire est une mesure grave qui ne doit pas être demandée en présence de légers soupçons ou d'indices trop vagues, et il ne faut jamais s'exposer à abandonner ultérieurement une procédure entreprise au début avec une ardeur impatiente des procédés et des formalités ordinaires.

Les hésitations du droit conventionnel pour l'admettre, s'expliquent par la crainte des divers États de voir leurs agents y recourir sans de sérieuses raisons.

D'après certaines conventions actuellement en vigueur, l'arrestation est tantôt obligatoire, tantôt facultative.

Voici la clause insérée dans plusieurs traités :

« L'arrestation provisoire devra être effectuée sur avis « transmis par le télégraphe de l'existence d'un mandat d'ar« rêt, à la condition, toutefois, que cet avis sera régulière-

« ment donné par voie diplomatique au ministre des Affaires « étrangères du pays où l'inculpé sera réfugié.

« L'arrestation sera facultative si la demande est directe« ment parvenue à une autorité judiciaire ou administrative « de l'un des États; mais cette autorité devra procéder sans « délai à tous les interrogatoires et investigations de nature à « vérifier l'identité ou les preuves du fait incriminé, et, en « cas de difficulté, rendre compte au ministre des Affaires « étrangères des motifs qui l'auront portée à surseoir à l'ar« restation réclamée. L'arrestation provisoire aura lieu dans « les formes établies par la législation du pays requis; elle « cessera d'être maintenue si, dans les quinze jours, à partir « du moment où elle a été effectuée, ce gouvernement n'est « pas saisi régulièrement de la demande de livrer le pré« venu (1). »

Dans d'autres conventions, cette alternative n'existe pas. Les négociateurs n'ont prévu que l'hypothèse d'une demande d'arrestation provisoire transmise par la voie diplomatique et on ne mentionne pas la suite que comporte une demande adressée directement (2).

Enfin, il est un certain nombre d'États dont les conventions conclues avec le Gouvernement français ne contiennent aucune disposition relative à l'arrestation provisoire (3).

Mais la pratique a considérablement étendu l'application des traités et a même suppléé à leurs lacunes.

Comme les demandes d'arrestation provisoire deviennent de plus en plus fréquentes, nous pensons qu'il importe, après avoir fait connaître le texte des traités en vigueur, de déve-

(1) Voyez les conventions conclues : avec l'Autriche, 12 février 1869;
— avec le Grand-Duché de Bade, 4 mars 1868;
— avec la Bavière, 29 novembre 1869;
— avec l'Italie, 12 mai 1870;
— avec le Luxembourg, 12 septembre 1875;
— avec le Grand-Duché d'Oldenbourg, 5 mars 1868;
— avec la Suisse, 9 juillet 1869.

(2) V. convention Franco-Belge du 15 août 1874.

(3) V. convention du 9 novembre 1843 avec les États-Unis.

lopper plus longuement la jurisprudence adoptée par la chancellerie et les divers États dont la France sollicite des extraditions.

Nous examinerons d'abord l'attitude que doivent prendre les autorités françaises en présence d'une demande d'arrestation, puis, en recherchant l'accueil qu'ont reçu des gouvernements étrangers, les requêtes de cette nature qui leur étaient adressées par les fonctionnaires français, nous indiquerons quels sont les États auxquels il faut s'abstenir de transmettre de pareilles demandes.

Arrestation provisoire demandée à des autorités françaises.

Si la demande est transmise par la voie diplomatique, et que le traité conclu avec l'État requérant mentionne l'obligation d'y déférer, il n'y a pas d'hésitation possible : il faut procéder sans délai à l'arrestation.

Mais, si la convention est muette ou si la demande est transmise directement aux autorités françaises par une autorité étrangère, il n'y a jamais d'obligation stricte d'arrêter l'inculpé.

Les autorités administratives et judiciaires auxquelles de semblables requêtes sont adressées ne savent pas toujours à quel parti s'arrêter. Et les ministres de la Justice et de l'Intérieur constatent fréquemment l'indécision de leurs subordonnés qui ne se conforment pas très exactement aux dispositions des traités, de là les plus graves inconvénients : pendant que des instructions sont demandées au Gouvernement sur les mesures qu'il convient de prendre, le malfaiteur parvient souvent à s'échapper.

Dans la plupart des cas, une célérité extrême s'impose et la chancellerie invite les magistrats à ne jamais perdre de vue l'utilité d'agir conformément aux désirs des autorités étrangères, même quand le traité ne renferme aucune clause relative à l'arrestation provisoire.

Mais il ne faut procéder à l'arrestation qu'autant que la

requête paraît offrir une authenticité suffisante et contient des données assez explicites pour éviter toute erreur.

Ainsi, la chancellerie a ordonné de procéder à des arrestations provisoires sur simple avis télégraphique transmis par les autorités judiciaires des États-Unis, de l'Angleterre.

En ce qui concerne spécialement l'Angleterre, il résulte d'une lettre du préfet de police au directeur des affaires criminelles de Londres que l'arrestation doit être opérée sur la demande directe des autorités anglaises :

« J'ai soumis à l'examen du parquet de première instance de la Seine la question qui a motivé votre lettre du 11 du même mois et qui se rattache au mode de procéder lorsqu'il s'agit de mettre en état d'arrestation provisoire les malfaiteurs devant faire l'objet d'une mesure ultérieure d'extradition. L'autorité judiciaire a nettement émis l'opinion que l'article 9 du traité du 14 août 1876, dans sa lettre comme dans son esprit, arme suffisamment la justice et l'administration françaises, pour que l'une et l'autre se croient autorisées à requérir l'arrestation de tout malfaiteur qui lui serait officiellement dénoncé par les autorités de justice ou de police de votre pays, comme étant poursuivi pour un des crimes ou délits prévus par ledit traité, et comme devant être, à raison de ces faits, l'objet d'un mandat d'arrêt et d'une demande d'extradition (1). »

Par conséquent, les magistrats qui auront procédé à une arrestation, sur la demande des autorités étrangères et après avoir vérifié l'authenticité de la requête et si les faits incriminés sont prévus par une convention ou une déclaration de réciprocité, doivent être assurés que leur manière d'agir sera toujours approuvée par le garde des sceaux.

Les agents de l'ordre administratif sont plus fréquemment que les magistrats appelés à statuer sur les demandes directes d'arrestation provisoire. Des instructions très précises leur ont été adressées par M. Laroze, sous-secrétaire d'État à l'Intérieur, nous ne pouvons mieux faire que de reproduire

(1) Lettre du 31 juillet 1878 citée par M. Kirchner, Introduction, p. xxxvi.

les termes de cette circulaire inspirée par des observations de M. le garde des sceaux.

« La plupart des conventions d'extradition prévoient les « demandes directes d'arrestation provisoire, et même lors- « que les traités n'en font pas mention, ces arrestations n'en « peuvent pas moins être opérées sur le désir exprimé par « les autorités étrangères. Si vous observez que les retards « que nécessite l'emploi de la voie diplomatique sont de na- « ture à permettre à l'individu poursuivi de quitter le ter- « ritoire, et qu'en maintes circonstances l'efficacité d'une « convention dépend d'une arrestation effectuée en temps « utile, vous vous rendrez compte de l'intérêt qu'il y a « habituellement à accueillir les demandes qui vous sont « adressées. Vous aurez soin de m'aviser par télégramme « des arrestations qui auront été opérées dans ces condi- « tions (1). »

Comme nous l'avons déjà fait observer, que l'arrestation ait lieu en vertu d'une requête régulière d'extradition ou en vertu d'une demande d'arrestation provisoire transmise directement ou par voie diplomatique, les prescriptions de la circulaire du 12 octobre 1875 doivent être suivies, et l'étranger doit être conduit sur-le-champ devant le procureur de la République qui procède à l'interrogatoire (2) « sans se préoccuper du degré auquel la procédure d'extradition est parvenue lors de la date à laquelle il est saisi. »

Des demandes d'arrestation provisoire adressées à des autorités étrangères.

D'après les instructions données aux autorités françaises par les ministres dont elles relèvent, on se rend compte de la courtoisie qui préside aux relations internationales, puisque l'usage s'affirme de plus en plus de se demander réciproquement l'arrestation provisoire des malfaiteurs, même

(1) Circulaire du 2 avril 1885.

(2) V. note de janvier 1878, *Bulletin officiel du ministère de la Justice.*

lorsque les conventions ne contiennent aucune disposition sur ce point.

Hors le cas d'extrême urgence, il est préférable que l'arrestation provisoire soit provoquée par voie diplomatique; le procureur de la République transmet le mandat d'arrêt au procureur général ou l'avise par télégramme qu'un mandat d'arrêt a été décerné et lui fait connaître aussi exactement que possible le lieu où l'inculpé s'est réfugié. Le magistrat transmet ensuite ces renseignements au directeur des affaires criminelles (1). Récemment, le gouvernement des États-Unis a fait procéder à l'arrestation provisoire sur simple avis télégraphique transmis par la voie diplomatique d'un malfaiteur poursuivi pour vol qualifié (2). Mais, dans les circonstances où il importe d'agir avec une grande célérité, les magistrats ou les préfets peuvent s'adresser directement aux autorités étrangères ou aux représentants de la France à l'étranger.

Toutefois, le Danemark et l'Espagne procèdent rarement à l'arrestation d'un fugitif sur la demande directe des autorités françaises, par conséquent, en ce qui concerne ces deux pays, il faut recourir à la voie diplomatique.

Jusqu'à ces derniers temps, les autorités anglaises déféraient difficilement au désir que leur manifestaient les magistrats français d'opérer l'arrestation d'un inculpé sur une demande qui leur était directement transmise. Et une circulaire de M. Dufaure du 30 décembre 1878 recommandait de s'abstenir de leur adresser de pareilles demandes : « En « principe, toutes les communications relatives aux extra- « ditions doivent m'être envoyées pour suivre la voie diplo- « matique.

« Lorsque, pour des motifs pressants, les parquets croiront

(1) V. Le Poittevin, *Dictionnaire formulaire des parquets*, t. II, p. 215.

(2) L'arrestation n'a pas été maintenue, car le Gouvernement français n'est pas parvenu à établir aux yeux des autorités américaines l'identité de l'inculpé d'une façon satisfaisante. L'examen de cette affaire démontre qu'il ne faut réclamer l'intervention du Gouvernement américain que dans des circonstances tout à fait exceptionnelles.

« devoir s'écarter de cette règle, ils devront me donner, le « jour même, avis de la demande transmise par eux aux « autorités étrangères et me faire parvenir en même temps « les pièces nécessaires pour obtenir l'extradition.

« Les magistrats s'abstiendront d'adresser directement de « pareilles demandes aux autorités anglaises, qui, dans les « termes de notre convention avec l'Angleterre, ne consen-« tiraient pas y donner suite.

« Lorsque la présence d'un malfaiteur fugitif est signalée « sur le territoire britannique et si le parquet possède des « renseignements assez précis pour que nous puissions de-« mander l'extradition, avis en devra être donné immédia-« ment par le télégraphe à M. le directeur des affaires cri-« minelles, qui prendra sans retard les mesures nécessaires. « Ce télégramme devra contenir les renseignements les plus « précis sur le malfaiteur fugitif, mentionner son signale-« ment, spécifier qu'un mandat d'arrêt a été décerné et « indiquer le délai le plus court possible dans lequel le « mandat et les copies certifiées des principales dispositions « seront transmis à la chancellerie. » Mais bien des exceptions sont apportées à cette règle, car l'Angleterre paraît depuis quelque temps se départir de son ancienne rigueur et nous accorde des arrestations provisoires sur simple avis même télégraphique. Le Gouvernement français, usant de réciprocité, a suivi le Gouvernement britannique dans cette voie et a ordonné récemment au procureur général de Caen de déférer au désir que lui manifestait le centenier de Jersey d'obtenir l'arrestation provisoire d'un inculpé.

Dans un ouvrage récent et exclusivement pratique, M. Vincent, directeur des affaires criminelles de la police métropolitaine de Londres, donne des indications très précises sur les éléments que doivent renfermer toutes les demandes adressées directement aux autorités anglaises : « En cas d'urgence, le mandat d'arrêt contre le fugitif est décerné par le magistrat anglais compétent, avant que le secrétaire d'État ait reçu la demande d'extradition de la part de l'agent diplomatique du pays requérant. Il peut arriver, en effet, que pour empêcher la fuite d'un malfaiteur, les autorités étrangères adressent directement leur plainte au chef de la police du lieu où un malfaiteur est réfugié. En pareille circonstance, ce magistrat peut décerner un mandat d'arrêt, pourvu que, dans son opinion, l'état des choses soit tel que l'arrestation du prévenu se trouverait justifiée, si le crime avait été commis ou la condamnation prononcée dans la partie du Royaume-Uni où ce magistrat exerce sa juridiction. Dans plusieurs circonstances, les conséquences d'une pareille mesure conseillent une prudence excessive : n'étant pas sous le couvert d'une demande diplomatique, l'administration refuse de donner suite aux plus pressantes démarches d'un magistrat ou chef de police du continent si leurs requêtes ne transmettent pas les renseignements les plus complets (1). Voici un modèle de télégramme proposé par M. le chef de la police métropolitaine : « directeur police, Scotland Yard, « Londres. XX. nationalité française, âge 32, taille 1m,75 « corpulence forte, cheveux et sourcils noirs, yeux bruns, « moustaches noires, front découvert, inculpé de vol, sous le « coup d'un mandat d'arrêt, extradition sera demandée. Peut « se trouver Charing-Cross hôtel, bagage une malle grise, « arrêtez et télégraphiez. »

Quand on a des raisons de croire que le fugitif se trouve dans le ressort de la police métropolitaine, son signalement est transmis dans l'espace d'un quart d'heure à toutes les divisions (2).

Le Gouvernement brésilien, sur un avis télégraphique du procureur de la République de Reims, a fait arrêter à Rio-de-Janeiro deux individus poursuivis pour faux en écriture de commerce et abus de confiance.

Les procureurs de la République jouissent de la franchise télégraphique illimitée pour la correspondance de service urgente, mais ils ne doivent y recourir que dans les circonstances qui réclament une promptitude extrême, et, les dépêches ne doivent contenir que le nombre de mots indis-

(1) V. Howard Vincent, *Procédure d'extradition,* p. 5.
(2) *Op. cit.,* p. 21.

pensables. Il est absolument interdit aux magistrats d'employer, pour la correspondance télégraphique, la forme circulaire qui occupe le réseau et arrête la correspondance privée. Une circulaire du 6 avril 1866 fait connaître que cette règle est absolue : « ne comporte pas d'exceptions et qu'on est décidé, dans le cas où des abus se produiraient encore, à les réprimer sévèrement, notamment en laissant à la charge des magistrats expéditeurs le coût des dépêches qui auraient été expédiées en violation des instructions. » Mais la chancellerie tolère l'envoi de circulaires partielles et nous ne pensons pas qu'elle blâme un magistrat d'avoir voulu prévenir la fuite d'un malfaiteur en adressant par exemple des dépêches à tous les commissaires de surveillance des gares frontières.

Pour les télégrammes à destination de l'étranger, ils ont sur le parcours français le privilège de la priorité et de la gratuité. Le montant des taxes étrangères ne doit pas être avancé par l'expéditeur (1).

M. Andrieux, dans ses « *Souvenirs d'un préfet de police,* » constate l'empressement des divers États à accueillir les demandes qui leur sont transmises par le télégraphe : « Tous les jours, les polices étrangères, sur un simple télégramme du préfet de police, mettent en état d'arrestation provisoire ceux de nos nationaux qui leur sont signalés comme ayant commis un crime sur le territoire français. Les pièces justificatives, mandats de justice, les arrêts de condamnation sont transmis plus tard, dans les formes régulières, l'extradition est demandée. Mais l'arrestation provisoire n'est jamais refusée, même par les nations les plus jalouses de leurs droits. L'Angleterre, la Belgique, la Suisse procèdent constamment ainsi sur de simples dépêches de la police française, et elles rencontrent chez nous une juste réciprocité (2). »

Lorsque, dans des cas d'urgence, des avis sont directement donnés à nos représentants à l'étranger ou aux autorités étrangères, il est essentiel d'en avertir immédiatement le

(1) V. L. Poittevin, *op. cit.*, t. II, p. 360.
(2) Tome I, p. 196.

directeur des affaires criminelles qui provoque l'intervention du ministre des Affaires étrangères, surveille la procédure et réclame les pièces au parquet pour les transmettre en temps utile au pays requis (1). La plupart des conventions indiquent un délai à l'expiration duquel l'arrestation provisoire cessera d'être maintenue si le gouvernement requis n'est pas saisi de la demande de livrer le prévenu. « L'étranger arrêté provisoirement sera mis en liberté si, dans le délai de quinze jours après son arrestation, il ne reçoit notification de l'un des documents mentionnés dans l'article 5 de la présente convention » (art. 7 de la convention Franco-Belge du 15 août 1874 (2)).

Les divers États appliquent très rigoureusement les dispositions des conventions qui prescrivent l'élargissement des détenus si les documents ne sont pas produits dans les délais indiqués. Par conséquent, les procureurs de la République ne doivent jamais négliger de réunir, dans le plus bref délai, les pièces exigées par les conventions et de les faire parvenir au garde des sceaux par l'intermédiaire du procureur général.

En ce qui concerne nos relations avec le Grand-Duché de Luxembourg, il est nécessaire de transmettre dans le délai de quinze jours après l'arrestation un mandat d'arrêt. Grâce à ce document, l'arrestation pourra être maintenue pendant deux mois. À l'expiration de ce délai, l'étranger sera mis en liberté, s'il n'a pas reçu notification « soit d'un jugement ou arrêt de condamnation, soit d'une ordonnance de la chambre du conseil, ou d'un arrêt de la chambre des mises en accusation, ou d'un acte de procédure criminelle, émané du juge compétent, décrétant formellement ou opérant de plein droit le renvoi du prévenu ou de l'accusé devant la juridiction répressive (3).

(1) V. circulaires du 30 juillet 1872 et du 30 décembre 1878.

(2) L'article 5 de la convention Franco-Italienne du 12 mai 1870 fixe un délai de 20 jours. La convention Franco-Anglaise du 14 août 1876 (art. 9) accorde 14 jours pour la production des pièces. La convention Franco-Suisse, 9 juillet 1869, maintient l'arrestation pendant 15 jours. Nous citons seulement ces conventions, comme étant celles qui sont appliquées le plus fréquemment.

(3) V. art. 8 de la convention du 12 septembre 1875.

DES MALFAITEURS RÉFUGIÉS EN PAYS ÉTRANGER.

Lorsqu'un individu présumé ou reconnu coupable d'une infraction s'est réfugié en pays étranger, le procureur de la République doit rassembler sans délai les pièces exigées par la convention conclue avec le pays de refuge.

Si la demande d'extradition concerne une personne accusée, c'est, dans la plupart des cas, un mandat d'arrêt qu'il faut produire (1). Le mandat d'arrêt est considéré comme suffisant pour motiver une demande d'extradition, car il est soumis à des formalités particulières qui ne sont pas exigées pour les autres mandats qui sont regardés comme de simples actes d'instruction révocables, tandis que le mandat d'arrêt irrévocable par sa nature, a quelque chose de définitif dans le provisoire et est considéré comme un véritable jugement. Il doit être précédé des conclusions du ministère public (V. art. 94, Inst. crim.).

Le mandat d'arrêt doit désigner clairement le prévenu, indiquer ses nom, prénoms, surnoms, âge, qualité, profession, tout ce qui est propre à le faire distinguer sous tous les rapports de quelque individu que ce soit. Il énonce les faits pour lesquels il est décerné, la date, le lieu où a été commise l'infraction et mentionne le texte de loi qui prononce que ce fait est un crime ou un délit.

Le mandat d'arrêt doit renfermer l'indication précise du

(1) V., par exemple, les conventions avec la Belgique du 15 août 1874, art. 5; avec la Suisse du 9 juillet 1869, art. 6; avec l'Italie du 12 mai 1870, art. 7; avec l'Espagne du 14 décembre 1877, art. 5; avec les Pays-Bas du 2 août 1860, art. 1, etc., etc.

fait pour lequel il a été délivré. Souvent les puissances étrangères sont contraintes de demander du Gouvernement français des renseignements complémentaires qui les mettent à même d'apprécier en toute connaissance de cause si les faits sont prévus dans les conventions. Voici, au surplus, un extrait d'une dépêche de M. le ministre de la Justice de Belgique à son collègue des Affaires étrangères dans laquelle on déplore la sécheresse des mandats transmis par les magistrats français : « La nouvelle convention d'extradition avec le Gouvernement français, stipule expressément à l'article 5, § 2, que le mandat d'arrêt pour servir de fondement à l'extradition, doit renfermer l'indication précise du fait pour lequel il a été délivré. Ce n'est pas sans motif que cette réserve a été introduite dans la loi du 15 mars 1874 et dans les traités qui en sont l'application. Il importe que le document servant de base à l'extradition soit assez explicite pour permettre à la Cour d'appel et au Gouvernement de vérifier si le fait incriminé est atteint par la loi belge et renfermé dans l'énumération contenue dans la loi et le traité. Il importe aussi que la date et le lieu du crime ou du délit soient indiqués de manière à ce que l'on puisse vérifier s'il y a lieu d'appliquer les articles 1, 2 et 11 de la convention. Or, les mandats d'arrêt qui nous sont adressés à fin d'extradition par le Gouvernement français sont souvent d'un extrême laconisme. Plusieurs ne renferment que la seule qualification légale, par exemple : vol, escroquerie, etc., ce qui est loin de constituer l'indication précise du fait incriminé. Il peut en résulter des inconvénients d'autant plus graves, que la législation des deux pays contractants ne range pas toujours les mêmes faits sous les mêmes qualifications légales.

« Il sera donc utile, d'inviter, dès à présent, le Gouvernement français à veiller à ce que les mandats produits contiennent autant que possible, l'énoncé exact et complet de la prévention (1). »

(1) Voir, dépêche du ministre de la Justice à son collègue des Affaires étrangères, Kirchner, *op. cit.*, p. 365.

Les mandats d'arrêt doivent être signés lisiblement par le juge d'instruction ou porter dans l'en-tête le nom du juge d'instruction. Les mandats ne peuvent être produits à l'étranger que régulièrement légalisés, et parfois l'impossibilité de déchiffrer les signatures qui y sont apposées ne permet point de remplir cette formalité (1).

Cependant, certains États, le Grand-Duché de Luxembourg, l'Angleterre et les États-Unis ne se contentent pas de la production du mandat d'arrêt.

L'article 5 de la convention conclue avec le Grand-Duché de Luxembourg le 12 septembre 1875 dispose que « l'extradition sera accordée sur la production soit du jugement ou de l'arrêt de condamnation, soit de l'ordonnance de la chambre du conseil, de l'arrêt de la chambre des mises en accusation ou de l'acte de procédure criminelle émané du juge ou de l'autorité compétente, décrétant formellement ou opérant de plein droit le renvoi du prévenu ou de l'accusé devant la juridiction répressive, délivrés en original ou en expédition authentique. »

L'Angleterre exige, en outre du mandat d'arrêt, les principales dépositions de témoins et ces diverses pièces doivent être revêtues de la signature du même magistrat « s'il s'agit d'une personne accusée ; la demande sera adressée au premier secrétaire d'État de Sa Majesté Britannique pour les Affaires étrangères, par l'ambassadeur ou autre agent diplomatique du Président de la République française. À cette demande seront joints un mandat d'arrêt ou autre document judiciaire équivalent, délivré par un juge ou magistrat dûment autorisé à prendre connaissance des actes imputés à l'inculpé en France, ainsi que les dépositions authentiques ou les déclarations faites sous serment devant ce juge ou magistrat, énonçant clairement lesdits actes et contenant outre le signalement de la personne réclamée, toutes les particularités qui pourraient servir à établir son identité (2). »

(1) Circulaire du garde des sceaux, 30 juillet 1872.

(2) V. art. 7 de la convention Franco-Anglaise du 14 août 1876.

L'extradition n'est accordée par l'Angleterre qu'autant que les renseignements fournis par l'État requérant seraient de nature à faire renvoyer l'inculpé devant une juridiction répressive anglaise si l'infraction avait été commise sur le sol britannique : « En d'autres termes, pour accorder l'extradition, il faut que le magistrat anglais trouve dans l'instruction publique et contradictoire, poursuivie selon l'usage anglais contre l'accusé réclamé, les mêmes indices suffisants de culpabilité qui l'obligeraient d'envoyer l'accusé devant le jury s'il était sujet de la reine. C'est donc dans cette instruction publique et contradictoire que doivent figurer les charges fournies par le gouvernement étranger qui réclame l'extradition de l'accusé, et ces charges doivent emporter la conviction des juges non pas sur la question de savoir si l'accusé est certainement coupable, mais sur cette question préalable: Y a-t-il contre l'accusé des indices suffisants de culpabilité pour constituer ce qu'on appelle en Angleterre *prima facie case* et pour justifier sa mise en accusation devant le jury, s'il était Anglais (1)?

Il est une classe nombreuse d'individus de nationalité française réfugiés à Londres sur lesquels il convient d'appeler l'attention de l'autorité judiciaire française pour établir que les infractions commises fréquemment par ces malfaiteurs sont visées par la convention du 14 août 1876 et peuvent, par conséquent, motiver une demande d'extradition. Ces individus à la tête de prétendues agences de placement, de mariage, de colonisation attirent des dupes par des annonces insérées dans les journaux français.

Voici leur manière habituelle de procéder.

Ils s'adressent à des négociants français ou à des cultivateurs dont ils se procurent facilement l'adresse; puis, par lettres accompagnées de prospectus, ils leur commandent des marchandises sur échantillons ou feignent d'avoir reçu pour leur compte des colis venant d'Amérique. Ils offrent également des placements d'argent à gros intérêt ou des places

(1) Prévot-Paradol, *Revue des Deux-Mondes*, 15 février 1866.

lucratives dans des pays lointains, en Australie, par exemple.

Ces escrocs exigent tout d'abord une rétribution ; puis, cette rétribution touchée, les réclamants ne reçoivent plus aucune nouvelle des affaires conclues.

La loi anglaise n'a pas d'action contre eux sans la présence d'un plaignant, et comme les dupes sont le plus souvent de pauvres gens, il se trouve rarement une personne pouvant supporter les frais nécessaires pour la poursuite légale. L'intérêt d'assurer la répression de ces infractions s'affirme chaque jour avec d'autant plus de force que les coupables trouvent toute facilité pour échapper à la répression.

Les autorités françaises peuvent demander l'extradition puisque le délit reproché à ces individus constitue une escroquerie et est censé avoir été perpétré sur le territoire français (en ce sens, arrêt de la Cour de cassation du 6 janvier 1872) (1). Le Gouvernement anglais est disposé à accueillir

(1) La Cour, sur le moyen tiré d'une prétendue violation de l'article 5 du Code d'instr. crim., en ce que, le délit d'escroquerie ayant été commis à Londres, les tribunaux français auraient été incompétents pour en connaître sur la citation directe de la partie offensée et avant le retour en France du Français, auteur du délit.

Attendu que, si la lettre de Merlen, du 23 octobre 1869, et celle de Leblanc du 1er novembre suivant, ont été écrites de Londres, il résulte des constatations de l'arrêt attaqué qu'elles ont été adressées par leurs auteurs de Londres à Paris et reçues en cette dernière ville par Maréchaux, leur destinataire; que c'est à Paris qu'elles ont produit leur effet, en persuadant audit Maréchaux l'existence d'une fausse entreprise; que c'est, par conséquent, à Paris qu'ont eu lieu les manœuvres frauduleuses dont elles sont les éléments constitutifs; — attendu que c'est aussi à Paris que les deux billets de 5,000 fr. ont été remis par la partie lésée; qu'il est vrai que cette remise n'a pas été directement faite aux auteurs de l'escroquerie, mais attendu que l'article 405 C. P. en spécifiant, comme l'un des éléments essentiels du délit ou de la tentative du délit d'escroquerie, la délivrance ou remise de fonds, meubles, obligations, billets, promesses, quittances ou décharges, n'a pas exigé que cette délivrance ou remise fût opérée dans les mains de l'auteur du délit ou de la tentative, ou dans celles de ses complices; — et attendu, dans l'espèce, que l'arrêt attaqué constate que la remise des deux billets a été faite à Paris, à l'administration des postes, pour les faire parvenir à Londres, aux auteurs de l'escroquerie; que cette administration était l'intermédiaire naturel et légal de la remise qui devait

favorablement les requêtes d'extradition visant des infractions de cette nature, mais les renseignements fournis par les magistrats français doivent être très explicites sur les faits reprochés aux inculpés et établir, d'une façon très précise, l'identité des individus recherchés (1). Ce sont les difficultés qu'a éprouvées jusqu'à présent le Gouvernement français à déterminer exactement l'identité de ces escrocs qui n'ont pas permis au Gouvernement anglais de déférer aux demandes concernant ces individus qui lui étaient adressées. Mais nous tenons à insister sur cette idée, qu'en présence d'une requête mentionnant exactement les faits d'escroquerie et contenant des éléments suffisants pour déterminer l'identité de l'inculpé, l'Angleterre n'hésitera jamais à nous accorder l'extradition de ces chevaliers d'industrie.

Les demandes d'extradition adressées au gouvernement des États-Unis doivent être accompagnées de dépositions de témoins reçues sous serment et *antérieurement* à la délivrance du mandat d'arrêt. De plus, il est indispensable que toutes les pièces de la procédure soient revêtues de la signature du même magistrat.

L'Angleterre et les États-Unis ne s'en rapportent pas, comme on le voit, à l'instruction dirigée par nos magistrats; ces deux États ouvrent, en quelque sorte, une information nouvelle et ne se décident à accorder l'extradition que si les preuves paraissent suffisantes pour faire renvoyer le prévenu devant une de leurs juridictions répressives.

Toutefois, il y a une différence saillante entre les procédures anglaise et américaine. Aux États-Unis, l'instance commence par une plainte portée sous serment contre l'individu dont l'extradition est réclamée. L'État requérant cons-

leur en être opérée; — d'où il suit que le délit d'escroquerie a été commis non à Londres, mais à Paris, et que les tribunaux français étaient dès lors compétents pour en connaître; rejette, etc. (Sirey, 1872. 1. 255).

(1) En 1880 l'Angleterre a accordé à la Belgique l'extradition d'un individu de nationalité belge résidant à Londres et qui se croyait à l'abri de toute poursuite pour les escroqueries qu'il commettait au préjudice de négociants belges. V. Kirchner, *op. cit.*, Introd., p. XXII.

titue un délégué spécial choisi le plus fréquemment parmi les agents diplomatiques. Les difficultés de toute nature que soulève une demande d'extradition adressée aux États-Unis, les frais extrêmement élevés de détention et de remise, que l'article 4 de la convention du 9 novembre 1843 met à la charge de l'État requérant, doivent engager les magistrats à ne s'adresser aux États-Unis que dans des cas fort rares.

Lorsque le procureur de la République ignore dans quel pays s'est réfugié un inculpé, il peut transmettre à la chancellerie par l'intermédiaire du procureur général un certain nombre de mandats d'arrêt qui sont adressés aux autorités des pays limitrophes.

S'il s'agit d'une personne condamnée, ce n'est plus un mandat d'arrêt qu'il faut produire, mais une expédition authentique et complète du jugement ou de l'arrêt.

Toutefois, l'Angleterre et les États-Unis se montrent encore à cet égard plus exigeants que les autres puissances.

En ce qui concerne l'Angleterre, l'article 7 B., de la convention du 14 août 1876 dispose « que la marche de la procédure sera la même que dans le cas d'une personne accusée, sauf que le mandat à transmettre par l'ambassadeur ou autre agent diplomatique français, à l'appui de la demande d'extradition, énoncera clairement le fait pour lequel la personne réclamée aura été condamnée et mentionnera le lieu et la date du jugement. La preuve à produire devant le magistrat de police sera telle que, d'après la loi anglaise, elle établirait que le prisonnier a été condamné pour l'infraction dont on l'accuse.

Les condamnés par jugement par défaut ou arrêt de contumace sont, au point de vue de la demande d'extradition, réputés accusés et livrés comme tels. »

Pour les requêtes adressées aux États-Unis et visant des personnes condamnées, il est nécessaire de joindre à l'expédition du jugement ou de l'arrêt les diverses dépositions de témoins. Tous ces documents doivent être revêtus de la signature du même magistrat.

Voilà les pièces qu'il est indispensable de joindre à toute

requête d'extradition, mais il est toujours utile de confier aux autorités étrangères des pièces qui facilitent leurs recherches : un signalement, des photographies, des écrits de l'inculpé, la liste des objets qu'il a pu emporter dans sa fuite, la description des effets volés, les numéros des valeurs soustraites.

Tous les documents réunis par le procureur de la République doivent être adressés au procureur général avec un rapport indiquant nettement la nature des actes qui motivent les poursuites.

Le procureur général transmet, dans le plus bref délai, les pièces à la chancellerie avec son avis motivé.

Au ministère de la Justice on examine le dossier, on vérifie notamment si le mandat d'arrêt contient une qualification exacte des faits, la date et le lieu de leur perpétration, en un mot, si les éléments sont suffisants pour permettre à l'État requis de se prononcer en toute connaissance de cause.

Les signatures des pièces destinées à l'Angleterre doivent être légalisées par le garde des sceaux (bureau de l'enregistrement).

Pour les États-Unis, les signatures des diverses pièces sont certifiées par le garde des sceaux lui-même. Voici la formule de légalisation qui doit être mise au bas des dépositions de témoins :

« Nous, garde des sceaux, ministre de la Justice, certifions « véritable la signature de M. X..., juge d'instruction, près « le tribunal de....., lequel est autorisé, d'après les lois de « la République française, à recevoir les dépositions et à « faire prêter serment aux témoins. »

Au pied du mandat d'arrêt, au lieu de « lequel est autorisé, » il faut mettre « qui, d'après les lois de la République française, est autorisé à décerner un mandat d'arrêt contre l'inculpé. »

Lorsque la procédure paraît complète, elle est transmise au ministère des Affaires étrangères.

Pour les pièces destinées aux États-Unis, la signature du

garde des sceaux, légalisant celle des magistrats instructeurs, est certifiée par le ministre des Affaires étrangères lui-même, et celle du ministre des Affaires étrangères doit encore être visée par l'agent diplomatique accrédité auprès de notre Gouvernement. Les signatures des secrétaires de la légation des États-Unis, du vice-consul ou du chancelier du consulat général ne seraient pas regardées comme valables à cause de la lettre du statut concernant l'application du traité d'extradition. L'Angleterre se montre moins exigeante, aussi les documents joints à une requête d'extradition peuvent-ils être certifiés par un représentant du ministre.

Dans le cas où l'État requis n'est pas suffisamment éclairé par la procédure qui lui a été communiquée, notamment lorsqu'il y a doute sur la question de savoir si le crime ou délit, objet de la poursuite, rentre dans les prévisions du traité, il réclame des renseignements complémentaires. C'est toujours par la voie diplomatique et en suivant les circuits que nous avons indiqués que cette demande parvient soit au procureur de la République, soit au juge d'instruction. L'autorité appelée à fournir des éclaircissements doit les recueillir et les transmettre sans tarder pour ne pas prolonger la détention de l'inculpé.

Dans les cas d'urgence, les procureurs de la République peuvent se dispenser de suivre la voie diplomatique dont quelque lenteur pourrait permettre aux inculpés de s'échapper. Ils peuvent dès lors, s'inspirant des règles que nous avons exposées à propos de l'arrestation provisoire, s'adresser directement soit aux représentants de la France en pays étranger, soit aux magistrats étrangers, mais ils doivent, le jour même, donner avis au ministère de la Justice de la demande qu'ils ont formée et faire parvenir au ministère les pièces nécessaires pour obtenir l'extradition (1).

Enfin, nous devons constater pour le blâmer sévèrement un procédé qu'utilisent fréquemment certains parquets, procédé d'autant plus répréhensible qu'il entraîne l'extradition

(1) Circulaires ministérielles des 30 juillet 1872, 30 décembre 1878.

sans que l'inculpé soit protégé par les garanties créées par les conventions internationales (1).

Souvent, les autorités étrangères, prévenues directement par un parquet français, ordonnent l'arrestation d'un inculpé et le font conduire à la frontière française où il est remis à nos agents. Ce mode expéditif est souvent employé par quelques États voisins de la France, notamment par la Belgique et la Suisse.

M. Seruzier qui, pendant plus de 15 ans, a été chargé au ministère de la Justice du service des extraditions, constate (1) que c'est une tradition bien invétérée dans les parquets frontières de ne pas recourir à la voie diplomatique pour réclamer des extraditions. Et même le parquet de Paris n'a, pour arriver à ses fins, qu'à adresser une demande au parquet de Valenciennes pour les individus réfugiés en Belgique, à celui de Gex pour les individus réfugiés en Suisse, à celui de Nice pour les individus réfugiés en Italie, au parquet de Bayonne pour les individus réfugiés en Espagne (2). Les gouvernements n'ont jamais toléré ce système d'extradition déguisée, et ils ne manquent jamais, quand ils en sont informés, d'adresser des observations aux magistrats qui ont provoqué cette mesure et d'ordonner la mise en liberté ou de gracier, s'ils ont été condamnés, les individus qui ont été extradés au moyen d'une procédure aussi sommaire.

Lorsque les recherches prescrites par l'État requis sont demeurées infructueuses, avis en est donné à la chancellerie

(1) Seruzier, p. 12.

(2) Dès 1810, le grand-juge, duc de Massa, constatait ces errements et adressait aux procureurs généraux la circulaire suivante :

« J'ai remarqué que, dans les départements frontières, particulièrement, on s'est permis quelquefois, à la réquisition des gouvernements étrangers, de livrer, sans autorisation de Sa Majesté, des individus arrêtés sur le territoire de l'Empire; c'est un excès de pouvoir extrêmement répréhensible; aucune extradition du territoire de l'Empire ne peut avoir lieu qu'en vertu d'une décision de l'Empereur. Je vous recommande expressément d'observer avec la plus scrupuleuse attention cette règle de droit public, et de veiller à ce qu'elle ne soit enfreinte par aucun des magistrats exerçant les fonctions du ministère public dans l'étendue de votre ressort. »

par l'entremise du ministère des Affaires étrangères et généralement les pièces qui avaient été produites à l'appui de la demande d'extradition sont renvoyées au parquet qui dirige les poursuites.

Si, au contraire, l'inculpé est arrêté, l'état requis avise l'agent diplomatique accrédité auprès de lui de la suite qu'il donne à la requête.

C'est par les soins du ministère des Affaires étrangères que la chancellerie est informée de l'issue des négociations, soit que l'individu ait consenti à être livré avant l'accomplissement des formalités d'extradition, soit qu'il ait refusé d'être livré sans formalités. Le ministre des Affaires étrangères, dans la dépêche qu'il adresse à son collègue de la Justice, doit reproduire fidèlement les termes de la déclaration de l'État requis, car la chancellerie doit faire connaître aux autorités judiciaires les réserves mentionnées dans l'acte d'extradition. Le procureur général du ressort, dans lequel l'extradé est poursuivi, ne peut jamais demander d'acte officiel constatant que l'extradition a été accueillie. L'avis de l'extradition qui lui est envoyé par la chancellerie suffit.

La plupart du temps, la remise de l'individu aux autorités françaises suit de près l'arrivée de cet avis au parquet du procureur général. Cependant, si l'extradé a à purger quelque peine dans le pays de refuge, il ne pourra être livré qu'après avoir satisfait à la justice locale (1). Le procureur général doit toujours informer le garde des sceaux de l'époque à laquelle a été écroué l'inculpé.

Il peut arriver, pour des raisons de famille, de santé, ou pour d'autres motifs, dans le détail desquels nous n'avons pas à entrer, que le transport de l'inculpé s'effectue dans des conditions moins pénibles que pour les détenus ordinaires.

(1) Les enfants des extradés doivent être ramenés en France avec leurs parents. Si les enfants ont été placés dans un établissement où leur séjour entraîne des frais, il ne paraît pas possible de comprendre ces dépenses dans les frais d'extradition, et il y a lieu de les imputer sur le fonds de secours des ministères des Affaires étrangères ou de l'Intérieur.

C'est de l'autorité administrative que dépendent de pareilles mesures ; c'est à elle seule qu'il faut s'adresser et non au ministère des Affaires étrangères ou à la chancellerie.

Les frais plus élevés qu'entraîne un mode de transport plus confortable restent à la charge des intéressés, et l'autorité administrative n'accorde généralement cette faveur que lorsque le paiement des frais supplémentaires lui est garanti.

DES EFFETS DE L'EXTRADITION.

Au point où nous sommes arrivés, l'extradition est un fait accompli : l'individu, réfugié en pays étranger, dont la remise a été demandée et obtenue, est aux mains des agents du Gouvernement français, qui, selon le cas, le conduiront devant les magistrats compétents, ou le livreront à l'autorité administrative pour lui faire subir sa peine.

L'extradition procède d'une convention intervenue entre deux gouvernements; les clauses qui y sont renfermées obligent non-seulement les hautes parties contractantes, mais encore le pouvoir judiciaire appelé à connaître des infractions mises à la charge de l'extradé.

Les limitations apportées par les traités ou conventions d'extradition à l'action de la justice en France, ne se conçoivent pas de prime-abord. L'autorité judiciaire n'est pas, en effet, dans la dépendance du pouvoir exécutif et les règles de sa compétence sont exclusives, dans leur étendue, de toute ingérence gouvernementale. La force de cette objection n'est pourtant qu'apparente; la nécessité pour les magistrats d'observer les clauses, contenues dans les conventions d'extradition, est rigoureusement conforme au principe de la séparation des pouvoirs.

Le pouvoir exécutif a régulièrement traité avec le gouvernement de l'État requis, pour obtenir l'extradition des malfaiteurs, réfugiés sur son sol. En adhérant aux conditions et réserves de l'acte d'extradition, il a agi en vertu d'un droit qui est le corollaire indispensable de son droit de traiter. Or, poser en thèse que l'autorité judiciaire n'a aucun compte à tenir, dans les poursuites exercées et les décisions de justice à intervenir, des conditions de l'extradition, c'est laisser au gouvernement, pour conclure des conventions d'extradition, un droit illusoire et dénué de tout effet utile. D'une façon indirecte, les attributions, en cette matière, du pouvoir exécutif, sont inévitablement annihilées par les magistrats, auxquels appartient, dans cette doctrine, le droit de méconnaître des engagements qui ont été légalement souscrits. Et la conséquence pratique de ce système, quelle serait-elle, sinon le conflit ou le refus légitime du gouvernement de demander l'extradition des malfaiteurs, réfugiés en pays étranger?

Les auteurs et une jurisprudence constante sont tombés d'accord, pour imposer au pouvoir judiciaire l'obligation d'appliquer les traités et conventions d'extradition (1). À l'origine, cette obligation parut dériver du caractère erroné qu'on avait assigné aux traités. En 1845, en effet, la Cour de cassation formulait la doctrine inexacte, plusieurs fois déjà consacrée par des arrêts précédemment rendus, que « les traités d'extradition, régulièrement promulgués, sont des lois spéciales. » Et l'on décidait, par voie de conséquences, que les conditions et réserves, insérées dans les conventions d'extradition, acquéraient, à l'instar des lois, la force obligatoire qui s'impose aux sentences des tribunaux.

Mais tel n'était point (et c'est là aujourd'hui un fait reconnu) le véritable caractère des traités; les conventions d'extradition sont des actes de haute administration, elles émanent de l'initiative gouvernementale, elles sont conclues dans un but d'utilité sociale. Néanmoins, l'erreur commise par les arrêts anciens dans les motifs qui les ont décidés, n'empêche pas la solution d'être juste au fond et conforme aux principes, sainement entendus, de notre droit public. La Cour de cassation qui, à diverses reprises, revient, dans des décisions récentes, à une interprétation plus exacte du caractère qui appartient aux traités, a maintenu la règle, pour le pouvoir judiciaire, d'observer les réserves et conditions de

(1) V. Cass., 14 mars 1873, D. 73. 1. 502. *Bull. Cour de cass.*, p. 132. Cass., 25 sept. 1873, D. 74. 1. 132. Arr. conseil de révision, Paris, 20 déc. 1861, D. 1852, table *Extradit.*

l'extradition : c'est comme actes de gouvernement qu'ils doivent être respectés et appliqués par les autorités judiciaires.

Nous aurons à envisager l'extradé dans trois situations différentes :

1° L'individu extradé a consenti, après son arrestation, en pays étranger, à être livré aux autorités françaises sans attendre l'accomplissement des formalités de l'extradition;

2° L'individu extradé consent, au cours de l'instruction ou devant le tribunal appelé à connaître de son affaire à être jugé contradictoirement sur tous les chefs d'inculpation, relevés à sa charge, sans distinguer entre les faits réservés par l'acte d'extradition et les autres;

3° L'individu extradé n'a pas consenti à être jugé contradictoirement sur les infractions réservées par l'acte d'extradition.

L'INDIVIDU EXTRADÉ A CONSENTI,

après son arrestation en pays étranger, à être livré aux autorités françaises sans attendre l'accomplissement des formalités de l'extradition.

L'utilité, pour l'extradé, de la renonciation à l'accomplissement des formalités internationales se comprend aisément. Les lenteurs inhérentes à la marche de la procédure d'extradition sont supprimées par le fait même de cette renonciation et la durée de la détention provisoire en est abrégée d'autant. En fait, l'extradé renonçant souvent à l'accomplissement des formalités internationales, il est, dès à présent, utile de déterminer les effets d'un acte, que les auteurs appellent, improprement, du nom d'extradition volontaire.

Le droit conventionnel n'a pas fixé les règles de l'extradition volontaire. En France, il est de jurisprudence constante que la renonciation de l'extradé est interprétée dans le sens d'une libre constitution de sa personne aux mains de la justice (1). Il faut bien reconnaître que dans la rigueur du droit, cette solution se défend par de sérieuses raisons. Le pouvoir judiciaire, avons-nous dit plus haut, ne peut, sans empiéter

(1) V. Arrêt du 4 juillet 1867 : « Attendu que les traités et conventions d'extradition sont des actes diplomatiques de gouvernement à gouvernement; qu'il n'appartient pas aux tribunaux de les expliquer ni de les interpréter, et moins encore en s'appuyant sur des documents qui émanent exclusivement d'agents d'une puissance étrangère ; attendu d'ailleurs que Renneçon-Charpentier, voulant se soustraire aux délais qui auraient été nécessités par l'accomplissement des formalités préalables à l'extradition, aux termes de l'article 4 du traité du 22 novembre 1834, a demandé et obtenu d'être immédiatement livrés aux autorités françaises, qu'ainsi rentré en France *par un effet de sa propre initiative,* il est sans droit pour se plaindre de l'inobservation des conditions applicables au cas d'extradition » (Sirey, 1867. 1. 409; Dalloz, 1867. 1. 281. V. également arrêt du 25 juillet 1867, *aff. Faure de Monginot.* Sirey, 1867. 1. 409 ; Dalloz, 1867. 1. 281).

sur les attributions du pouvoir exécutif, juger contradictoirement l'extradé sur les chefs d'inculpation réservés. Mais là, où des réserves n'existent pas, cesse pour les magistrats l'obligation dont il s'agit. Or, l'extradition volontaire implique nécessairement l'idée d'absence d'un acte d'extradition et par suite des réserves qu'il contient. Reste la requête, aux fins d'extrader, présentée à l'État requis par le gouvernement de l'État requérant. Mais quelle que soit la teneur de cette requête, elle n'a de valeur qu'autant qu'elle est acceptée dans l'acte d'extradition qui fait défaut dans l'espèce. Les tribunaux ont donc les motifs les plus sérieux pour considérer, comme nulle et non avenue, sous le rapport des poursuites et jugements contradictoires, la fuite de l'inculpé en pays étranger. À leurs yeux, pour nous servir d'une expression de M. Bard, l'individu extradé est censé être rentré sur le territoire français, « par un effet de sa propre initiative » et il est sans droit pour se plaindre de l'inobservation des conditions applicables au cas d'extradition (1).

Envisagé à un point de vue moins étroit, le système que nous venons d'exposer a justement soulevé des critiques. L'interprétation de l'acte par lequel le malfaiteur fugitif a renoncé à l'accomplissement des formalités d'extradition, ne conduit pas nécessairement à conclure que l'inculpé est rentré en France par un effet de sa libre volonté. Si l'extradé a consenti à être livré, c'est dans la pensée, le plus souvent, d'abréger les lenteurs d'une procédure qui doit infailliblement aboutir à son extradition.

De vives résistances se sont produites et devaient se produire, à l'encontre du système suivi par la jurisprudence. À l'occasion d'une affaire célèbre (*affaire Faure de Monginot*), des difficultés se rattachant à cette jurisprudence ayant été soulevées, le Gouvernement belge déclara, devant la Chambre des représentants, qu'à l'avenir : « Lorsqu'un individu ne voudra pas passer par les formalités prescrites par la loi, on dira au Gouvernement français : L'acceptez-vous ainsi?

(1) Bard, *op. cit.*, p. 107.

S'il s'y refuse, on ne livrera pas le prévenu, ou il passera par les formalités prescrites... Si un accusé dit : Je veux retourner en France quand même ! Il est libre, il peut aller répondre à la justice de son pays (1). »

Deux autres solutions, dont nous ne donnons que l'énoncé, ont été proposées par les adversaires du système admis par la pratique : *a*) L'individu volontairement extradé doit être assimilé, en tout, à celui qui a été régulièrement livré par l'État requis ; c'est à la requête d'extradition qu'il conviendra de se référer pour connaître l'étendue de l'extradition. La requête sera considérée comme ayant été admise, sans restriction, par le gouvernement du pays de refuge ; *b*) l'individu volontairement extradé sera, sous le rapport des suites de l'extradition, placé dans une situation que définira l'État requis, à la demande de l'État requérant.

Nous rappelons, en terminant, que les règles ci-dessus tracées s'appliquent aussi bien à celui qui a renoncé aux formalités d'extradition pour purger une inculpation qu'à celui qui doit purger une peine définitive et irrévocable.

(1) Séance du 7 mars 1868. Nous avons vu que, depuis cette époque, des modifications s'étaient produites dans la jurisprudence belge qui s'est ralliée au système adopté par la jurisprudence française sur les effets du consentement.

L'INDIVIDU EXTRADÉ CONSENT,

au cours de l'instruction ou devant le tribunal appelé à connaître de son affaire, à être jugé contradictoirement sur tous les chefs d'inculpation, relevés à sa charge, sans distinguer entre les faits réservés par l'acte d'extradition et les autres.

L'hypothèse est la suivante : Une extradition a été régulièrement demandée et obtenue, à l'effet de permettre au Gouvernement français de poursuivre, devant les juridictions répressives, un malfaiteur fugitif. Ce dernier qui, nous le supposons, n'a été livré par l'État requis que pour certains des faits compris dans les poursuites, demande à purger l'inculpation tout entière et à être jugé, sur tous les chefs de la prévention, sans qu'il soit tenu compte des réserves insérées dans l'extradition.

Il est de principe, généralement reconnu, que l'individu extradé a la faculté de dénier, en ce qui le concerne, les effets restrictifs de l'extradition. L'acte d'extradition n'est pas opposable, en effet, à l'extradé qui n'a été, à aucun titre, partie à sa passation. Nous verrons plus loin que l'inculpé n'a pas qualité pour se prévaloir des clauses des traités ou conventions d'extradition, quand il estime qu'elles sont à son avantage. En sens inverse et par l'effet d'une légitime réciprocité, il est admis que lesdites clauses ne doivent pas lui nuire lorsqu'il pense qu'un débat contradictoire, ouvert sur tous les chefs d'inculpation, est dans l'intérêt de sa défense. Mais l'État de refuge serait-il fondé, dans l'espèce, à se plaindre de l'inexécution des clauses réservées dans l'acte d'extradition? Les réclamations seraient sans autorité, l'acte d'extradition n'est intervenu que parce que l'extradé n'a pas voulu renoncer, dans les circonstances que nous avons spécifiées, aux formalités internationales dont l'accomplissement devait précéder sa remise à l'État requérant. Bien plus, le retour en France librement effectué de l'inculpé aurait supprimé le fait même de l'extradition volontaire. D'où il faut conclure que l'existence des restrictions apportées aux effets de l'extradition par l'État requis dépend uniquement de la volonté de l'extradé. Il appartient donc à celui-ci de faire cesser ces restrictions, à quelque moment que ce soit, dès qu'il le juge à propos. Et le gouvernement du pays de refuge n'a aucune objection à présenter de ce chef, car la base même sur laquelle repose, pour les tribunaux, l'obligation de respecter les réserves n'existe plus : elle cède devant le droit supérieur de la volonté de l'extradé.

Cette théorie a été contestée : elle se trouve en opposition avec une décision ancienne de la chancellerie qui, en 1843, prescrivait de reconduire à la frontière un individu extradé, lequel, après avoir demandé à être jugé indistinctement sur tous les faits incriminés, avait été condamné seulement sur les chefs d'inculpation réservés par l'acte d'extradition. Hâtons-nous d'ajouter que cette décision est restée isolée et que, dans l'affaire Lamirande, les instructions données par le garde des sceaux au parquet général de Poitiers ont, avec raison, consacré le principe opposé.

Enfin, le droit conventionnel s'est parfois prononcé dans le sens de la faculté pour l'extradé de renoncer aux réserves d'extradition. L'article 10 de la convention entre la France et la Belgique, du 15 août 1874, dispose que le consentement volontaire et exprès de l'extradé permet de le juger contradictoirement sur les chefs d'inculpation réservés. Et une note complémentaire, émanée du cabinet de Bruxelles, assimile au consentement exprès le consentement tacite qui résulte de l'opposition faite aux jugements par défaut (1).

(1) Il en est autrement dans la théorie de l'Allemagne, qui n'admet pas que l'extradé puisse renoncer aux réserves et reconnaît à l'État requis seul le droit d'étendre les effets de l'extradition à des faits qui n'ont pas motivé la remise de l'inculpé.

Forme de la renonciation aux réserves.

La renonciation aux réserves n'est soumise, de la part de l'extradé, à aucune forme particulière. Elle est tacite quand l'extradé a fait opposition à un jugement qui l'a condamné par défaut, sur des infractions réservées. L'opposition est un acte qui exclut, dans l'espèce, toute pensée chez l'extradé qui ne serait pas celle de vouloir renoncer aux réserves de l'acte d'extradition. La renonciation tacite peut résulter encore de ce fait que l'extradé n'a pas quitté le territoire français dans le délai qui lui a été imparti par l'autorité administrative. Elle est expresse, quand elle résulte d'un acte de volonté précis et direct, quelle que soit d'ailleurs la forme que cet acte emprunte pour s'affirmer.

Si, au cours de l'instruction, ou, d'une façon plus générale dans la période antérieure à celle du jugement, l'individu extradé exprime le désir qu'il ne soit pas tenu compte, dans les poursuites et jugements à intervenir contre lui, des réserves internationales, on lui signalera les conséquences d'une telle résolution. Les autorités judiciaires, et plus spécialement les membres du parquet, se chargeront d'accomplir ce devoir ; l'extradé, s'il le désire, sera mis, pour mieux s'éclairer, en position de conférer avec son conseil ou un avocat qui lui sera désigné d'office. Enfin, l'inculpé renoncera aux réserves de l'acte d'extradition, soit dans une lettre adressée aux magistrats et qui sera annexée au dossier, soit dans un procès-verbal, dressé sur ses déclarations par le juge d'instruction saisi ou le procureur de la République.

Quand l'intention de l'extradé de renoncer aux réserves se manifeste au cours de l'audience, les mêmes précautions contre une erreur possible sur la portée de la renonciation devront être prises. C'est seulement après avoir laissé à l'inculpé le temps et les moyens nécessaires pour s'éclairer que la juridiction, devant laquelle il est traduit, lui donnera acte de ce qu'il demande à être jugé, contradictoirement sur toutes les infractions relevées à sa charge et indépendamment des clauses restrictives de l'acte d'extradition.

La renonciation aux réserves est portée à la connaissance du pouvoir exécutif par les soins du parquet qui se contente d'aviser le garde des sceaux. Ce dernier avertit à son tour, par voie diplomatique, le gouvernement du pays de refuge.

Effets de la renonciation aux réserves.

L'extradé qui a régulièrement consenti à être poursuivi et jugé, à raison de toutes les infractions qui lui sont imputées, se trouve être placé, par l'effet de sa volonté, dans la situation d'un malfaiteur arrêté sur le territoire français. L'instruction n'a plus de distinction à faire, dans ses moyens d'investigation, entre les faits qui ont été réservés par l'acte d'extradition et les autres faits. Les tribunaux statuent contradictoirement avec l'inculpé sur tous les chefs de la prévention. S'il intervient une condamnation sur les chefs d'inculpation réservés, l'extradé subit la peine édictée par le Code pénal. Le condamné ne sera pas autorisé à revenir sur l'acte de renonciation aux réserves par un nouveau retour de sa volonté. C'est en effet en toute connaissance de cause, dans la plénitude de sa liberté morale, qu'il s'est volontairement abandonné à la justice du pays dont il était accusé d'avoir transgressé les lois. On ne saurait donc lui reconnaître le droit de maintenir ou d'annihiler, suivant les cas et à son gré, les résultats d'un acte qu'il a fait avec le sentiment réfléchi des conséquences qu'il comportait.

Il a été soutenu que l'effet du consentement de l'extradé à être jugé sur tous les chefs de l'accusation ne s'étendait pas aux crimes politiques. C'est là évidemment une erreur; l'extradé peut demander à purger les inculpations ayant un caractère politique. Toutefois, son attention doit être appelée spécialement sur ce point, car sa volonté d'être jugé sur les crimes politiques ne ressort pas nécessairement de l'acte par lequel il a renoncé aux réserves.

L'INDIVIDU EXTRADÉ N'A PAS CONSENTI

a être jugé contradictoirement sur les infractions réservées par l'acte d'extradition.

Arrêté en pays étranger, le malfaiteur fugitif a laissé la procédure d'extradition suivre son cours et n'a pas demandé à être livré, sans l'accomplissement des formalités internationales, à l'État requérant. Traduit devant les autorités judiciaires du pays dont il a violé les lois, il ne manifeste pas le désir de purger contradictoirement les inculpations dirigées contre lui et réservées par l'acte d'extradition.

Le premier soin qui incombe aux agents de la force publique, l'extradition effectuée, est de livrer le plus promptement possible à l'autorité judiciaire le malfaiteur extradé, à l'effet de purger une inculpation ou une condamnation par contumace. Les mandements de justice s'appliquant à l'extradé reçoivent leur exécution et les règles habituelles de la conduite des prisonniers sont observées (1).

L'extradition opérée, deux situations sont possibles :

a) L'affaire suivie contre l'extradé, au moment de sa remise par l'État requis, est en cours d'instruction ;

b) L'instruction est close et l'extradé renvoyé, pour être jugé devant les tribunaux de répression.

Dans les affaires correctionnelles, l'instruction est close quand l'ordonnance définitive est rendue par le juge d'instruction.

Dans les affaires criminelles, l'instruction est close lorsque la Chambre des mises en accusation a rendu son arrêt, renvoyant l'accusé pour être jugé devant la Cour d'assises.

(1) V. Circ. du ministre de la Justice, 1841.

L'affaire est en cours d'instruction.

Le juge d'instruction, saisi de la poursuite contre l'extradé, ne peut pas ignorer le fait de l'extradition. C'est à son initiative, le plus souvent, que la demande d'extradition a été formée par le procureur de la République. Dans tous les cas, les restrictions et réserves de l'acte d'extradition seront portées à sa connaissance par les magistrats du parquet, auxquels la chancellerie transmet ses instructions. — En l'absence de communication du gouvernement, l'extradition doit être considérée par le juge d'instruction comme ayant été accordée pour toutes les causes indiquées dans les mandats d'arrêt, transmis au gouvernement de l'État de refuge. Les termes restrictifs du traité d'extradition existant entre l'État requis et la France, ne font point obstacle à cette interprétation.

Si des réserves lui sont notifiées, le juge d'instruction est tenu, comme les autres magistrats, de les respecter dans la limite du possible. En conséquence, l'information se poursuit, contradictoirement avec l'inculpé, pour les infractions seulement qui ont motivé l'extradition. Nous résumons, dans les trois règles suivantes, le rôle qui, en ce cas, appartient au juge instructeur :

1° L'instruction est suivie sur tous les chefs d'inculpation compris dans la poursuite. Les conventions internationales sont respectées par ce principe ; les réserves d'extradition visent exclusivement les poursuites contradictoires et ne portent pas sur les instructions qui sont dirigées, même contre les inculpés en fuite.

2° L'ordonnance définitive du juge d'instruction renvoie indistinctement l'extradé devant la juridiction compétente, à raison de toutes les infractions pour lesquelles il existe des charges suffisantes. L'ordonnance de renvoi, ne constatant jamais la fuite de l'inculpé, n'a pas à formuler de distinction entre les infractions pour lesquelles l'extradition a été accordée et les autres infractions.

3° À l'égard des inculpations réservées, le juge d'instruction s'abstiendra soigneusement de toute mesure nécessitant le concours actif de l'inculpé. C'est ainsi qu'il aura soin de ne lui faire subir aucun interrogatoire, de ne pas le confronter avec ses co-inculpés ou avec les témoins, et enfin de ne procéder, lui présent, à aucune constatation de fait. Cette ligne de conduite s'impose toutes les fois que les faits, ayant motivé l'extradition, sont de nature à être instruits séparément.

La fiction que l'extradé est réputé absent à l'égard des infractions réservées a été établie en vue de cet objet déterminé : ne pas mêler l'extradé, à l'occasion desdites infractions, à des actes d'information pouvant avoir effet sur l'issue des poursuites. Au delà de ces termes, la fiction ne doit pas s'étendre; l'inculpé sera, en conséquence, considéré comme présent pour tous les actes qui n'impliquent aucune idée contre lui de contrainte matérielle ou morale et ne le mettent pas dans l'obligation de sortir du rôle passif que les restrictions de l'acte d'extradition lui assurent. — La Cour de cassation, dans un arrêt récent, a fait une sage application de ces principes, en décidant que les actes de procédure criminelle, relatifs aux faits réservés, devaient être notifiés à personne. Nous reproduisons cet arrêt dont les motifs sont intéressants à consulter.

« La Cour, — Vidant le délibéré ordonné en chambre du conseil.

« Vu les articles 68, 69 et 70 du Code procédure.

« Sur le premier moyen du pourvoi pris de la violation desdits articles, en ce que la citation donnée au demandeur lui aurait été notifiée au parquet du procureur de la République près le tribunal de la Seine, alors qu'il était détenu dans la maison d'arrêt de Mazas; — attendu qu'il résulte de l'arrêt attaqué qu'à la suite d'une instruction suivie à Reims pour des faits d'escroquerie autres que ceux qui font l'objet du débat actuel, Teyssier des Farges qui s'était réfugié à Londres a été extradé par le Gouvernement anglais, mais pour être jugé seulement sur les faits ayant donné lieu à la poursuite intentée devant le tribunal correctionnel de Reims, qu'en raison de ces faits, il a été condamné le 26 janvier 1882 par la Cour d'appel de Paris, à quinze mois d'emprisonnement, peine qu'il subissait dans la maison d'arrêt de Mazas, au moment où par une ordonnance de l'un des juges d'instruction de la Seine, en date du 17 février 1882, il a été renvoyé devant ce tribunal sous la prévention d'avoir commis diverses escroqueries au préjudice des sieurs M. et C..... et autres;

« Attendu que, s'il est de principe que l'individu extradé, ne peut être jugé qu'à raison des faits déterminés dans l'acte d'extradition, l'exercice de l'action publique n'est pas suspendu pour tous autres crimes et délits qui pourraient lui être imputés; — que, dès lors, TOUS ACTES D'INFORMATION OU DE POURSUITE pour ces nouveaux faits peuvent être régulièrement accomplis, sous la condition que le prévenu, qui ne se trouve en France qu'en vertu d'un acte d'extradition ne subira aucune contrainte personnelle à l'occasion de cette nouvelle procédure, et qu'il ne sera jugé contradictoirement que sur les faits pour lesquels l'extradition a été accordée, à moins qu'il ne demande à être jugé en même temps sur les autres griefs qui lui sont imputés;

« Attendu que la citation donnée à un prévenu à l'effet de comparaître devant le tribunal correctionnel n'a pas le caractère d'un acte de contrainte, le prévenu ayant la faculté de faire défaut; que ce n'est là qu'un acte de poursuite dont l'objet principal est de prévenir l'inculpé du jour où il doit être jugé, et de lui donner le moyen de préparer sa défense; que le prévenu même extradé a intérêt à recevoir cet avertissement, puisqu'il a toujours le droit de ne pas invoquer la restriction insérée dans l'acte d'extradition, et qu'il peut consentir à être jugé sur tous les faits qui lui sont reprochés;

« Attendu qu'en matière criminelle aussi bien qu'en matière civile, la citation en justice doit être faite à personne ou à domicile; que si le prévenu n'a ni domicile, ni résidence connus en France, ou s'il est établi en pays étranger, le législateur indique les formalités à remplir par l'huissier qui délivre l'assignation, formalités qui ont pour but de porter autant que possible à la connaissance de la partie citée l'ajournement dont elle est l'objet; mais qu'il n'y a lieu de procéder ainsi, que par exception dans les cas expressément prévus par les §§ 8 et 9 de l'article 69 du Code de procédure;

« Attendu, dès lors, que, lorsque le prévenu est détenu, le procureur de la République qui le fait citer ne peut le considérer comme absent; que dans l'espèce la présence de Teyssier des Farges dans la maison d'arrêt de Mazas étant connue, la notification dont il s'agit pouvait et devait même lui être faite à personne; que cette notification ayant été effectuée au parquet du procureur de la République, l'exploit est, aux termes de l'article 70 Code procédure, entaché de nullité et qu'il y a lieu de prononcer l'annulation de tout ce qui l'a suivi (1). »

Mais la connexité est souvent telle dans les faits d'une poursuite, qu'il est impossible de diviser les moyens d'information qui concernent chacun d'eux. Faut-il décider alors qu'il est du devoir du juge d'instruction de trancher la difficulté, dans le sens le plus favorable à l'extradé et de ne pas instruire, suivant les procédés que nous avons indiqués, à l'égard des faits connexes qui ont motivé l'extradition? Tel n'est pas notre sentiment. Les conventions d'extradition sont appliquées de bonne foi, en tenant compte de la volonté commune des gouvernements contractants. Or, la fiction que l'individu extradé est absent, pour les faits réservés, ne va pas jusqu'à compromettre les droits de la justice, quand ils s'exercent légitimement dans les poursuites, autorisées par l'acte d'extradition.

Si, depuis l'extradition, l'inculpé s'était rendu coupable d'autres infractions, le juge d'instruction procéderait à leur égard, sans entraves. Les clauses de l'acte d'extradition sont, en effet, applicables aux faits qui ont motivé ou auraient pu motiver au moment où elle s'est produite, la demande de l'État requérant; elles se réfèrent exclusivement au passé et n'engagent en aucune façon l'avenir.

(1) 9 février 1883, Sirey, 1884. 1. 172.

La nature des infractions diffère, selon la qualification qui leur est donnée par l'accusation; cependant, comme nous le verrons plus loin, une jurisprudence constante ne considère pas que les changements survenus dans la qualification originaire des faits soient de nature à faire obstacle aux poursuites permises sur un titre erroné par l'acte d'extradition. Le juge d'instruction n'a donc pas à se préoccuper des modifications qu'il serait conduit à apporter dans les qualifications premières, à la condition, toutefois, que les faits soient identiquement les mêmes que ceux ayant motivé l'extradition.

La chambre des mises en accusation statue après instruction dans les affaires criminelles. La présence ou la fuite de l'inculpé est indifférente à la décision qu'elle est appelée à rendre. Elle doit ignorer l'extradition, n'ayant pas à se heurter, dans la procédure suivie devant elle, aux restrictions contenues dans la convention d'extradition.

La Cour de cassation a résumé très nettement dans un arrêt du 5 décembre 1845 la compétence de la chambre d'accusation : « Attendu que la présence ou l'état de contumace de l'accusé ne pouvait porter aucune atteinte à la compétence de la chambre d'accusation ni en modifier l'exercice ;... que la réserve mise à l'extradition et l'effet que devait obtenir cette réserve, étaient étrangers aux attributions de la chambre d'accusation, etc., etc.... »

La chambre d'accusation procédera donc, en suivant les règles de sa compétence, et rendra son arrêt, sans avoir à se préoccuper de l'acte d'extradition et des réserves qui y sont renfermées.

L'instruction est close et l'extradé renvoyé pour être jugé devant les tribunaux de répression.

Les tribunaux répressifs sont, suivant les cas, la cour d'assises, le tribunal de police correctionnelle, le conseil de guerre, etc., etc.

En matière d'extradition, les tribunaux répressifs, quels qu'ils soient, sont soumis à des règles communes. Nous nous placerons ici dans l'hypothèse, qui, en fait, sera la plus fréquente, où l'extradé est poursuivi devant la cour d'assises et nous aurons à traiter les points suivants :

a) Comment la teneur de l'acte d'extradition sera-t-elle connue de la cour d'assises?

b) Quelles sont les obligations qui dérivent pour la cour d'assises du fait de l'extradition?

c) Des incidents soulevés devant la cour d'assises par l'inculpé.

Comment la teneur de l'acte d'extradition sera-t-elle connue de la cour d'assises?

Lorsque la remise de l'inculpé est accordée par l'État requis pour toutes les causes de la poursuite révélées par les mandats de justice ou arrêts de contumace au vu desquels l'arrestation provisoire a été effectuée, le dossier, le plus souvent, ne possède d'autre document relatif à l'extradition que l'ordre de conduite de l'extradé. L'acte d'extradition est inutile à réclamer, puisque le pouvoir du juge ne subit aucune restriction et que le fait même de l'extradition est indiqué par l'ordre de conduite.

La question est intéressante seulement lorsque des réserves ont été apposées dans l'acte d'extradition.

Dans la pratique, le gouvernement fait connaître les clauses réservées au moyen d'instructions que le garde des sceaux adresse au ministère public : celui-ci transmet à son tour à la cour d'assises les instructions reçues, et n'est astreint pour cette communication à aucune forme particulière; il est autorisé même à prendre des réquisitions à l'audience.

On s'est demandé si le pouvoir judiciaire était fondé à exiger des notifications plus précises et en droit d'ordonner la production de l'acte d'extradition : « Il est inadmissible, écrit M. Bernard, qu'un acte qui ne doit être que la stricte exécution d'un traité ou d'une loi, sauvegarde de la liberté individuelle, puisse être gardé secret par le gouvernement ou n'être produit par lui que sous une forme irrégulière ou verbale, qu'à son heure et à son moment, au préjudice des droits sacrés de la défense et alors, par exemple, que cette production ne pourra plus mettre obstacle à une mise en jugement que l'extradé ne devait pas subir (1). »

M. Billot expose, avec force, les raisons du système opposé. Le pouvoir exécutif, n'ayant pas, dans la majorité des cas, en sa possession l'acte d'extradition, ne pourra pas le produire à l'autorité judiciaire. C'est par la correspondance qu'il a échangée avec le gouvernement du pays de refuge, que les réserves d'extradition lui sont notifiées. Il n'est pas, en effet, dans les usages de la diplomatie de transmettre à l'État requérant une ampliation de l'acte d'extradition. « Cet acte qui s'adresse aux agents du pays où il est rendu, n'a pas de force exécutoire à l'étranger. C'est le corps du prévenu ou accusé, c'est sa personne qui nous est remise à la frontière, où les mandats et arrêts de la justice française exercent, dès lors, une autorité absolue et exclusive (2). Si des restrictions ou des conditions sont imposées, elles sont précisées, débattues et acceptées par correspondance diplomatique. Elles peuvent lier, sans doute, la justice française, comme tout traité régulier, mais seulement sur une notification du ministre de la Justice et encore, en ce qui concerne l'indication des chefs sur lesquels on aurait promis de ne pas statuer (3). »

A quoi M. Bernard répond : « Pourquoi le ministre des Affaires étrangères ne délivrerait-il pas copie de cet acte, s'il l'a reçu, ou l'extrait certifié des clauses qui lui ont été notifiées (4). » Cette exigence du pouvoir judiciaire, en la supposant fondée, dans la rigueur du droit, serait, à notre avis, excessive et d'une utilité au moins contestable. Le devoir pour les tribunaux d'appliquer les conventions d'extradition se borne à ne pas juger contradictoirement l'extradé sur les infractions réservées. Or, ne suffit-il pas que ces infractions

(1) T. II, p. 491. V. Ducrocq, *Théorie de l'extradition*, p. 59 et suiv.

(2) *Loc. cit.*, p. 320.

(3) Lettre du ministre de la Justice au procureur général de la Cour de cassation, citée par M. Billot, *loc. cit.*, p. 324.

(4) Bernard, *loc. cit.*, p. 489.

soient nettement indiquées dans un acte émané des autorités compétentes? Les instructions du gouvernement portées à la connaissance de la cour d'assises par le ministère public ont un caractère officiel et certain de nature à rassurer la conscience du juge et à fixer clairement à ses yeux les limites au delà desquelles il ne doit pas aller. Le gouvernement, en effet, a qualité pour traiter à son gré avec l'État requis des conditions de l'extradition; il a par suite autorité pour faire savoir au pouvoir judiciaire dans la forme qu'il choisit les conditions et restrictions par lui acceptées. Nous ne croyons pas à l'existence des dangers signalés par M. Bernard, lorsqu'il rappelle que « sous tous les gouvernements on a eu le regret de constater des actes illégaux et arbitraires, des actes de pression et d'intimidation sur le pouvoir judiciaire, des actes d'évocation et de dessaisissement abusifs. » Les abus dont il est question et qui ont existé à toutes les époques dans certaines pratiques de l'administration gouvernementale où les droits du pouvoir judiciaire ont été méconnus trouveront très difficilement place en matière d'extradition. Si, par impossible, un gouvernement altérait, en les notifiant au pouvoir judiciaire, les conditions d'une extradition, la première sanction de ce manque de foi serait dans les légitimes représentations de l'État requis.

La Cour de cassation, dans un arrêt du 5 juin 1867, a confirmé la régularité de la pratique suivie par la chancellerie, en décidant que la demande subsidiaire, tendant à l'apport de l'acte d'extradition, est sans objet et qu'elle doit être rejetée (1).

Quelles sont les obligations qui dérivent, pour la cour d'assises, du fait de l'extradition?

L'autorité judiciaire doit appliquer les traités et conventions d'extradition; elle applique les traités, en observant les conditions générales qu'ils prévoient et qui sont conciliables

(1) V. Billot, *loc. cit.*, p. 324.

avec la réglementation particulière de chaque extradition, elle applique l'acte d'extradition, en s'abstenant de juger contradictoirement les infractions qu'il a réservées et en se soumettant aux règles qu'il a tracées.

Ces formules manquent de précision; il importe d'examiner de plus près quelles infractions la cour d'assises sera fondée à juger contradictoirement. La procédure contradictoire se poursuit à l'égard de tous les faits, compris dans la poursuite, qui n'ont pas été l'objet des notifications dont nous avons parlé plus haut. Il n'y a pas lieu de rechercher si l'absence de notifications est le résultat d'une erreur ou si le traité général d'extradition, intervenu entre la France et l'État requis, accorde ou n'accorde pas, pour ces faits, l'extradition. La régularité de l'extradition est constatée par le fait matériel de la remise à l'autorité judiciaire du malfaiteur fugitif. — Le rôle du juge se borne à examiner si, au moment où il a fait la remise de l'extradé, le gouvernement du pays de refuge a connu, *par les pièces produites,* les poursuites exercées.

Cette vérification de fait est nécessaire, car, alors même que le gouvernement n'a point notifié de réserves, la Cour ne doit pas retenir aux débats des infractions commises antérieurement à l'extradition et qui ont été ignorées de l'État requis.

Ces principes ont été nettement posés, dans un jugement récent rendu par la deuxième chambre du tribunal de la Seine et que nous croyons devoir textuellement reproduire. Le nommé Aubert, agent d'affaires, avait été extradé de Bruxelles pour faux en écritures de commerce. Outre les faits à raison desquels l'inculpé fut renvoyé devant la cour d'assises, on releva à sa charge des faits d'abus de confiance, à raison desquels il comparut, le 11 avril 1885, devant le tribunal correctionnel. Aubert déposa les conclusions suivantes :

« Attendu que dans le courant de l'année 1884 une instruction pour complicité par recel de vol qualifié a été ouverte et suivie contre le concluant; que ce dernier a été arrêté, en Belgique, comme prévenu de ce crime et que son extradition a été demandée et obtenue pour faits criminels;

« Attendu que depuis, l'instruction a cru devoir traduire le sieur Aubert en police correctionnelle, pour divers délits non prévus par le traité d'extradition, intervenu entre la France et la Belgique, en tout cas non relevés dans la demande;

« Attendu que le droit de l'extradé de ne pas accepter de débats contradictoires sur les faits et les délits non relevés dans la demande d'extradition est certain;

« Par ces motifs, donne acte au concluant de ce qu'il refuse tous débats contradictoires sur des faits autres que ceux qui ont motivé la demande d'extradition; dire, en conséquence, qu'il a été mal assigné; prononcer la nullité de toute la procédure; le renvoyer de la présente poursuite sans amende ni dépens. »

Le tribunal a repoussé ces conclusions par les raisons suivantes :

« Attendu qu'en principe l'extradé ne doit être jugé contradictoirement qu'à raison des faits criminels ou délictueux pour lesquels son extradition a été accordée;

« Mais attendu que même en attendant que l'extradé puisse exciper lui-même des restrictions de droit contenues dans l'acte d'extradition, l'exercice de cette faculté ne trouve pas, en fait, son application dans l'espèce;

« Qu'en effet il résulte des renseignements recueillis que la demande d'extradition, adressée au Gouvernement belge et formée en vertu des articles 2, §§ 25 et 28 de la convention diplomatique, du 15 août 1874, *a été accompagnée de deux mandats d'arrêt, décernés pour vol et abus de confiance;*

« Attendu enfin que l'extradition a eu lieu, sans restrictions aucunes et effectuée par la seule remise du prévenu à l'autorité française;

« Que le tribunal se trouve donc légalement saisi de la connaissance du délit d'abus de confiance imputé à Aubert;

« Rejette comme mal fondées les conclusions posées par Aubert, etc., etc. (1). »

Ce jugement du tribunal de la Seine est, à notre avis, conforme aux vrais principes d'extradition et d'accord avec la jurisprudence de la Cour de cassation, telle qu'elle résulte d'un arrêt du 11 janvier 1884 :

« ... Attendu qu'il est constant, en fait, que sur la demande du Gouvernement français, Cyvoct a été remis par le Gouvernement belge à la disposition de la justice française, sans qu'il apparaisse d'aucune restriction ni réserve ;

« Que cette extradition a eu lieu, en suite d'un mandat d'arrêt décerné contre le dit Cyvoct, le 31 janvier 1883, pour avoir, à Lyon, dans la nuit du 22 au 23 octobre 1882, de complicité avec une fille Monin et un individu resté inconnu : 1° commis un homicide volontaire sur la personne du sieur Miodre, avec les circonstances de préméditation et de guet-apens ; 2° commis plusieurs tentatives d'homicide volontaire, avec les mêmes circonstances aggravantes, sur la personne des nommés, etc., etc.

« Que sur le vu de ce mandat, la remise de Cyvoct a été effectuée ;

« Attendu que c'est pour ces mêmes faits que l'accusé a comparu aux assises, qu'il y a été jugé et condamné ; d'où il suit que l'extradition n'a pas eu d'autre effet que celui en vue duquel elle a été demandée et obtenue.

« Rejette, etc. (2)... »

Nous avons supposé jusqu'ici que la qualification, sous laquelle l'accusé est traduit devant la cour d'assises, est conforme à la qualification donnée aux faits incriminés dans la requête d'extradition et les mandats de justice joints à l'appui de ladite requête. Mais cette qualification n'est pas invariable ; elle a pu être modifiée au cours de l'instruction

(1) Voir *Gazette des tribunaux* du 12 avril 1885.

(2) *Bulletin des arrêts de la Cour de cassation*, janvier 1884, p. 12. Dans le même sens, Cass., 30 août 1883, *Journal de droit international privé*, 1884, p. 286.

ou des débats; il est intéressant de rechercher si c'est à la matérialité du fait incriminé ou au fait revêtu de sa qualification légale que l'extradition s'applique. La question devient plus intéressante encore lorsque le changement de qualification a pour effet de déférer à la justice une infraction qui, justement qualifiée dans la requête d'extradition, n'aurait pas donné lieu à la remise de l'inculpé par l'État requis. Dans ce dernier cas, M. Billot n'hésite pas à admettre que l'extradition est inopérante : « L'extradition a été accordée pour un fait déterminé; si la qualification en est changée, c'est que le fait lui-même est reconnu autre que celui qui avait été indiqué dans la demande d'extradition. Ce serait aller contre les intentions du pays de refuge, ce serait violer la convention diplomatique que de procéder au jugement de l'accusé sur un chef qui, sous sa qualification exacte, n'aurait pas motivé l'extradition (1). »

A priori, et sans entrer encore dans la discussion de la difficulté elle-même, nous devons constater que la raison d'être de la distinction proposée ne se justifie pas à nos yeux. De ce que l'extradition peut être exigée en vertu des traités, il ne s'ensuit pas que l'État requérant soit dispensé de la demander à l'État du pays de refuge. Il y a une procédure à suivre et des questions à débattre; enfin, l'État requis accorde l'extradition après s'être entouré de tous renseignements et documents utiles. Par conséquent, si l'on reconnaît que, dans certains cas, pour satisfaire aux règles internationales, le changement de qualification emporte obligation pour l'État requérant de recommencer la procédure d'extradition, il ne faut pas limiter le principe et en restreindre l'application à l'hypothèse où, par le fait de la qualification nouvellement survenue, l'infraction ne constitue pas un chef d'extradition. Mais il faut dire que toutes les fois que « la qualification est changée, c'est le fait même qui est reconnu autre que celui qui avait été indiqué dans la demande d'extradition.

(1) Billot, *loc. cit.*, p. 316.

Tel n'est pas le système de la jurisprudence. L'extradition est accordée par l'État requis pour faciliter la répression d'un acte qui a troublé, dans son organisation sociale, le pays requérant. Les conditions exigées pour la remise du malfaiteur fugitif se réfèrent exclusivement à un acte de poursuite ou de juridiction qui établit la nature des infractions qui lui sont imputées. La même formule se retrouve, en effet, dans la plupart des traités : « Les Gouvernements français et..... s'engagent, par la présente convention, à se livrer réciproquement chacun, à la seule exception de leurs nationaux, les individus réfugiés..... et *poursuivis* ou condamnés comme auteurs ou complices par les tribunaux compétents pour les crimes et délits énumérés, etc., etc. »

L'extradition est donc régulièrement obtenue lorsque l'individu a été livré sous une inculpation qualifiée par un acte de poursuite; si, plus tard, l'accusation ou la condamnation donne au fait, pour la répression duquel l'extradition a été accordée, une qualification différente, c'est une modification qui ne porte pas atteinte à la régularité de l'extradition antérieurement effectuée. C'était à l'État requis à prendre des renseignements sur le fait incriminé et à refuser l'extradition, si la qualification résultant du mandat d'arrêt était manifestement erronée.

« Que si le demandeur dont l'extradition a été motivée par une accusation de viol et d'attentat à la pudeur avec violence n'a été condamné que pour un attentat à la pudeur, sans violence, sur un enfant de moins de onze ans, il est certain que c'est *le même fait* diversement qualifié et que, dès lors, il n'y a pas lieu d'invoquer les termes restreints de l'acte d'accusation (1). »

Dans un arrêt plus récent, la Cour suprême a consacré la même doctrine en décidant qu'un inculpé avait pu être condamné pour tentative de viol, alors même que l'extradition avait été obtenue pour crime de viol. En rapportant cette solution, l'arrêtiste la fait suivre de l'observation ci-

(1) Cass., 18 déc. 1858, D. 1863, Table : *Extradition.*

après : « La seule condition, c'est que la condamnation repose sur les faits qui ont motivé l'extradition, malgré les modifications dans les chefs d'accusation (1). »

Nous remarquerons que les décisions de la jurisprudence se rapportent à des cas où le changement de qualification résulte du jugement ou arrêt de condamnation. Mais la doctrine est évidemment identique, quand la poursuite prend les devants et change la qualification originaire qui a motivé l'extradition. Les raisons de décider sont les mêmes : si l'extradé est passible d'une condamnation contradictoire, parce que les faits qui l'ont amenée sont matériellement ceux indiqués dans la convention d'extradition, pour le même motif, les poursuites contradictoires sont autorisées contre lui.

M. Bard a donné les motifs qui, suivant lui, militent en faveur de la jurisprudence de la Cour de cassation : « Le principe posé plus haut (que l'extradé ne peut être jugé qu'à raison des faits pour lesquels son extradition a été demandée et obtenue) doit être interprété d'une façon stricte, mais pratique en même temps. Il signifie que la justice ne peut, une fois la remise de l'inculpé accomplie, en profiter pour exercer une répression qui ne rentrait pas dans les prévisions de l'État requis; il y a, à cet égard, une sorte de contrat entre l'État requis et l'État requérant. Cependant, il arrive parfois que les explications de l'inculpé et les débats de l'audience transforment le caractère de l'infraction. Faudrait-il, en pareil cas, que le juge se considérât comme lié par la qualification adoptée dans la procédure d'extradition? N'y aurait-il d'autre solution que l'acquittement, une décision antijuridique ou des démarches, plus ou moins longues, tendant à rectifier et compléter l'objet de l'extradition? Évidemment, il n'existe aucune raison sérieuse de compliquer ainsi une situation fort simple, à moins que les traités, auxquels il faut toujours se référer, n'en fassent une obligation étroite. L'essentiel est que l'accusation qui

(1) Cass., 31 mai 1877, D. 1877, 1, 463. Dans ce sens, Cass., 2 février 1845, Sir., 1845, 591; 23 nov. 1880. *Gazette des tribunaux*, 24 nov. 1880.

saisit le juge porte réellement sur le crime ou délit qui a motivé l'extradition et que la poursuite n'ait pas lieu soit pour d'autres infractions, soit pour des infractions réalisées dans des conditions qui n'auraient pas autorisé la remise de l'inculpé. Mais les débats, en jetant sur l'affaire un jour différent, peuvent modifier la qualification primitivement adoptée, et cette modification importe peu, pourvu qu'on n'élève pas une accusation nouvelle et qu'on n'ajoute pas des faits nouveaux aux faits qui ont motivé l'extradition (1). »

Des objections que nous résumerons sommairement tout à l'heure ont été adressées à ce système. Pour l'instant, déduisons les conséquences qu'il entraîne.

La poursuite demeure contradictoire avec l'accusé et le jury est appelé à se prononcer sur la culpabilité :

1° Quand les infractions déférées à la cour d'assises ont reçu dans l'arrêt de renvoi une qualification autre que celle portée dans la demande d'extradition et les mandats d'arrêt transmis à l'État requis. Il n'y a pas lieu d'établir une distinction tirée de ce que, sous sa qualification nouvelle, l'infraction poursuivie n'est pas visée par le traité passé avec l'État requis.

2° Quand, usant de son pouvoir discrétionnaire, le président des assises croit devoir poser au jury des questions comme résultant des débats. L'extradition ne porte aucune atteinte aux pouvoirs du président, tels qu'ils sont définis par la loi et la forme nouvelle sous laquelle apparaît l'accusation ne change pas, dans leur matérialité, les faits qui ont motivé l'extradition.

Par application des mêmes principes, la Cour prononce contradictoirement un arrêt de condamnation contre l'extradé :

1° Quand le jury, ayant répondu affirmativement sur la question principale, a rapporté un verdict négatif sur les autres questions relatives aux circonstances aggravantes de l'infraction, laquelle perd ainsi le caractère de crime donné

(1) Bard, *loc. cit.*, p. 102. — Comp. Faustin Hélie, *Inst. crim.*, t. II, p. 728.

par l'accusation et revêt le caractère de délit. On ne peut tirer argument de l'extradition pour décider que l'extradé, ayant été livré pour faits criminels, ne doit pas être condamné pour de simples délits.

2° Quand le jury, ayant répondu affirmativement sur les questions qui lui ont été posées, a mitigé son verdict par l'admission des circonstances atténuantes, de telle sorte que l'arrêt de condamnation ne doit plus porter contre l'extradé qu'une peine correctionnelle. Cette conséquence s'établit par un argument *à fortiori* de la précédente.

L'examen auquel nous venons de nous livrer a mis suffisamment en relief les avantages pratiques d'une doctrine qui supprime toutes les difficultés pouvant surgir des changements ultérieurs de qualification. On a toutefois formulé des critiques qui se résument toutes dans le grief d'une prétendue violation des règles internationales. L'extradition, dit-on, a été accordée par l'État requis en vue de permettre la répression d'une infraction légalement définie. N'est-ce pas, dès lors, étendre les poursuites au delà des limites qui lui ont été assignées par les conventions que de déférer à la justice, sous une inculpation qui n'a pas été dénoncée à l'État requis, l'individu extradé? Enfin, une telle pratique n'est-elle pas une source incontestable de dangers? Une qualification habilement conçue et mensongère va permettre à l'État requérant d'obtenir une extradition, à laquelle n'aurait pas consenti le gouvernement du pays de refuge, si les faits incriminés avaient été présentés sous leur jour véritable. Mais ce danger est plus apparent encore quand la qualification originaire, pour obtenir l'extradition de l'inculpé, présente l'infraction comme crime ou délit de droit commun, alors que la poursuite a un caractère manifestement politique.

Si puissantes que ces considérations paraissent, elles ne doivent cependant pas nous arrêter. En dehors des difficultés inextricables de pratique auxquelles se heurtent les adversaires du système de la Cour de cassation, il y a, suivant nous, une réponse facile à leur adresser. Le danger qui consiste dans les qualifications volontairement erronées est illusoire. Quel est le magistrat qui, pour obtenir l'extradition d'un malfaiteur, voudrait recourir, dans un acte de ses fonctions, à des subterfuges indignes de son caractère et de sa mission? Mais s'il se rencontrait un magistrat assez oublieux de sa propre dignité pour vouloir agir ainsi, nous pensons qu'il ne le pourrait pas. Les mandats d'arrêt qui accompagnent la demande d'extradition ne sont pas l'œuvre d'un magistrat seulement; ils exigent le concours du juge d'instruction et du procureur de la République, concours qui donne toutes les garanties désirables à l'État requis contre la mauvaise foi et les surprises coupables.

Enfin le gouvernement étranger n'est pas tenu de s'en rapporter aux indications puisées dans la requête d'extradition et les pièces qui y sont jointes. Il peut se renseigner sur les faits incriminés, s'il le juge à propos, par une instruction sur la gravité des faits et il est autorisé à demander à l'État requérant tous les éclaircissements de nature à faire la lumière sur le parti qu'il doit prendre. Nous avons vu que certains pays demandent même communication du dossier et ne livrent l'inculpé que dans le cas où ils estiment qu'il y aurait lieu à renvoi devant les tribunaux de leur souveraineté.

De toutes ces raisons que conclure? L'État de refuge a livré l'inculpé après avoir eu connaissance des faits qui lui étaient reprochés; et ces faits, indépendamment de leur qualification pénale, lui ont paru assez graves pour qu'il accordât l'extradition. Les accidents ultérieurs de la procédure suivie par l'État requérant lui sont dès lors indifférents et ne doivent pas réfléchir sur les effets de l'extradition régulièrement accordée à l'État requérant pour lui permettre de réprimer des faits déterminés, perpétrés en violation de ses lois.

Les obligations du pouvoir judiciaire de respecter les réserves d'extradition sont remplies lorsque l'extradé a été jugé contradictoirement sur les chefs d'accusation seulement que nous avons indiqués.

À l'égard des chefs d'accusation réservés, la Cour statue en suivant les règles tracées pour la contumace. La physionomie générale des débats à l'audience n'est pas changée; les notifications des réserves une fois effectuées, le président se borne à ne pas faire porter l'instruction sur les infractions exclues des poursuites contradictoires ou poursuivies après l'extradition et à ne pas poser au jury les questions relatives à ces infractions. Quand le jury a rapporté un verdict de non-culpabilité sur toutes les questions dont il a été saisi, la Cour acquitte l'extradé et ordonne sa mise en liberté, s'il n'est détenu pour autre cause. La Cour ne peut ordonner le renvoi de l'extradé à la frontière. C'est au parquet à aviser l'autorité administrative qui impartit un délai à l'extradé n'ayant pas purgé toutes les inculpations à sa charge, pour quitter le territoire français.

Ce délai est généralement d'un mois. Si l'extradé ne met pas à profit le temps qui lui est accordé pour sortir de France, il est censé avoir renoncé aux réserves d'extradition et de nouveau est livré à la justice, à l'effet de répondre contradictoirement aux accusations portées contre lui. Toutefois, il importe que son attention soit appelée par l'autorité qui lui enjoint de partir, sur les conséquences de la prolongation de son séjour en France.

Incidents soulevés devant la Cour d'assises par l'inculpé.

Nous avons écarté, jusqu'ici, l'examen des difficultés qui, au cours des débats devant la cour d'assises, peuvent être suscitées par l'extradé, posant des conclusions tirées de l'inobservation prétendue, à son égard, des règles de l'extradition. L'accusé conclut souvent à ce qu'il plaise à la Cour annuler l'extradition dont il a été l'objet, les formes prescrites par le traité passé avec l'État requis pour la remise des individus extradés au Gouvernement français n'ayant pas été observées à son égard. De même, il peut soutenir que la procédure qui a précédé sa remise n'a pas été conforme aux règles édictées par ledit traité. Il est possible encore qu'il prétende que l'extradition ne doit pas, en ce qui le concerne, ressortir son effet habituel, parce que le traité ne visait pas le fait à raison duquel sa remise a été consentie par l'État de refuge.

Des conclusions seront prises enfin à l'effet d'obtenir qu'il soit dit par la Cour qu'il n'y a pas eu extradition, ou que l'extradition, en supposant qu'elle ait existé, était motivée par des infractions qui ne sont pas celles de l'accusation.

D'une façon générale, il faut répondre, avec une jurisprudence constante que la Cour peut *à priori* repousser les conclusions de l'extradé par ce seul motif que l'accusé n'a pas qualité pour exciper des irrégularités de l'acte d'extradition et se prévaloir des traités. Dans l'arrêt de cassation, dont nous avons eu l'occasion de parler déjà, rendu sur le pourvoi de Cyvoct, cette idée a été clairement formulée : « Attendu que les traités ou conventions d'extradition sont des actes de haute administration qui interviennent entre deux puissances et que, seules, lesdites puissances peuvent expliquer et interpréter quand il y a lieu ; que l'accusé livré à la justice de son pays, en vertu des traités ou conventions par le gouvernement sur le territoire duquel il s'était réfugié, *n'a aucun titre pour réclamer contre l'application du traité d'extradition* (1). »

Dans un autre arrêt du 30 août 1883, la Cour de cassation, sans formuler la même règle directement, semble l'indiquer comme devant être suivie : « Attendu que traduit devant la cour d'assises de Lot-et-Garonne, Delbès n'a fait entendre aucune réclamation au sujet de son extradition et a d'ailleurs obtenu un verdict d'acquittement; mais qu'ayant été poursuivi devant la juridiction correctionnelle sous prévention d'escroquerie, il a formellement excipé de l'incompétence de cette juridiction, en alléguant que l'acte d'extradition n'autorisait sa mise en jugement que pour le crime de faux...... Attendu, en principe, que l'extradé ne doit être jugé contradictoirement qu'à raison des faits criminels ou délictueux, pour lesquels son extradition a été accordée, *mais qu'en admettant qu'il puisse exciper lui-même des restrictions ou réserves contenues dans l'acte d'extradition,* il y a lieu de

(1) Cass., 11 janvier 1884. *Bull. arrêts Cour de cass.,* janv. 1884, p. 12.

reconnaître que l'exercice de cette faculté ne trouvait aucune application dans l'espèce de l'arrêt attaqué; qu'en effet, etc., etc... (1). »

La Cour suprême n'examine pas, il est vrai, la question de savoir si l'extradé est en droit d'exciper des réserves, mais la forme même de langage qu'elle emploie pour dire que d'autres motifs entraînent cassation de l'arrêt de la Cour d'Agen, exprime indirectement, quel aurait été son sentiment, si elle avait eu à se prononcer sur la difficulté dont nous nous occupons.

Les raisons qui ne permettent pas à l'extradé d'exciper des conventions d'extradition sont tirées de deux ordres d'idées différents. Nous en avons déjà indiqué une; l'extradé n'a participé en rien à la passation des traités et acte d'extradition. En droit, ils sont pour lui comme s'ils n'étaient pas. Il en bénéficie sans doute, puisque les tribunaux ne doivent pas le juger contradictoirement sur les faits qu'ils excluent. Mais ce résultat dérive pour lui d'un droit qui appartient exclusivement à l'État requis. Aussi, en vertu de leur droit de souveraineté, les États ne se considèrent pas comme liés vis-à-vis des individus à extrader par les traités antérieurement intervenus et ils dérogent, dans des cas particuliers, à leurs prescriptions.

La seconde raison est la suivante : Le pouvoir judiciaire n'a pas autorité pour annuler, apprécier et interpréter les conventions d'extradition. Comment alors statuerait-il, au fond, sur les conclusions prises par l'extradé? Sans doute, il doit appliquer les traités, mais ce principe ne reçoit son exécution qu'autant qu'ils ne sont pas en désaccord avec l'acte d'extradition. Or, lorsqu'un individu est livré pour un fait qui n'est pas visé par les traités, la remise s'effectue en vertu du droit qui appartient à l'État requis d'étendre le traité au delà des prévisions dans le cas où il le jugerait convenable.

Il en est de même pour les irrégularités de procédure signalées par l'extradé comme entachant de nullité l'acte d'ex-

(1) Cass., 30 août 1883. *Journ. de droit intern. privé*, 1884, p. 286.

tradition qui le concerne. Les tribunaux n'ont pas à s'immiscer dans des questions de cette nature, car ce serait de leur part un empiètement manifeste sur les attributions de l'autorité administrative. L'extradition est régulière à leurs yeux et sa régularité est attestée par le fait même de la remise de l'inculpé aux mains de la justice.

Est-ce à dire que la cour d'assises doit passer outre, dans tous les cas et ne pas surseoir à statuer, tant que la difficulté n'a pas été tranchée par le pouvoir compétent? M. Billot soutient énergiquement l'affirmative : « Le tribunal est assuré que l'extradition est valable et régulière. Il connaît les limites dans lesquelles il doit renfermer son examen et son jugement. Dès lors, pourquoi se déciderait-il à surseoir? Pourquoi voudrait-il provoquer le gouvernement à une appréciation, à une interprétation qui a déjà été effectuée [1]. »

Nous pensons que cette opinion est trop absolue : l'arrêt de sursis n'est pas, à notre avis, nécessairement un empiètement sur les attributions du pouvoir exécutif. Sans doute, les tribunaux doivent s'abstenir de surseoir à statuer dans la majorité des cas, mais il peut se présenter des hypothèses, où des éclaircissements sont indispensables. Supposons, en effet, que les instructions reçues, à la dernière heure, de la chancellerie, soient ambiguës et n'indiquent pas assez clairement les infractions réservées pour qu'il soit possible de les distinguer sûrement des autres faits compris dans la poursuite, la Cour n'est pas en mesure de prononcer et sursoiera à statuer.

Enfin, s'il existe des présomptions graves tendant à établir que l'accusé a été livré par des agents subalternes de l'État requis, aux agents de la force publique en France, et que le gouvernement a ignoré cette remise, pourquoi refuserait-on à la cour le droit de surseoir à statuer? La chancellerie prescrit, dans la circulaire du 5 avril 1841, cette mesure de sursis : « Dès lors, quand on soutient devant un tribunal, ou qu'une extradition est irrégulière, ou qu'elle est interprétée dans un sens, soit trop favorable, soit trop préjudiciable à

(1) Billot, *loc. cit.*, p. 334.

l'inculpé, le tribunal doit surseoir, jusqu'à ce que le gouvernement ait fait connaître sa décision. » De son côté, la Cour de cassation, dans un arrêt du 25 juillet 1867, décide que l'autorité judiciaire doit s'arrêter et surseoir dès que le caractère des faits produits devant elle est contesté *comme constituant ou ne constituant pas une extradition.*

Sans aller jusqu'à imposer à l'autorité judiciaire une obligation aussi rigoureuse, nous croyons que l'arrêt de sursis est possible, quand il semblera commandé aux magistrats par des circonstances dont ils doivent avoir la libre appréciation

---

DES EFFETS DE L'EXTRADITION

effectuée à l'égard d'un individu condamné à une peine définitive et irrévocable.

L'extradé est mis à la disposition de l'autorité administrative qui lui fait exécuter sa peine. Les réserves de l'acte d'extradition sont appliquées, dans l'espèce, en ce sens que le condamné ne doit subir que les peines en vue de l'exécution desquelles il a été livré.

C'est à la sortie de prison que la question se posera de savoir si l'extradé, qui, par suite des réserves internationales, n'a pas purgé toutes les peines définitivement encourues, doit être considéré comme complètement libéré. Sa présence sur le territoire français est une cause de scandale, car elle brave les décisions de la justice qui demeurent manifestement sans effet contre lui ; il convient donc de prendre les mesures nécessaires pour contraindre l'extradé à quitter la France. S'il est étranger, pas de difficultés ; un arrêté d'expulsion est pris et mis à exécution par les soins de l'autorité administrative. S'il est Français, on suit à son égard le procédé que nous avons déjà indiqué : un délai, pour quitter le territoire, lui est imparti par l'autorité compétente qui lui signifie en même temps que s'il n'obtempère pas à cette injonction, il sera considéré comme ayant renoncé aux réserves contenues dans l'acte d'extradition.

DE L'EXTENSION DE L'EXTRADITION A DES CHEFS D'ACCUSATION RELEVÉS APRÈS LA REMISE DE L'INCULPÉ.

Lorsque de nouveaux chefs d'accusation antérieurs à l'extradition sont relevés après la remise de l'inculpé, comment doit procéder le juge d'instruction? Et, si la juridiction répressive est saisie doit-elle surseoir au jugement des faits qui ont motivé l'extradition?

Examinons d'abord les pouvoirs du juge d'instruction. Aucune hésitation n'est possible quand l'extradé consent à être jugé à raison des nouvelles infractions qui lui sont reprochées; toutefois, en présence d'un malfaiteur livré par l'Allemagne, il serait nécessaire, en raison des principes que nous avons déjà exposés, de demander aux autorités impériales leur assentiment à des poursuites pour des infractions qui n'étaient pas relevées dans la demande primitive.

Le document qui mentionne le consentement exprès et volontaire de l'inculpé doit être communiqué au Garde des sceaux qui prend soin de le faire parvenir à l'État requis par l'entremise du ministre des Affaires étrangères.

Mais, la plupart du temps, l'extradé refuse d'être poursuivi pour des faits qui n'ont pas été compris dans la demande d'extradition. Dès lors le juge d'instruction, lorsque les traités permettent d'étendre l'extradition à de nouveaux chefs d'accusation, sans le consentement de l'inculpé, saisit le procureur de la République qui introduit une nouvelle demande d'extradition.

Les documents qui seront envoyés au Garde des sceaux à

l'appui de cette requête sont ceux qui sont exigés pour une demande originaire par la convention conclue avec le pays requis. La personne du prévenu n'est plus en cause, mais il est cependant nécessaire d'adresser à l'État requis tous les documents et renseignements qui lui permettent d'apprécier exactement les faits.

Certaines conventions admettent l'État requérant, en l'absence du consentement de l'inculpé, à demander à l'État requis l'extension de l'extradition à des faits relevés postérieurement à la remise de l'extradé.

« L'individu extradé ne sera ni poursuivi ni puni pour crimes ou délits autres que ceux dont il a été fait mention dans la requête d'extradition, à moins que ces crimes ou délits ne soient prévus à l'article 2 et que le gouvernement qui a accordé l'extradition ne donne son consentement, ou à moins du consentement exprès et volontaire donné par l'inculpé et communiqué au gouvernement qui l'a livré (1). »

Mais, d'autre part, certains traités disposent que l'extradition ne peut être étendue à de nouvelles infractions que lorsque l'inculpé y consent expressément : « L'individu qui aura été livré ne pourra être poursuivi ou jugé contradictoirement pour aucune infraction autre que celle ayant motivé l'extradition, à moins du consentement exprès donné par l'inculpé et communiqué au gouvernement qui l'a livré (2). »

Dans cette hypothèse, l'impunité paraît acquise à l'extradé. Le juge d'instruction doit procéder absolument comme si l'inculpé était absent, et ne peut recourir vis-à-vis de lui à aucun moyen de contrainte personnelle.

Lorsque la juridiction répressive est saisie, elle doit statuer sur les faits à raison desquels l'inculpé a été extradé.

(1) Convention franco-bavaroise, 29 nov. 1869, art. 9. — Convention Franco-Italienne, 12 mai 1870, art. 9. — Convention Franco-Suisse, 9 juillet 1869, art. 8. — Convention Franco-Péruvienne, 30 sept. 1874, art. 8.

(2) Convention Franco-Belge, 15 août 1874, art. 10. — Convention Franco-Danoise du 28 mars 1877, art. 3. — Convention Franco-Espagnole, 14 décembre 1877, art. 10. — Convention Franco-Monégasque, 9 juillet 1876, art. 10.

Jamais elle ne doit prononcer de sursis et attendre que le Gouvernement ait obtenu de l'État requis son assentiment à de nouvelles poursuites, car, en prononçant un sursis, elle provoquerait en quelque sorte l'action du pouvoir exécutif et prolongerait la détention préventive de l'inculpé pendant la durée des nouvelles négociations.

DE LA RÉEXTRADITION.

La réextradition est la remise à un autre État par l'État requérant d'un individu qui lui a été livré en vertu d'une demande d'extradition.

Ainsi un malfaiteur italien dont l'extradition a été accordée à la France par la Suisse peut être réclamé par son pays d'origine. Le Gouvernement français, dans le cas où cet individu a consenti à être livré sans formalités, peut évidemment le remettre à l'Italie sans consulter préalablement l'État requis, car l'effet du consentement, donné par l'inculpé, est interprété dans le sens d'une libre constitution de sa personne aux mains de la justice.

Il en est de même lorsque l'inculpé, au cours de l'instruction ou de l'audience, a déclaré vouloir être jugé sur les inculpations réservées par l'acte d'extradition. Toutefois, en présence d'un individu extradé d'Allemagne, il est nécessaire de consulter le Gouvernement allemand avant d'effectuer la remise. On sait, en effet, que d'après une jurisprudence constante, l'Allemagne ne reconnaît pas à l'extradé le pouvoir de renoncer aux garanties de l'acte d'extradition.

Quand l'extradé a refusé d'être livré avant l'entier accomplissement des formalités de l'extradition et a été l'objet d'un acte d'extradition, le Gouvernement doit consulter le pays requis avant de décider s'il y a lieu de déférer au désir de l'État tiers. Le pays requérant ne pouvant faire juger l'inculpé qu'à raison de faits déterminés, ne doit pas mettre les tribunaux de l'État tiers en mesure de juger l'inculpé pour des faits à raison desquels il ne peut pas exercer de poursuites.

Si l'extradé, après avoir purgé sa peine, ou après avoir été l'objet d'une ordonnance de non-lieu, ou d'un verdict d'acquittement n'a pas quitté le sol français, alors qu'il a eu toute latitude de le faire, il doit être assimilé à un réfugié volontaire et par conséquent peut être livré sans qu'il y ait lieu de consulter l'État dont on a obtenu sa remise.

L'article 9 du projet de loi voté par le Sénat n'établit aucune distinction entre le cas où l'inculpé a consenti et celui où il n'a pas consenti à être livré sans formalités et dispose que « dans le cas où l'extradition d'un étranger ayant été obtenue par le Gouvernement français, le Gouvernement du pays tiers solliciterait à son tour du Gouvernement français l'extradition du même individu, à raison d'un fait autre que celui jugé en France, ou non connexe à ce fait, le Gouvernement ne déférera, s'il y a lieu à cette requête, qu'après s'être assuré du consentement du pays par lequel l'extradition aura été accordée. Toutefois, cette réserve n'aura pas lieu d'être appliquée lorsque l'individu extradé aura eu pendant le délai fixé par l'article 4 (un mois) la faculté de quitter le territoire de la République. »

TRANSIT.

Si l'État requérant et l'État requis sont séparés par un État intermédiaire et n'ont par conséquent aucune frontière commune, il faut pour que l'extradition d'un inculpé s'effectue, que l'État tiers autorise le transit de l'extradé sur son territoire.

C'est à l'État requérant qu'il appartient de solliciter cette autorisation. Le transit est en quelque sorte une extradition accordée par l'État que doit traverser l'inculpé. La demande de transit suivra donc la voie diplomatique comme une requête d'extradition; elle ne devra jamais concerner un sujet de l'État tiers et sera faite en même temps que la demande d'extradition.

Lorsqu'un inculpé fuyant le sol français s'est réfugié dans un pays séparé de la France par une autre puissance, le procureur de la République, s'inspirant des règles que nous avons établies, lorsque nous avons examiné la procédure à suivre pour obtenir la remise des malfaiteurs réfugiés en pays étranger, transmettra au procureur général qui les fera parvenir à la chancellerie, une demande d'extradition et deux mandats d'arrêt dont l'un sera joint à la requête d'extradition et l'autre sera annexé à la demande de transit. Le mandat d'arrêt devra autant que possible mentionner la nationalité de l'inculpé (1).

(1) C'est généralement un mandat d'arrêt qu'il faut produire, cependant le grand-duché de Luxembourg exige, pour accorder le transit, la production soit du jugement ou de l'arrêt de condamnation, soit de l'ordonnance de la chambre du conseil, de l'arrêt de la chambre des mises en accusation ou de l'acte de procédure criminelle émané du juge ou de l'autorité compétente décrétant formellement ou opérant de plein droit le renvoi de l'inculpé devant la juridiction répressive. V. art. 17 de la convention du 12 septembre 1875.

Lorsqu'une demande de transit est adressée au Gouvernement français, elle est transmise avec les pièces qui l'accompagnent par le ministre des Affaires étrangères au Garde des sceaux qui statue en dernier ressort. Si la demande est rejetée, les pièces sont renvoyées au ministre des Affaires étrangères. Si elle est accueillie, ce qui a toujours lieu quand il s'agit d'un étranger poursuivi pour une infraction de droit commun, la chancellerie transmet les documents au ministre de l'Intérieur, qui prescrit les mesures nécessaires pour assurer le transfèrement de l'inculpé à travers notre territoire.

Dans certaines conventions, « il est formellement stipulé que l'extradition par voie de transit à travers le territoire de l'une des parties contractantes d'un individu livré à l'autre partie sera accordée sur la simple production en original ou en expédition authentique, de l'un des actes de procédure mentionnés à l'article 5, pourvu que le fait servant de base à l'extradition soit compris dans le présent traité et ne rentre pas dans les prévisions des articles 3 et 11 » (art. 16 de la convention Franco-Belge du 15 août 1874).

Des dispositions analogues sont insérées dans les traités conclus avec le Danemark, 28 mars 1877, art. 12; avec l'Espagne, 14 décembre 1877, art. 16; avec la principauté de Monaco, 8 juillet 1876, art. 16).

D'autres conventions sont beaucoup plus larges et stipulent que le transit d'un étranger sera toujours accordé, à moins qu'il ne s'agisse d'un délit politique ou militaire.

« Le transit sur le territoire français ou suisse, ou par les bâtiments des services maritimes français, d'un individu extradé n'appartenant pas au pays de transit et livré par un autre gouvernement, sera autorisé sur simple demande par voie diplomatique, appuyée des pièces nécessaires pour établir qu'il ne s'agit pas d'un délit politique ou purement militaire. Le transport s'effectuera par les voies les plus rapides sous la conduite d'agents du pays requis et aux frais du gouvernement réclamant » (art. 11 de la convention Franco-Suisse du 9 juillet 1869). L'Italie et la Bavière ont adopté les mêmes principes dans leurs relations avec la France. Voyez les conventions Franco-Italienne du 12 mai 1870, art. 15, et Franco-Bavaroise du 29 novembre 1869, art. 16.

Le Gouvernement allemand accorde également le transit des inculpés quand les faits qui leur sont reprochés constituent des infractions de droit commun.

D'après l'article 17 de la convention du 12 septembre 1875 conclue entre la France et le Grand-Duché de Luxembourg, il faut, pour obtenir le transit à travers le territoire grand-ducal, que le Grand-Duché soit lié, avec les deux États entre lesquels s'opère la transmission de l'extradé, par un traité visant l'infraction qui motive l'extradition : « il est formellement stipulé que l'extradition par voie de transit à travers le territoire de l'une des parties contractantes d'un individu livré à l'autre partie, sera accordée sur la simple production, en original ou en expédition authentique, de l'un des actes de procédure mentionnés à l'article 5 ci-dessus, lorsqu'elle sera requise par l'un des États contractants au profit d'un État étranger ou par un État étranger au profit de l'un desdits États, liés l'un et l'autre avec l'État requis par un traité comprenant l'infraction qui donne lieu à la demande d'extradition et lorsqu'elle ne sera pas interdite par les articles 3 et 12 de la présente convention » (V. art. 17 de la convention du 12 sept. 1875).

DES INDIVIDUS POURSUIVIS OU RÉFUGIÉS DANS LES COLONIES.

Les colonies sont, en général, assimilées à la métropole pour tout ce qui est relatif à la procédure d'extradition, par conséquent, à moins de dispositions spéciales insérées dans les conventions, les règles que nous avons exposées antérieurement doivent être rigoureusement suivies et il est nécessaire de recourir à la voie diplomatique pour la transmission des documents (1).

Toutefois, pour accélérer la marche des négociations engagées entre deux colonies, certains États ont supprimé l'emploi de la voie diplomatique et permis aux gouverneurs des colonies de communiquer directement et de statuer sur les demandes qui leur sont adressées par les gouverneurs de colonies étrangères.

C'est une convention additionnelle du 3 août 1860 entre la France et les Pays-Bas qui a consacré cette innovation du droit conventionnel.

Art. 1. « Les Gouvernements de France et des Pays-Bas s'engagent, par la présente convention, à se livrer réciproquement, dans les cas et aux conditions fixés par la convention du 7 novembre 1844 et la convention additionnelle du 2 août 1860 et sauf les stipulations contenues dans les articles suivants, les malfaiteurs réfugiés des possessions néerlandaises, aux Indes occidentales dans les possessions françaises de ces parages, et des possessions françaises aux Indes occidentales, dans les possessions néerlandaises de ces parages. »

(1) V. art. 1 de la convention Franco-Italienne, 12 mai 1870, et 1 de la convention Franco-Belge, 15 août 1874.

Art. 2. « L'extradition aura lieu sur la demande que le gouverneur de l'une des colonies respectives adressera directement au gouverneur de l'autre, lequel aura le droit, soit de l'accorder immédiatement, soit d'en référer à son gouvernement.

« Le principe de communication directe entre les gouverneurs des colonies respectives, au lieu de l'emploi de la voie diplomatique, sera également applicable aux cas prévus par les articles 7 et 9 de la convention du 7 novembre 1844, et les articles 1 et 2 de la convention additionnelle du 2 août 1860. »

Art. 3. « Par dérogation à l'article 1 de la convention additionnelle du 2 août 1860, tout individu subissant, dans les établissements pénitentiaires coloniaux, une peine encourue pour un des crimes prévus dans lesdites conventions, sera extradé sur la production de l'extrait matriculaire relatant les crimes qui ont motivé la condamnation, la juridiction par laquelle elle a été prononcée, indépendamment du signalement de l'individu.

« Cet extrait sera certifié au nom du gouvernement par le chef de l'établissement d'où l'évasion aura eu lieu, et revêtu du timbre officiel de l'établissement. »

Art. 4. « Lorsqu'en vertu de l'article 2 de la convention additionnelle du 2 août 1860, l'arrestation provisoire aura été accordée par le gouverneur de la colonie auquel la demande en aura été adressée, le mandat d'arrêt ou l'extrait matriculaire mentionné à l'article précédent devra être transmis à l'étranger détenu dans le délai de quatre semaines. »

L'article 1, § 3, de la convention conclue le 4 juin 1869 avec la Suède et la Norwège stipule également « que lorsqu'il s'agira d'un individu réfugié d'une colonie dans l'autre, les gouverneurs pourront s'adresser directement les demandes d'extradition et se livrer les individus poursuivis ou condamnés pour l'une des infractions prévues dans le présent traité, sauf à en référer immédiatement à leurs gouvernements respectifs. »

Dans des conventions plus récentes, des modifications ont

été apportées à ces clauses et les demandes d'extradition concernant un individu réfugié dans une colonie peuvent être adressées directement au gouverneur qui statuera en dernier ressort, sans qu'il soit nécessaire que la requête émane du gouverneur d'une autre colonie.

Ainsi le Gouvernement français pourrait réclamer directement au gouverneur d'une colonie espagnole l'extradition d'un étranger réfugié dans cette colonie. V. art. 17 de la convention Franco-Espagnole du 14 décembre 1877.

« Les stipulations du présent traité sont applicables aux colonies et aux possessions des hautes parties contractantes, où il sera procédé de la manière suivante :

« La demande d'extradition du malfaiteur qui s'est réfugié dans une colonie ou possession étrangère de l'une des parties sera faite au gouverneur ou fonctionnaire principal de cette colonie ou possession *par le principal agent consulaire de l'autre dans cette colonie ou possession,* ou, si le fugitif s'est échappé d'une colonie ou possession étrangère de la partie au nom de laquelle l'extradition est demandée, par le gouverneur ou par le fonctionnaire principal de cette colonie ou possession.

« Les demandes seront faites ou accueillies en suivant toujours aussi exactement que possible les stipulations de ce traité et en tenant compte des distances et de l'organisation des pouvoirs locaux par le gouverneur ou premier fonctionnaire, qui cependant aura la faculté ou d'accorder l'extradition ou d'en référer à son gouvernement. »

Une disposition analogue est insérée dans la convention Franco-Danoise du 28 mars 1877, art. 16, et dans la convention Franco-Britannique du 14 août 1876, art. 16 (1).

Les stipulations de la convention Franco-Britannique ne modifient en rien les arrangements établis dans les posses-

(1) D'après l'article 26 du projet de loi « les gouverneurs des colonies françaises pourront, sous leur responsabilité et à charge d'en rendre compte à bref délai au ministre de la Marine, statuer sur les demandes d'extradition qui leur seraient adressées, soit par des gouvernements étrangers, soit par les gouverneurs des colonies étrangères. »

sions des Indes-Orientales des deux États par l'article 9 de la convention de Londres du 7 mars 1815.

Art. 9. « Tous les Européens et autres quelconques contre qui il sera procédé en justice dans les limites desdits établissements ou factoreries appartenant à Sa Majesté très chrétienne, pour des offenses commises ou des dettes contractées dans lesdites limites, et qui prendront refuge hors de ces mêmes limites, seront délivrés aux chefs desdits établissements ou factoreries; et tous Européens ou autres quelconques contre qui il sera procédé en justice hors desdites limites, et qui se réfugieront dans ces mêmes limites, seront délivrés par les chefs desdits établissements et factoreries sur la demande qui en sera faite par le Gouvernement anglais. »

PROCÉDURES ACCESSOIRES.

Sur une procédure d'extradition se greffent fréquemment des procédures accessoires qui servent à faciliter les investigations de la justice.

Les États en se garantissant leurs services réciproques pour la remise des malfaiteurs ont, dans diverses conventions d'extradition, établi la marche à suivre pour la communication des renseignements et des actes, pour les notifications d'actes, comme pour la confrontation des inculpés.

Ces différentes procédures sont : la commission rogatoire qui est la plus importante et la plus fréquemment employée, la comparution des témoins, la confrontation des détenus, la communication des pièces, la notification d'actes.

DES COMMISSIONS ROGATOIRES.

Certains actes ne peuvent pas être accomplis personnellement par les magistrats chargés de l'instruction. Par exemple s'il s'agit d'entendre des témoins dont le domicile est fort éloigné de celui du juge, ou de faire procéder soit à une expertise soit à une saisie; et cependant la justice a besoin pour être éclairée de réunir ces divers éléments(1). Dans ces conditions, on recourt à l'emploi des commissions rogatoires. Les commissions rogatoires sont des actes par lesquels le magistrat chargé de l'instruction du procès réclame le concours d'autres magistrats auxquels il délègue une partie des pouvoirs qui lui sont conférés par la loi (2).

La commission rogatoire est intitulée au nom du magistrat qui la donne; les articles de loi qui l'ordonnent ou l'autorisent y sont visés. Les nom et prénoms du témoin, ses qualité, profession, lieu de domicile présumé doivent y être consignés. Il est nécessaire d'énoncer les faits dont la connaissance est indispensable au magistrat qui exécutera la commission rogatoire, et il faut insister sur les circonstances qui doivent plus particulièrement faire l'objet de ses investigations. On comprend aisément de quelle utilité est l'indication des particularités dont les témoins peuvent avoir connaissance. Les commissions rogatoires doivent être suffisamment explicites pour permettre au magistrat délégué de contrôler les assertions du témoin et de lui faire des objections, d'appeler son attention sur les circonstances qu'il

(1) Lorsqu'une expertise doit être faite en pays étranger, il y a lieu d'adresser à cet effet des commissions rogatoires à la juridiction étrangère et non d'envoyer des experts français pour aller procéder à l'étranger.

(2) Les articles 83 et 84 du Code d'instruction criminelle établissent le droit qu'a le juge d'instruction de déléguer ses pouvoirs.

omet [1]. Les commissions rogatoires sont toujours envoyées en minute et doivent parvenir à la chancellerie par l'intermédiaire du procureur de la République, que l'article 28 du Code d'instruction criminelle charge de ce soin. « Les procureurs de la République pourvoiront à l'envoi, à la notification et à l'exécution des ordonnances qui seront rendues par le juge d'instruction. »

La commission rogatoire doit toujours suivre la voie diplomatique, et quand elle est adressée par un magistrat français à une autorité étrangère, elle doit, *hors le cas d'extrême urgence,* être transmise au Garde des sceaux qui la fait parvenir au ministre des Affaires étrangères en le priant d'interposer ses bons offices pour que l'objet de cette commission soit rempli le plus tôt possible [2].

C'est dans la circulaire du 5 avril 1841 que le Garde des sceaux trace la marche à suivre relativement aux commissions rogatoires à envoyer aux magistrats étrangers ou à exécuter de leur part. « Toutes les commissions rogatoires qui devront être exécutées à l'étranger me seront transmises; dans aucun cas, les magistrats ne correspondront avec les autorités judiciaires à l'étranger pour la transmission ou l'exécution de ces commissions rogatoires. Si l'on trouve convenable d'y joindre une note explicative, elle me sera adressée et je la ferai parvenir au gouvernement étranger. Les magistrats français ont fait précéder quelques fois de réquisitions adressées aux magistrats étrangers les commissions rogatoires qui étaient transmises à ceux-ci, cela ne doit point être ainsi. Aucun lien judiciaire n'existe entre les magistrats de deux nations différentes; il est inutile de faire des réquisitions auxquelles

(1) V. Duverger, *Manuel des juges d'instruction,* II, p. 324.

(2) Malgré les termes formels de la circulaire de 1841 qui impose toujours l'emploi de la voie diplomatique, nous pensons que, dans les cas d'extrême urgence, les magistrats peuvent correspondre directement avec leurs collègues étrangers; mais, ils doivent donner immédiatement avis au directeur des Affaires criminelles des motifs qui les engagent à s'écarter des prescriptions de la circulaire précitée. Toutefois, les commissions rogatoires transmises directement ne sont jamais mises à exécution par les autorités allemandes.

il ne peut être obtempéré. Il faut, si l'on juge nécessaire d'employer une formule, se servir d'une formule d'invitation, de prière, et cette formule devra être aussi simple et aussi brève que possible.

« Le Gouvernement français consent à ce que des commissions rogatoires émanées de tribunaux étrangers soient exécutées en France ; mais il veut les examiner avant d'autoriser leur exécution.

« Le magistrat auquel une commission rogatoire est transmise directement de l'étranger, et ce cas est très fréquent, doit donc me l'envoyer immédiatement pour que je décide s'il y a lieu d'y faire droit, les commissions rogatoires seront exécutées par le juge d'instruction sur la réquisition du ministère public; les témoins doivent être entendus dans la forme ordinaire; ils peuvent être contraints par les voies de droit à déposer. Quand le magistrat instructeur aura accompli sa mission, il rendra une ordonnance de « soit remis au parquet » et vous me transmettrez toutes les pièces dans le plus bref délai. »

Lorsque le juge d'instruction qui avait expédié une commission rogatoire la reçoit avec les actes d'exécution, il doit sans retard examiner la procédure, et s'assurer si sa délégation a été ou non complètement et exactement remplie. Dans le cas de la négative, il peut renvoyer la commission rogatoire avec des observations pour en faire mieux ressortir l'objet ou bien il en délivre une nouvelle.

Le juge d'instruction délégué doit examiner attentivement toutes les dispositions de la commission et se bien pénétrer du but à atteindre et y coopérer diligemment (1).

Les commissions rogatoires transmises aux États-Unis par les tribunaux étrangers sont traitées par les autorités judiciaires des États-Unis comme des affaires particulières ordinaires et assujetties aux mêmes formalités et frais que ces affaires. Leur transmission n'a point lieu par la voie diplomatique, et elles ne peuvent être dispensées de la légalisation.

(1) V. Duverger, *op. cit.*

En Angleterre, le ministre de l'Intérieur peut ordonner à un magistrat de recevoir les dépositions ou déclarations des personnes dont le témoignage est nécessaire dans une affaire criminelle qui est « sous l'investigation d'un tribunal étranger, » et le magistrat, après réception d'un ordre du ministre de l'Intérieur, suit la même procédure que si l'affaire était de sa juridiction. Les dépositions peuvent être faites en l'absence de la personne accusée, mais le magistrat l'indiquera dans le procès-verbal et transmettra ensuite toutes les pièces, munies de son sceau et de sa signature, au ministre de l'Intérieur qui les fera parvenir à qui de droit [1].

Il semble donc, au premier abord, que l'exécution des commissions rogatoires en matière criminelle émanant des magistrats français doit être en Angleterre aussi complète, aussi facile, aussi régulière que possible, mais dans la pratique il n'en a rien été jusqu'à présent.

Ces commissions rogatoires émanent presque toujours du juge chargé de l'instruction de l'affaire criminelle; or, les magistrats anglais estiment qu'ils ne doivent faire exécuter que les commissions rogatoires émanant « d'une cour ou d'un tribunal. »

Leur décision n'a pas encore été soumise à la Chambre des lords et jusqu'à présent on a considéré qu'il était impossible d'obtenir dans la pratique l'exécution d'une commission rogatoire en matière criminelle tant que le Parlement anglais n'aurait pas consenti à voter un nouvel acte dans lequel aux mots « affaire pendante devant une cour ou un tribunal, » on ajouterait les mots « ou devant un juge d'instruction. »

Toutefois les dispositions actuelles des magistrats de la cour de police de Bow-Street permettent de penser que si ces magistrats recevaient une requête transmise par la voie diplomatique, ils la feraient exécuter en se fondant sur cette idée qu'un juge d'instruction constitue à lui seul un tribunal, puisque, comme un magistrat de police en Angleterre, il a le pouvoir de rendre des ordonnances de non-lieu.

(1) *Procédure d'extradition*, par Howard Vincent, p. 7.

Si cette manière de procéder doit triompher, il n'y aurait qu'à envoyer les commissions rogatoires à l'ambassade de France et non plus à nos consuls qui n'ont aucun moyen de contraindre les témoins à venir déposer.

Les commissions rogatoires que nous avons adressées jusqu'à ce jour, et qui concernaient des témoins résidant en Angleterre, n'ont jamais reçu d'exécution officielle, mais une exécution purement officieuse de la part de nos agents et quand les témoins se présentaient volontairement.

Il est, la plupart du temps, inutile d'envoyer des commissions rogatoires pour demander la saisie des objets que l'inculpé a emportés dans sa fuite : car, comme nous l'avons indiqué antérieurement, le droit conventionnel admet que cette saisie doit avoir lieu indépendamment de toute requête et être effectuée en même temps que l'arrestation de l'inculpé (1).

Lorsque les commissions rogatoires transmises à l'étranger ou à des magistrats français ne sont pas revenues après un laps de temps, qui varie de quinze jours à trois semaines, la chancellerie ne manque jamais d'adresser des lettres de rappel pour hâter leur exécution.

Les commissions rogatoires concernant des délits politiques ne sont jamais mises à exécution par les magistrats français. Ce principe ne figure pas dans toutes les conventions, nous le trouvons mentionné seulement dans quelques-unes : voyez, par exemple, les conventions conclues avec le Danemark, le 28 mars 1877, art. 13, avec l'Espagne, 14 décembre 1877, art. 13 (2).

Mais en fait un usage constant s'est établi d'empêcher l'exécution de toute commission rogatoire concernant une infraction politique.

(1) V. p. 82.

(2) « Lorsque dans la poursuite d'une affaire pénale non politique un des deux gouvernements jugera nécessaire l'audition de témoins domiciliés dans l'autre état, une commission rogatoire sera envoyée à cet effet par la voie diplomatique, et il y sera donné suite par les officiers compétents, en observant les lois du pays où l'audition des témoins devra avoir lieu. »

La chancellerie, par application de ce principe, a refusé l'exécution d'une commission rogatoire émanée d'un tribunal suisse dont l'objet était de préciser les agissements d'un individu prévenu d'avoir, par la propagation d'un appel aux travailleurs suisses, excité à commettre les crimes de vol et d'assassinat. Tout en reconnaissant que tous les traités ne prohibaient pas la transmission de commissions rogatoires relatives à des infractions politiques, il a été décidé qu'il était préférable de suivre un usage généralement admis.

COMPARUTION DE TÉMOINS.

L'audition des témoins est un des plus puissants moyens d'information. Elle est destinée soit à constater la matérialité des faits, à vérifier certaines circonstances, soit à découvrir l'auteur d'une infraction, à démontrer la culpabilité ou l'innocence d'un prévenu.

Les articles 71 et 72 du Code d'instruction criminelle permettent au juge d'instruction de faire comparaître les témoins sauf, s'ils ne se présentent pas, à leur faire l'application de l'article 80 du Code d'instruction criminelle qui dispose que « toute personne citée pour être entendue en témoignage sera tenue de comparaître et de satisfaire à la citation; sinon, elle pourra y être contrainte par le juge d'instruction, qui, à cet effet, sur les conclusions du procureur de la république sans autre formalité ni délai, et sans appel, prononcera une amende qui n'excédera pas cent francs, et pourra ordonner que la personne citée sera contrainte par corps à venir donner son témoignage. » Si un témoin dont l'audition est nécessaire se trouve en pays étranger, le juge d'instruction pourra obtenir sa déposition en adressant, comme nous l'avons vu, une commission rogatoire qui permettra aux autorités étrangères de citer le témoin et de consigner sa déclaration. Les étrangers peuvent être entendus comme témoins, mais les agents diplomatiques ne sont pas tenus de comparaître avant que l'autorisation de leur gouvernement ait été demandée par la voie diplomatique[1]. Lorsque la présence d'un témoin est indispensable, le droit conventionnel permet de lui adresser une citation. La citation est toujours transmise par la voie diplomatique. La cédule indiquera clairement

(1) Dalloz, *Rép.*, Agent diplomatique, nº 135

le témoin en le désignant par ses nom, prénoms, profession, qualité, demeure, en un mot le plus clairement possible, afin d'éviter les erreurs d'où résulteraient des retards.

Le pays requis signifie la citation au témoin et l'invite à y déférer. Les conventions les plus récentes établissent que l'avance des frais sera faite par le pays requis aux témoins nécessiteux. « Si dans une cause pénale, la comparution personnelle d'un témoin est nécessaire, le gouvernement du pays requis où réside le témoin l'engagera à se rendre à l'invitation qui lui sera faite. Dans ce cas, des frais de voyage et de séjour calculés depuis sa résidence lui seront accordés d'après les tarifs et règlements en vigueur dans le pays où l'audition devra avoir lieu ; il pourra être fait sur sa demande, par les soins des magistrats de sa résidence, l'avance de tout ou partie des frais de voyage, qui seront remboursés par le gouvernement intéressé (1). »

Une disposition analogue est insérée dans la convention conclue avec le Danemark, le 28 mars 1877. V. art. 15.

Quelques États ont fixé l'indemnité de déplacement : V. une convention avec l'Italie, du 16 juillet 1873.

Jamais le témoin résidant à l'étranger n'a à redouter de sanction pénale s'il ne comparaît pas. On présume que les dérangements, qui lui seraient ainsi imposés, ne seraient pas compensés par l'utilité de sa présence; de plus, l'indemnité qui lui est accordée ne suffirait peut-être pas à le couvrir de ses frais de déplacement.

Le témoin ne doit donc avoir aucune crainte de voir son rôle se modifier suivant les diverses phases que peut traverser l'affaire pour laquelle il est cité. Il ne doit pas redouter d'être englobé dans une poursuite, d'avoir à répondre d'infractions commises antérieurement à sa citation, car jamais sa comparution n'aboutira à une extradition déguisée. « Aucun témoin, quelle que soit sa nationalité, qui, cité, dans l'un des deux pays, comparaîtra volontairement devant les juges de l'autre pays, ne pourra y être poursuivi ou détenu

(1) V. par ex. article 15 de la convention Franco-Belge du 15 août 1874.

pour des faits ou condamnations criminels autorisés ni sous prétexte de complicité dans les faits, objet du procès où il figurera comme témoin [1]. »

C'est seulement pour les délits de droit commun que serait transmise une citation; quoique certains traités ne mentionnent aucune restriction, nous pensons cependant que cette règle découle des principes adoptés par le droit conventionnel.

D'éminents publicistes souhaitent l'abrogation de cette règle du droit conventionnel qui ne sanctionne pas l'obligation pour les témoins de comparaître, nous pensons avec eux que la facilité et la rapidité des communications devraient faire considérer cette comparution comme obligatoire, surtout entre pays limitrophes [2].

[1] V. par ex. article 14 de la convention Franco-Suisse du 9 juillet 1869.

[2] Voir notamment Bernard, tome II, p. 646.

CONFRONTATION DE DÉTENUS, COMMUNICATION DE PIÈCES.

Lorsque la présence d'un individu détenu en pays étranger est indispensable pour l'instruction d'un procès poursuivi dans le pays requérant; il y a lieu de solliciter par voie diplomatique la remise momentanée de cet individu; le pays requis apprécie souverainement l'utilité d'une pareille mesure.

Quand une requête de cette nature est adressée au Gouvernement français, le Garde des sceaux statue en dernier ressort, et s'il défère à la demande du gouvernement requérant, il en avertit le ministre des Affaires étrangères et prie le ministre de l'Intérieur d'assurer le transfèrement de l'individu. Le ministre de l'Intérieur ne doit pas négliger d'informer la chancellerie de l'époque à laquelle l'inculpé a été réintégré dans sa prison.

Comme le témoin, cet inculpé ne pourra, en aucun cas, être inquiété à raison de faits commis antérieurement à la demande de remise ni même pour complicité dans les faits reprochés à un complice actuellement poursuivi.

Voici la clause généralement usitée :

« Lorsque dans une clause pénale instruite dans l'un des deux pays, la confrontation de criminels détenus dans l'autre, ou la production de pièces ou documents judiciaires, sera jugée utile, la demande en sera faite par voie diplomatique et l'on y donnera suite, à moins que des considérations particulières ne s'y opposent, et sous l'obligation de renvoyer le criminel et les pièces[1]. »

Ce texte, on le voit, établit des règles identiques pour la confrontation des détenus et la communication des pièces.

La loi belge n'autorise pas la remise provisoire des malfaiteurs. Pour obvier à cet inconvénient, la Belgique gracie parfois des individus dont la présence auprès des magistrats instructeurs est considérée comme indispensable. La France, dans des circonstances analogues, a gracié également des inculpés quand le Gouvernement belge justifiait d'un intérêt supérieur.

La loi néerlandaise contient une disposition qui interdit la remise provisoire d'un sujet hollandais. « Les étrangers qui se trouvent en état d'arrestation provisoire ou qui subissent une peine dans ce pays, pourront être envoyés temporairement dans un autre pays pour y être confrontés ou pour témoigner dans une procédure criminelle. »

Le principe de réciprocité que le droit conventionnel considère actuellement comme une des bases du droit d'extradition, exige que le Gouvernement français ne facilite à ces deux puissances aucune confrontation de détenus dans les cas où une semblable confrontation ne nous serait pas accordée si nous devions la solliciter.

[1] V. par exemple, conventions Franco-Italienne du 12 mai 1870, art. 14, Franco-Suisse du 9 juillet 1869, art. 15.

NOTIFICATION D'ACTES.

Le Code d'instruction criminelle mentionne plusieurs actes dont la notification doit être faite à partie; par exemple, l'arrêt de mise en accusation, le pourvoi en cassation exercé par le ministère public ou la partie civile.

Le droit conventionnel facilite ces notifications et permet aux magistrats de transmettre, soit par la voie diplomatique, soit directement tous les actes qui intéressent des personnes résidant sur un territoire étranger. Dès que ces actes ont été signifiés, ils sont visés par le magistrat requis et renvoyés au magistrat de l'autre pays.

Il n'y a pas à se préoccuper de la nationalité de la personne à laquelle la notification est faite, puisque la notification ne lui porte aucun préjudice et peut au contraire lui offrir une utilité incontestable[1].

C'est cette dernière considération qui nous amène à penser que les actes concernant des délits politiques doivent également être notifiés par les autorités des divers pays. « Les simples notifications d'actes, jugements ou pièces de procédure réclamées par la justice de l'un des deux pays seront faites à tout individu résidant sur le territoire de l'autre pays sans engager la responsabilité de l'État qui se bornera à en assurer l'authenticité. À cet effet, la pièce transmise *diplomatiquement ou directement* au ministère public du lieu de la résidence sera signifiée à la personne, à sa requête, par les soins d'un officier compétent, et il renverra au magistrat

[1] V. Billot, *op. cit.*, p. 412.

expéditeur avec son visa, l'original constatant la notification[1].

(1) Voyez par exemple : Art. 14 de la convention Franco-Belge du 15 août 1874; art. 14 de la convention Franco-Espagnole du 14 décembre 1877; art. 15 de la convention Franco-Luxembourgeoise du 12 septembre 1875; art. 14 de la convention Franco-Monégasque du 8 juillet 1876. L'article 14 de la convention Franco-Danoise du 28 mars 1877 n'autorise pas la notification d'un acte de procédure ou d'un jugement relatif à une infraction politique : « en matière pénale, NON POLITIQUE, lorsque la notification d'un acte de procédure ou d'un jugement à un Français ou à un Danois paraîtra nécessaire au Gouvernement français et réciproquement, la pièce transmise diplomatiquement sera signifiée à personne par l'autorité compétente et l'original constatant la notification, revêtu du visa, sera envoyé par la même voie au gouvernement requérant, sans restitution de frais. »

ATTRIBUTION DES FRAIS.

Le gouvernement requérant étant celui qui a l'intérêt le plus direct à la répression, il serait équitable qu'il supportât les frais de l'extradition.

Les frais de recherche, d'arrestation, de détention, de transfèrement du pays requis dans le pays requérant devraient donc rester à la charge de l'État qui a provoqué ces mesures.

Toutefois l'adoption de cette règle par le droit conventionnel n'eût pas été sans offrir de sérieuses difficultés, l'État requérant eût pu trouver exagérés les frais qui lui étaient réclamés; de là, de longues négociations précédant les règlements de comptes.

C'est pour obvier à ces inconvénients que l'usage s'est établi de mettre tous les frais *nécessaires* de procédure à la charge de l'État requis (1).

De plus, on a pensé qu'une sorte de compensation s'établirait entre les créances des divers États.

Parmi les États qui laissent le paiement des frais à la charge de l'État requérant figurent l'Angleterre et les États-Unis. C'est précisément, et nous avons déjà eu occasion d'appeler l'attention sur ce point, dans ces deux États que les dépenses sont les plus élevées.

Les États-Unis ne peuvent se rallier à la manière d'agir des autres États. Il ne faut pas perdre de vue que dans ce pays les demandes d'extradition sont examinées non par le pouvoir administratif, mais par le pouvoir judiciaire, et que ce dernier statue comme dans un véritable procès.

(1) Presque toutes les conventions conclues depuis 1853 mettent les frais à la charge du pays requis.

Les extraditions demandées aux États-Unis entraînent des frais extrêmement élevés qui atteignent au moins dix à douze mille francs.

Voici l'article 4 de la convention conclue avec les États-Unis, le 9 novembre 1843 :

« Les frais de toute détention et extradition opérées en vertu des articles précédents seront supportés et payés par le Gouvernement au nom duquel la réquisition aura été faite. »

Mais, cet article, qui laisse à notre charge les frais d'extradition, n'empêche en aucune façon soit de les faire payer à la partie civile, soit de les recouvrer sur l'accusé lui-même s'il est reconnu coupable.

L'extradition de Carpentier, l'un des quatre caissiers de la compagnie du chemin de fer du Nord, a coûté 50,000 francs; précédemment les frais d'extradition d'un nommé L... avaient atteint 20,000 francs.

L'article 15 de la convention Franco-Britannique du 14 août 1876 stipule que « chacune des hautes parties contractantes supportera les frais occasionnés par l'arrestation sur son territoire, la détention et le transport à la frontière des personnes qu'elle aura consenti à extrader en exécution du présent traité. »

Une extradition demandée à l'Angleterre revient généralement à 2,000 francs.

Parfois, pour stimuler le zèle des agents chargés d'opérer l'arrestation des malfaiteurs, nos consuls promettent une prime en cas de capture. Le montant de la prime ne peut jamais être avancé aux consuls par le Garde des sceaux; mais, lorsque l'arrestation est effectuée, la somme promise est acquittée sur les frais généraux de justice.

Les dépenses entraînées par l'exécution des commissions rogatoires comme celles résultant de l'arrestation et de la détention des inculpés restent généralement à la charge de l'État requis; toutefois, quand il s'agit d'expertises entraînant plus d'une vacation, certaines conventions disposent que les frais seront payés par l'État requérant. « Les gouvernements respectifs renoncent à toute réclamation ayant pour objet la restitution des frais résultant de l'exécution des commissions rogatoires, dans le cas même où il s'agirait d'expertise, pourvu toutefois que cette expertise n'ait pas entraîné plus d'une vacation (1). »

La convention conclue avec la Suisse laisse à la charge du pays requérant les frais résultant des commissions rogatoires lorsqu'il s'agit d'expertises criminelles commerciales ou médico-légales.

« Les gouvernements respectifs renoncent à toute réclamation ayant pour objet la restitution des frais résultant de l'exécution de la commission rogatoire, à moins qu'il ne s'agisse d'expertises criminelles commerciales ou médico-légales (2). »

Nous avouons toutes nos préférences pour le système consacré par le droit conventionnel, d'abord il simplifie les correspondances diplomatiques et supprime toute discussion d'intérêt et ensuite il doit être sans grand inconvénient, puisque, comme le fait observer M. Bernard, « la compensation approximative sur laquelle les États se fondent pour se tenir quittes des sommes qu'ils ont respectivement déboursées doit être assez exacte pour qu'aucun gouvernement n'ait constaté un déficit sérieux, sinon les conventions eussent été modifiées. La prédominance progressive du principe de la compensation permet d'affirmer que le trésor public des États contractants n'a pas souffert sensiblement et que si pour quelques-unes la balance n'est pas restée parfaitement en équilibre, ils ont trouvé une compensation d'une autre nature dans un système qui prévient les discussions irritantes et pénibles et qui maintient la bonne harmonie des rapports internationaux (3). »

(1) V. article 13, § 2, de la convention Franco-Belge du 15 août 1874. Nous trouvons des dispositions identiques dans les conventions conclues le 8 juillet 1876 avec la principauté de Monaco, le 12 septembre 1875 avec le grand-duché de Luxembourg, le 14 décembre 1877 avec l'Espagne.

(2) Voir convention du 9 juillet 1869, art. 12, § 2. V. ég. convention Franco-Italienne du 12 mai 1870, art. 12.

(3) Bernard, *op. cit.*, tom. II, p. 477.

DÉCLARATIONS DE RÉCIPROCITÉ.

DÉCLARATIONS DE RÉCIPROCITÉ [1].

ALLEMAGNE.

La fusion des divers États allemands en un seul empire n'a pas eu pour effet d'abroger les traités conclus antérieurement par chacun de ces États; le maintien de ces traités a notamment été stipulé dans l'article 18 du traité de Francfort.

Le vol simple d'objets d'une valeur supérieure à 1,000 francs a fait l'objet d'une déclaration de réciprocité.

Le Gouvernement allemand s'est également engagé, sous condition de réciprocité, à accorder à la France l'extradition des individus poursuivis pour abus de confiance, sans distinction entre l'abus de confiance simple et l'abus de confiance qualifié, lorsque ces individus, à l'occasion de l'abus de confiance, se sont rendus coupables d'une inscription inexacte ou d'une falsification de livres ou registres; d'après notre loi, ces derniers faits constituent un faux, mais d'après la législation allemande ces faits, non punissables en eux-mêmes, sont pris en considération dans l'application de la peine.

(1) Nous avons relaté dans ce chapitre la solution de certaines affaires, des déclarations de réciprocité échangées entre la France et les diverses puissances et des renseignements qui n'avaient pu être indiqués dans le corps de l'ouvrage.

Une déclaration de réciprocité vise les individus poursuivis pour tentative d'incendie.

L'extradé d'Allemagne ne peut consentir à être poursuivi et jugé pour les infractions réservées par l'acte d'extradition.

ALSACE-LORRAINE.

L'article 18 de la convention additionnelle au traité de Francfort du 11 décembre 1871 établit que les dispositions du traité d'extradition conclu le 21 juin 1845 entre la France et la Prusse, sont provisoirement étendues à l'Alsace-Lorraine.

Attentat à la pudeur sur un enfant de moins de treize ans. — D'après l'article 331 de notre Code pénal, il y a crime même s'il n'y a pas de violence à raison de l'âge de l'enfant. Mais l'attentat à la pudeur sans violence n'est pas prévu dans la convention du 21 juin 1845. Une déclaration de réciprocité est intervenue à ce sujet en 1874.

Le vol par un militaire d'objets appartenant à l'État est prévu dans une déclaration de réciprocité signée en 1874, alors même que le vol considéré comme crime par notre Code militaire serait qualifié de délit par la législation allemande.

Les arrangements conclus dans ces deux hypothèses sont applicables seulement aux rapports de l'Alsace-Lorraine avec la France, restent révocables en tout temps par les deux parties et laissent intactes les stipulations du traité du 21 juin 1845.

ANGLETERRE.

Si une extradition est demandée à l'Angleterre pour abus de confiance, il faut la preuve d'un mandat écrit et, suivant les règles que nous avons rappelées, il faut joindre au mandat d'arrêt les dépositions de témoins certifiées conformes.

Un magistrat anglais ne peut recevoir le témoignage d'une personne accusée de crime ou de délit et contre laquelle une procédure criminelle est pendante devant un tribunal étranger.

BAVIÈRE.

Comme nous avons une légation à Munich, lorsqu'un acte est destiné à la Bavière, il est nécessaire que le nom de ce pays soit expressément inscrit (1).

BELGIQUE.

Les falsifications de certificat sont implicitement comprises dans l'énumération de l'article 2, § 17, de la convention du 15 août 1874. Les discussions qui ont eu lieu dans les conférences préparatoires du traité de 1869 ne laissent aucun doute à cet égard, et le fait est d'autant moins contestable que l'exception stipulée dans le traité de 1834, pour les faux certificats, n'a pas été reproduite dans la convention postérieure.

Au surplus, l'extradition d'un nommé H..., pour contrefaçon de livret d'ouvrier, a été autorisée en 1870 par le Gouvernement français sous réserve de réciprocité.

Le traité du 15 août 1874, actuellement en vigueur, ayant reproduit textuellement la clause sur laquelle l'accord des deux Gouvernements était ainsi établi dès 1870, il n'existe pas de motif pour faire aujourd'hui prévaloir une interprétation différente.

(1) Circulaire du 14 décembre 1871.

La Belgique n'accorde pas l'extradition d'un étranger réclamé sous l'inculpation « de meurtre en duel [1] » ou de tentative d'escroquerie.

L'attentat à la pudeur sans violence sur des mineurs ne donne lieu à extradition entre la France et la Belgique que lorsque la victime est âgée de moins de 13 ans. Il y a donc lieu, lorsque cette circonstance ne résulte pas du mandat ou du jugement, de produire à l'appui de la demande un extrait de l'acte de naissance de la victime [2].

BRÉSIL.

Une demande d'arrestation provisoire, adressée directement par le procureur de la République de Reims, a été accueillie par les autorités brésiliennes.

Le Brésil nous a accordé l'extradition d'individus poursuivis pour faux et abus de confiance qualifié. La production d'un mandat d'arrêt a suffi. La procédure a duré trois mois.

ÉCHELLES DU LEVANT. — ÉGYPTE.

Les Français dans les pays d'Orient sont soumis au régime des capitulations; ils peuvent être arrêtés sur l'ordre de nos consuls et être dirigés sur la France [3].

Et lorsqu'un consul use des pouvoirs dont il est armé, il doit rendre au ministre des Affaires étrangères un compte exact et circonstancié des faits et motifs qui l'y ont déterminé.

Mais pour qu'il en soit ainsi, il faut que nos consuls aient un droit de juridiction sur le réfugié, il serait impossible par conséquent d'en faire l'application à des étrangers. Il est vrai

(1) Kirchner, *op. cit.*, p. 369.
(2) *Loc. cit.*
(3) V. édit. de juin 1778, art. 82.

que l'article 11 du titre II de l'ordonnance de 1781 porte que les étrangers vagabonds qui n'auront pas de consuls dans les Échelles du Levant pourront être renvoyés par les consuls ou vice-consuls français aux frais de la nation si le séjour sur l'Échelle peut lui être préjudiciable, mais le texte même de cette prescription suffit pour établir qu'elle a été instituée uniquement pour débarrasser la colonie d'une certaine catégorie d'étrangers dans laquelle ne sauraient être rangés les individus dont l'extradition est réclamée.

Par application de ces idées, un Anglais poursuivi à Oran, pour abus de confiance qualifié, et qui s'était réfugié à Alexandrie, n'a pu être livré par l'ordre de notre consul.

D'autre part, un banquier suisse dont l'extradition avait été demandée à la France par la Suisse, s'était embarqué furtivement pour Alexandrie. Le Gouvernement suisse, qui n'avait pas de consul en cette ville, demanda que des mesures fussent prises par notre agent général pour assurer l'arrestation du fugitif, mais une fin de non-recevoir s'imposait pour les motifs sus-énoncés.

HOLLANDE.

Le vol considéré comme crime, au point de vue militaire seulement, ne saurait servir de base à une demande d'extradition adressée à la Hollande.

RÉPUBLIQUE ARGENTINE.

La république argentine n'accorde aucune extradition, même sous condition de réciprocité.

ROUMANIE.

La Roumanie paraît disposée à nous accorder l'extradition d'individus poursuivis pour de graves infractions, telles que : meurtre, vol qualifié, abus de confiance qualifié. Elle nous a livré récemment, à charge de réciprocité, un individu inculpé de banqueroute frauduleuse et d'abus de confiance.

RUSSIE.

Aucune convention d'extradition n'est encore intervenue entre la France et la Russie. Les deux pays s'accordent, à charge de réciprocité, l'extradition des malfaiteurs inculpés de crimes graves : meurtre, détournements commis au préjudice des douanes [1], banqueroute frauduleuse, vol qualifié, incendie.

L'extradition a été refusée pour tentative de meurtre et pour escroqueries.

SUISSE.

Une déclaration de réciprocité établit que la France et la Suisse se remettront les jeunes gens évadés des colonies pénitentiaires.

Les individus poursuivis pour homicide par imprudence sont également extradés, à charge de réciprocité.

---

(1) V. Billot, p. 53.

Le syndic d'une faillite d'un citoyen suisse, déclarée en France, n'a pour réclamer l'application de la faillite aux biens meubles et immeubles, qu'à faire rendre exécutoire en Suisse le jugement déclaratif de la faillite. C'est la seule condition imposée par l'article 6 de la convention du 15 juin 1869. « La faillite d'un Suisse, ayant un établissement de commerce en France, pourra être prononcée par le tribunal de sa résidence en France. La production du jugement de faillite en Suisse donnera au syndic, après que le jugement aura été déclaré exécutoire conformément à l'article 16, le droit de réclamer l'application de la faillite aux biens meubles et immeubles que le failli possédera dans le pays.

Par conséquent, ne seraient pas justifiées les prétentions du Gouvernement fédéral qui voudrait contraindre le syndic, avant d'être mis en possession, à faire prononcer en Suisse la faillite.

TUNISIE.

Les mandats d'arrêt, décernés par les autorités italiennes compétentes, contre les individus de nationalité italienne réfugiés dans la Régence, sont remis au consul général d'Italie qui les convertit en ordonnances d'expulsion, et c'est au commissaire central de Tunis qu'il appartient de les faire exécuter.

TURQUIE.

Aucun traité d'extradition ne nous lie avec la Turquie. Aux termes de l'édit de juin 1778, art. 82, nos consuls ont le droit d'arrêter leurs nationaux et de les embarquer à destination de la France.

C'est à ses consuls, qui ont une autorité directe sur ses nationaux, que la France s'adresse en Orient pour obtenir la remise des malfaiteurs qu'elle recherche. Ce mode de procéder permet d'éviter la condition de réciprocité dangereuse quant à présent, dans nos rapports avec un pays où la justice n'offre pas toutes les garanties suffisantes (1). Ce pouvoir des consuls s'explique par ce fait que les étrangers, dans les pays d'Orient, ne sont pas soumis aux lois du pays; ils forment des colonies soustraites, dans une large mesure, aux autorités locales, et jouissent d'une véritable exterritorialité.

(1) V. Billot, p. 7.

INSTRUCTIONS MINISTÉRIELLES.

INSTRUCTIONS MINISTÉRIELLES.

I.

CIRCULAIRES DU MINISTRE DE LA JUSTICE.

Circulaire du 5 avril 1841.

Monsieur le procureur général, la plupart des puissances étrangères livrent à la France les malfaiteurs qui ont fui son territoire, et le Gouvernement français use de réciprocité. J'ai remarqué que les magistrats ne connaissent pas toujours, d'une manière assez précise, les relations qui existent sur ce point entre la France et les autres nations, et que les règles qui régissent cette matière ne leur sont pas assez familières. De là des fautes graves : des coupables ont échappé à la punition qu'ils avaient méritée; des procédures ont été inutilement suspendues, enfin, les magistrats, ne sachant pas sur quels documents les demandes d'extradition doivent être appuyées, ont omis de me transmettre les pièces nécessaires, et des négociations, qui devaient être suivies avec promptitude, ont ainsi été retardées. Le but de cette instruction est de vous bien faire connaître les rapports établis entre le Gouvernement français et les Gouvernements étrangers relativement à l'extradition des malfaiteurs, et de vous indiquer les pièces, les documents qui doivent accompagner la demande d'extradition. Je m'occuperai, à la fin de cette circulaire, de l'exécution des commissions rogatoires que les magistrats français adressent à l'étranger, et de celles qui, transmises en France, émanent d'une autorité étrangère.

§ 1. — Le Gouvernement du roi obtient l'extradition d'un Français qui a commis un crime, soit en vertu des traités intervenus à cet effet, soit par suite de négociations qui ont lieu chaque fois qu'une extradition est demandée. La France a conclu des traités d'extradition avec l'Espagne (29 septembre 1765), avec la Suisse (18 juillet 1828), avec la Belgique (29 novembre 1834), avec la Sardaigne (23 mai 1838). Ces traités doivent être étudiés avec d'autant plus de soin que les règles qui y sont tracées s'appliquent aux négociations particulières qui peuvent s'engager avec d'autres Puissances en pareille matière. A l'égard des autres nations, nous sommes avec elles dans des relations qui nous permettent d'en obtenir, par des négociations particulières, la délivrance des malfaiteurs. Il faut excepter l'Angleterre et les États-Unis d'Amérique. Ces deux puissances n'accordent pas d'extradition : la première, parce que sa législation ne le permet pas; la seconde, parce que la question de savoir si le droit de livrer les criminels appartient à chacun des États ou au gouvernement central n'est pas encore vidée; cette difficulté s'est opposée jusqu'à présent à toute extradition.

§ 2. — L'extradition des malfaiteurs est soumise à des restrictions dont il faut bien se rendre compte. En premier lieu, les puissances ne consentent pas à livrer leurs nationaux : il en résulte que la France ne peut réclamer que l'extradition d'un Français ou d'un étranger réfugié dans un pays autre que celui auquel il appartient.

En second lieu, le fait qui a été commis par l'individu dont on veut obtenir l'extradition doit être puni par la loi d'une peine afflictive ou infamante, et constituer un crime. Ce principe a été adopté par la France comme par les autres puissances étrangères; il est aussi consacré par les traités que quelques-unes de ces puissances ont faits entre elles. En effet, il faut une raison puissante pour faire rechercher sur la terre étrangère l'homme qui s'est puni par l'éloignement volontaire de sa patrie; et d'ailleurs, les infractions graves ont toujours un caractère de criminalité absolue qui rend la répression nécessaire dans l'intérêt de la société tout entière, tandis que les faits qualifiés délits n'ont souvent qu'une criminalité relative, et n'offensent que l'État seul dans le sein duquel ils ont été commis. C'est une règle dont le Gouvernement du roi n'entend dans aucun cas se départir. Les traités contiennent la liste des crimes pour lesquels l'extradition est accordée, mais il ne faut pas s'arrêter à cette nomenclature, qui est plutôt indicative que limitative.

Du principe que l'extradition ne peut être accordée pour délit, il résulte que, si un individu qui a commis un fait qualifié crime en France, est livré au Gouvernement français pour être jugé sur ce fait, et qu'en même temps il soit prévenu d'un délit, il ne doit pas être jugé sur ce délit. L'application du principe est susceptible de quelques difficultés. Il est évident que, si le délit est isolé, il sera facile de ne juger l'individu livré que sur le crime; mais, dans certains cas, le délit est connexe; en outre, il devient souvent, par sa connexité, une circonstance aggravante. Quand ces difficultés se présenteront, vous m'en référerez, et je vous ferai connaître, avec mon avis, les précédents de mon administration.

L'extradition ne peut être demandée que pour un crime; mais elle ne peut être obtenue pour tous les crimes. Une distinction doit être établie. Les crimes politiques s'accomplissent dans des circonstances si difficiles à apprécier, ils naissent de passions si ardentes, qui souvent sont leur excuse, que la France maintient le principe que l'extradition ne doit pas avoir lieu pour fait politique. C'est une règle qu'elle met son honneur à soutenir. Elle a toujours refusé, depuis 1830, de pareilles extraditions, elle n'en demandera jamais. Quand un Français livré par une puissance étrangère, comme auteur d'un crime ordinaire, est en même temps accusé d'un crime politique, il ne peut être jugé que pour le crime ordinaire. Immédiatement après le jugement, s'il est acquitté, et après l'expiration de sa peine, s'il a été condamné, le Gouvernement du roi lui indique, pour sortir de France, un délai, passé lequel, s'il est trouvé sur le territoire, il est jugé pour le crime politique.

Comme les actes d'extradition sont non-seulement personnels à celui qu'on livre, mais qu'ils énoncent en outre le fait qui donne lieu à l'extradition, l'individu qu'on a livré ne peut être jugé que sur ce fait. Si, pendant qu'on procède à l'instruction du crime pour lequel il est livré, il surgit des preuves d'un nouveau crime pour lequel l'extradition pourrait être également accordée, il faut qu'une nouvelle demande soit formée à cet effet. Ces règles me paraissent suffisantes pour vous mettre à même de trancher la plupart des difficultés qui se présenteront à vous; mais dans une matière si délicate, qui intéresse la paix du royaume, puisqu'il importe de ne pas troubler les rapports qui existent avec les puissances amies, je vous recommande de me consulter souvent.

J'ai raisonné jusqu'à présent dans l'hypothèse où les questions relatives à l'extradition seraient soumises à l'administration, où les procureurs généraux s'en trouveraient saisis comme maîtres de l'action publique; mais les tribunaux peuvent être appelés incidemment à en connaître. Quelle est, à cet égard, leur compétence? En principe général, le Gouvernement seul est juge de la validité d'une extradition, et il en résulte qu'il lui appartient d'en fixer la portée, d'en interpréter les termes. Dès lors, quand on soutient devant un tribunal, ou qu'une extradition est irrégulière, ou qu'elle est interprétée dans un sens, soit trop favorable, soit préjudiciable à l'inculpé, le tribunal doit surseoir jusqu'à ce que le Gouvernement ait fait connaître sa décision. C'est ce que la Cour de cassation a jugé le 29 août 1839.

§ 3. — Maintenant, quelles sont les pièces qui appuieront la demande d'extradition, et, en premier lieu, comment cette demande sera-t-elle formée? C'est au Gouvernement seul à agir; il ne vous est pas permis, en cette matière, de vous entendre, sous aucun prétexte, avec les agents des puissances étrangères; vous ne pouvez pas non plus vous adresser directement aux autorités judiciaires des pays voisins, pour obtenir l'extradition; vous pouvez correspondre seulement avec les magistrats étrangers pour avoir des renseignements.

Les pièces qui doivent être jointes à la demande sont différentes, selon que la procédure contre l'individu dont on réclame l'extradition est plus ou moins avancée. Si l'arrêt de la chambre des mises en accusation est rendu, vous m'enverrez cet arrêt; s'il y a eu condamnation par contumace ou contradictoire, vous m'adresserez les arrêts de condamnation. Quand l'extradition est demandée au commencement de la procédure, vous me transmettrez un mandat d'arrêt. Ce mandat ne peut être remplacé par le mandat d'amener, qui ne contient pas la qualification du fait, et qui est presque toujours décerné avant que ce fait soit bien connu. Le mandat d'arrêt n'est point un acte exécutoire à l'étranger, c'est simplement un document. Je fais cette remarque parce que des juges d'instruction, des officiers du ministère public ont souvent accompagné les mandats d'invitations, de réquisitions adressées aux autorités étrangères. Cela est contraire au principe qui renferme l'autorité des magistrats dans le territoire. Quelques juges d'instruction saisissent la chambre du conseil, pour obtenir une ordonnance qui homologue, pour ainsi dire, le mandat d'arrêt. Cette formalité est surabondante et inutile. Le mandat doit être rédigé avec soin, et la qualification du fait doit y recevoir le développement nécessaire. Ce mandat me sera transmis par vous avec une lettre explicative.

Le Gouvernement belge consent à faire arrêter l'individu dont l'extradition est demandée, sur le vu du mandat d'arrêt; mais il ne le livre que sur la présentation de l'arrêt de la chambre des mises en accusation. Le Gouvernement espagnol exige aussi la production de l'arrêt de la chambre des mises en accusation. Cette pièce devra donc m'être transmise après le mandat, quand il s'agira d'un individu réfugié en Belgique ou en Espagne; l'arrêt me sera transmis assez à temps pour que je puisse le produire dans les trois mois qui auront suivi l'arrestation en Belgique du malfaiteur qu'on réclame de cette puissance; sinon, aux termes du traité de 1834, il serait mis en liberté. En général, vous suivrez avec célérité les poursuites commencées contre des inculpés dont l'extradition pourra être demandée et obtenue.

Lorsque, postérieurement à la demande d'extradition, le fait imputé à celui dont l'extradition est demandée perdra le caractère de crime pour prendre celui de simple délit, vous m'en avertirez immédiatement, pour que la demande soit retirée ou le prévenu rendu à la liberté et conduit hors des frontières, s'il avait été amené en France. Il est inutile de dire que, dans le cas où une ordonnance, un arrêt de non-lieu, une ordonnance d'acquittement intervient, je dois en être averti sans délai.

Quand un individu est livré et amené en France, c'est à l'autorité administrative qu'il doit d'abord être remis; mais, comme il importe qu'il soit le plus promptement possible à la disposition de l'autorité judiciaire, le procureur général dans le ressort duquel il est conduit, le reçoit des mains de l'autorité administrative, et si le jugement ne doit pas être rendu dans son ressort, il s'entend immédiatement avec le procureur général dans le ressort duquel l'accusation doit être purgée, pour que la translation soit opérée. L'autorité administrative remet l'ordre de conduite, ou tout autre document équivalent, qui suffit pour saisir le procureur général du lieu où est transféré le prévenu.

§ 4. — Je me suis occupé jusqu'ici de l'extradition en ce qui concerne les individus qui, après avoir commis un crime en France, ont fui à l'étranger; mais la France, usant de réciprocité envers les puissances étrangères, consent à leur livrer les malfaiteurs qui ont commis des crimes sur leur territoire. Les magistrats sont tout à fait étrangers à la négociation qui intervient alors; mais il est important que vous sachiez dans quelles limites est renfermée l'autorité judiciaire française, quant à l'aide qu'elle peut prêter aux autorités du pays étranger où un crime a été commis. Souvent des magistrats étrangers transmettent directement aux procureurs généraux, à leurs substituts et même aux tribunaux, des mandats, des ordres d'arrestation, des jugements de condamnation. Ces mandats, ces jugements ne sont point exécutoires en France : l'arrestation d'un étranger ne peut être opérée qu'en vertu de l'ordonnance du roi qui ordonne l'extradition. Ces mandats ou jugements doivent m'être adressés par les magistrats qui les ont reçus, pour que je m'entende sur la question d'extradition avec M. le ministre des Affaires étrangères. Vous êtes souvent instruit qu'un étranger qui a commis un crime dans son pays, se trouve dans votre ressort. Si cet étranger est porteur d'un passeport falsifié, s'il se livre à la mendicité, au vagabondage, etc., vous ferez opérer son arrestation, et vous m'en instruirez immédiatement; mais quand cet étranger n'a commis aucun délit en France, vous vous rappellerez que c'est à l'autorité administrative seule à prendre les moyens de surveillance, à adopter les mesures de police qui peuvent l'empêcher d'échapper aux poursuites commencées contre lui hors de France.

L'exécution de l'ordonnance d'extradition est confiée aux agents de l'ordre administratif; mais, quand l'étranger que livre la France se trouve sous le coup de poursuites dans le royaume, et qu'il est écroué en vertu d'un ordre de la justice française, vous avez diverses déterminations à prendre.

Si l'étranger dont l'extradition est accordée, subit une peine en France, il ne pourra être livré qu'après que cette peine aura été subie. Si des poursuites ont été commencées contre lui, elles doivent être mises à fin, s'il est acquitté, l'ordonnance d'extradition sera immédiatement exécutée; s'il est condamné, elle ne le sera qu'après sa peine subie. Mais c'est dans l'intérêt de la vindicte publique seule que l'extradition peut être retardée; l'intérêt particulier ne pourrait être écouté, et, en conséquence, un créancier qui retient en prison un débiteur étranger dont l'extradition serait accordée, ne saurait s'opposer à ce qu'il fût livré à la puissance étrangère qui l'a réclamé. En effet, par suite de l'extradition, l'étranger se trouve sous la main de la justice étrangère, il est complètement à sa disposition, et l'assurance du paiement d'une dette ne peut être mise en balance avec l'utilité qu'il y a à punir un malfaiteur. Si, dans un cas pareil, des créanciers réclamaient auprès de vous, vous n'auriez aucun égard à leurs réclamations; et si, comme il y en a eu des exemples, ils s'adressaient aux tribunaux, vous soutiendriez l'incompétence de l'autorité judiciaire, et vous vous entendriez, au besoin, avec l'autorité administrative pour que le conflit fût élevé. Le Conseil d'État a, le 2 juillet 1836, approuvé un arrêté de conflit rendu dans de semblables circonstances.

§ 5. — Il me reste à vous entretenir de l'exécution des commissions rogatoires qui peuvent être transmises à l'étranger, et aussi de l'exécution de celles qui sont envoyées par les autorités étrangères. Nos relations avec les puissances étrangères sont diverses, relativement à l'exécution des commissions rogatoires émanées des tribunaux français, mais le Gouvernement peut obtenir de toutes certains documents, certaines mesures conservatoires.

Toutes les commissions rogatoires qui devront être exécutées à l'étranger, me seront transmises. Dans aucun cas, les magistrats ne correspondront avec les autorités judiciaires à l'étranger, pour la transmission ou l'exécution de ces commissions rogatoires. Si l'on trouve convenable d'y joindre une note explicative, elle me sera adressée, et je la ferai parvenir au gouvernement étranger. Les magistrats français ont fait précéder quelquefois de réquisitions adressées aux magistrats étrangers les commissions rogatoires qui étaient transmises à ceux-ci : cela ne doit point être ainsi. Aucun lien judiciaire n'existe entre les magistrats de deux nations différentes : il est inutile de faire des réquisitions auxquelles il ne peut être obtempéré. Il faut, si l'on juge nécessaire d'employer une formule, se servir d'une formule d'invitation, de prière, et cette formule devra être aussi simple et aussi brève que possible.

Il y a une exception aux règles qui précèdent : elle est relative à l'exécution des commissions rogatoires dans les États de S. M. Sarde. L'article 22 d'un traité conclu à Turin, le 24 mars 1760, est ainsi concu : « Pour favoriser l'exécution réciproque des décrets et jugements, les cours suprêmes déféreront de part et d'autre à la forme du droit, aux réquisitoires qui leur seront adressés à ces fins, même sous le nom desdites cours. » Les sénats des diverses provinces dont se composent les États sardes, se fondant sur cette disposition, ne permettent l'envoi en France que des commissions rogatoires qu'ils ont délibérées. Ces commissions rogatoires sont rédigées en leur nom et adressées à la cour royale dans le ressort de laquelle elles devront être exécutées. Ces mêmes sénats exigent, par réciprocité, que les commissions rogatoires, venant de France, quel que soit le magistrat saisi de l'information qui les nécessite, leur soient adressées par la cour royale du ressort, et ils en subordonnent l'exécution à leur propre autorité. Ainsi, quand une commission rogatoire devra être envoyée dans les États de S. M. Sarde, vous la soumettrez à la cour royale pour que cette cour en délibère, et si elle juge convenable de la transmettre, elle rendra un arrêt portant invitation à l'un des sénats des États de Sardaigne de l'exécuter. C'est par la première chambre civile de la cour et en chambre du conseil, que l'arrêt doit être rendu. Vous m'en transmettrez ensuite une expédition ; car les corps judiciaires de deux pays étrangers ne doivent pas correspondre entre eux, et l'arrêt de la cour royale ne sera exécuté qu'en vertu du consentement réciproque des deux gouvernements.

Le Gouvernement français consent à ce que des commissions rogatoires émanées de tribunaux étrangers soient exécutées en France ; mais il veut les examiner avant d'autoriser leur exécution, pour s'assurer qu'elles ne contiennent rien de contraire aux lois du royaume. Le magistrat auquel une commission rogatoire est transmise directement de l'étranger, et ce cas est très fréquent, doit donc me l'envoyer immédiatement pour que je décide s'il y a lieu d'y faire droit. Ces commissions rogatoires seront exécutées par le juge d'instruction, sur la réquisition du ministère public : les témoins doivent être entendus dans la forme ordinaire ; ils peuvent être contraints par les voies de droit à déposer ; quand le magistrat instructeur aura accompli sa mission, il rendra une ordonnance de *soit remis au parquet,* et vous me transmettrez toutes les pièces dans le plus bref délai.

Telles sont, monsieur le procureur général, les instructions qu'il m'a paru nécessaire de vous transmettre sur la matière de l'extradition. C'est une des parties de l'administration criminelle où il se commet le plus d'erreurs, où j'ai le plus souvent occasion de rappeler les règles aux magistrats. Faites, par vos soins, qu'il n'en soit plus ainsi. Je compte sur votre zèle et vos lumières pour que le service, sur ce point, soit régularisé. Je vous prie de m'accuser réception de la présente circulaire, dont je vous adresse des exemplaires en nombre suffisant pour que vous puissiez en transmettre aux procureurs du roi, aux substituts et aux juges d'instruction de votre ressort.

Vous voudrez bien considérer comme abrogées les circulaires relatives à l'extradition qui ont été adressées par la chancellerie à vos prédécesseurs, et notamment celles des 6 octobre 1810, 12 juin 1816 et 31 juillet 1821 (1).

(1) Nous avons reproduit *in extenso* la circulaire du 5 décembre 1841 dont certaines parties ont été abrogées.

La procédure a été modifiée par la circulaire du 12 octobre 1875, et tous les traités conclus depuis 1869 autorisent l'extradition pour de simples délits.

Circulaire du 30 juillet 1872.

Monsieur le procureur général, une entente s'est établie entre le Gouvernement français et le Gouvernement italien à l'effet d'autoriser les consuls respectifs à faire aux témoins appelés d'un pays dans l'autre l'avance des frais de voyage, sous la réserve de la taxe des magistrats. M. le ministre des Affaires étrangères me prie de vous en informer, afin que vos substituts puissent, le cas échéant, provoquer de la part des consuls italiens le versement des avances nécessaires au voyage des témoins domiciliés dans leurs arrondissements et cités en Italie. Mon collègue a donné des instructions à nos consuls en Italie pour les avances à faire aux témoins cités en France.

Je dois, à cette occasion, vous recommander de veiller à ce que les mandats d'arrêt qui sont transmis à nos ambassadeurs ou représentants à l'étranger, pour obtenir l'arrestation provisoire des malfaiteurs, soient signés lisiblement par les juges d'instruction, ou portent, dans l'en-tête, le nom du juge d'instruction. Ces mandats ne peuvent être produits à l'étranger que régulièrement légalisés, et parfois l'impossibilité de déchiffrer les signatures qui y sont apposées ne permet point de remplir cette formalité.

Des conventions assez récentes ont introduit des facilités nouvelles pour l'arrestation provisoire des malfaiteurs à l'étranger. (Voyez les conventions du 29 avril 1869, avec la Belgique; du 9 juillet 1869, avec la Suisse; du 29 novembre 1869, avec la Bavière, et du 12 mai 1870, avec l'Italie.) Il suffit de l'avis donné par le télégraphe et par la voie diplomatique à l'autorité étrangère de l'existence d'un mandat d'arrêt; mais il ne faut pas oublier que le mandat d'arrêt lui-même doit être produit, sous peine d'élargissement, dans les dix jours de l'arrestation, en Belgique, dans les quinze jours, en Bavière et en Suisse, et dans les vingt jours, en Italie. Si le malfaiteur est réfugié en Belgique, il faut veiller à ce que la procédure soit assez avancée, au moment de l'arrestation, pour que l'arrêt de la chambre des mises en accusation, nécessaire pour obtenir l'extradition, puisse être produit dans les deux mois, sans quoi l'élargissement aurait lieu.

Les conventions précitées autorisent aussi l'extradition pour certains délits, pourvu qu'ils aient entraîné une condamnation contradictoire ou par défaut de deux mois d'emprisonnement, ou qu'ils soient de nature, s'il y a seulement prévention, à motiver une condamnation à plus de deux ans. Avec la Belgique, il suffit d'une condamnation à un mois d'emprisonnement, et, s'il s'agit de prévention, l'individu déjà condamné à une peine criminelle ou à plus d'un an d'emprisonnement, peut être extradé pour un délit déterminé, n'entraînant pas le minimum de plus de deux ans. Dans ces cas, l'extrait du jugement ou de l'ordonnance de mise en prévention est seul exigé. Ce n'est, du reste, qu'en Belgique et dans le grand-duché de Luxembourg que l'extradition ne peut être obtenue sur la seule production du mandat d'arrêt.

Pour l'Angleterre et l'Amérique, le mandat d'arrêt est la pièce principale; mais il doit être accompagné de rapports ou procès-verbaux de dépositions des témoins, portant une date antérieure à celle du mandat et l'ayant motivé. Ces pièces doivent être certifiées exactes par les magistrats signataires.

Lorsque, dans des cas d'urgence, des avis sont directement donnés à nos représentants à l'étranger, ou des mandats d'arrêt transmis à ces mêmes représentants ou à des magistrats étrangers, il est essentiel que je sois immédiatement averti pour provoquer l'intervention du département des Affaires étrangères. Sans cette sage précaution, le temps qu'on a cru gagner est souvent perdu, les hésitations que les mesures réclamées peuvent soulever à l'étranger ne cessant d'ordinaire que par suite des bons offices de nos représentants qui sont obligés d'en référer.

Pour terminer ces observations sur la pratique des traités d'extradition, je dois vous faire remarquer que la plupart des traités sont énonciatifs et non limitatifs, qu'ils tracent des règles entre les hautes parties contractantes qui peuvent s'en écarter d'un commun accord.

Ainsi, excepté pour l'Angleterre, les États-Unis et la Belgique, le silence du traité relativement à certains crimes ou délits n'empêche pas de réclamer l'extradition, qui peut être accordée à titre de réciprocité. L'extradition peut avoir lieu de même en l'absence de tout traité, comme avec la Russie ou le Brésil. C'est pour ce motif que les règles, en cette matière, sont du domaine du droit international et échappent entièrement au contrôle de l'autorité judiciaire qui puise dans la seule remise de l'inculpé, renvoyé régulièrement devant elle, les pouvoirs nécessaires pour le juger, sauf les réserves consenties par le Gouvernement français envers le gouvernement étranger. (Voir arrêts de la Cour de cassation des 6 juin, 4, 26 juillet 1867; celui du 4 juillet dans l'intérêt de la loi.)

Circulaire du 12 octobre 1875.

Monsieur le procureur général, la procédure suivie jusqu'à ce jour en matière d'extradition présente des inconvénients graves, sur lesquels mon attention a été récemment appelée. En fait, l'extradition est accordée sur la demande des gouvernements étrangers, avant que l'individu qui en est l'objet ait été arrêté, avant même qu'on sache où il est réfugié. Si la demande qui m'est transmise par le ministre des Affaires étrangères paraît conforme aux stipulations du traité, un décret est immédiatement préparé, soumis à la signature du président de la République et notifié au ministre de l'Intérieur, qui prescrit alors seulement les mesures nécessaires pour en assurer l'exécution. Cette pratique est défectueuse en ce qu'elle ne permet pas au Gouvernement de provoquer les explications de l'individu arrêté, ni même de vérifier son identité, avant de statuer définitivement sur la demande d'extradition. — Dans d'autres pays voisins de la France, où la procédure d'extradition est réglée par une loi, la pratique est toute différente. En Belgique notamment, et dans les Pays-Bas, l'autorité judiciaire intervient toujours pour donner son avis, et elle ne le fait qu'après avoir entendu l'individu arrêté. Le Gouvernement n'est pas lié par cet avis, mais la décision qu'il prend sous sa responsabilité est une décision toujours éclairée, et l'étranger qui en est l'objet ne peut se plaindre d'avoir été livré sans avoir pu faire entendre ses réclamations, ni présenter ses moyens de défense. — En attendant qu'une loi vienne déterminer les formes à observer dans l'intérêt de la liberté individuelle, j'ai pensé que les inconvénients de la pratique actuelle pouvaient être en partie corrigés. — Après m'être concerté avec M. le ministre de l'Intérieur et M. le ministre des Affaires étrangères, j'ai décidé qu'à l'avenir aucun décret autorisant l'extradition d'un étranger ne serait proposé à la signature de M. le président de la République avant que cet individu ait été arrêté. La demande d'extradition sera examinée au ministère de la Justice; si elle me paraît régulière, je transmettrai à M. le ministre de l'Intérieur le mandat d'arrêt ou le jugement de condamnation, ainsi que toutes les pièces qui m'auront été communiquées par le ministère des Affaires étrangères. Mon collègue de l'Intérieur prescrira les mesures nécessaires pour l'arrestation de l'étranger recherché. Cette arrestation opérée, l'étranger sera immédiatement conduit devant M. le Procureur de la République de l'arrondissement où elle a lieu. Ce magistrat recevra en même temps communication de toutes les pièces jointes à la demande d'extradition; il procédera à l'interrogatoire de l'individu arrêté et en dressera procès-verbal. — Si cet individu prétend qu'il appartient à la nationalité française ou que la demande d'extradition s'applique à un autre individu, s'il allègue un fait qui serait de nature à établir son innocence, ou enfin s'il demande à prouver que l'infraction dont il s'est rendu coupable ne rentre pas dans les termes du traité, le procureur de la République devra vérifier, par tous les moyens qui sont à sa disposition, l'exactitude de ses allégations. Dans le cas où l'individu arrêté réclamerait le secours d'un interprète ou les conseils d'un défenseur, le procureur de la République lui accordera toutes les facilités nécessaires, et au besoin désignera lui-même un interprète dont les honoraires seront payés comme frais urgents de justice criminelle. Pendant le temps qu'exigera cette enquête sommaire, l'étranger ne sera pas placé sous mandat de dépôt, mais restera consigné à la disposition de l'administration. Le procureur de la République vous transmettra : 1° le mandat d'arrêt ou le jugement de condamnation et les documents joints: 2° l'interrogatoire; 3° les renseignements qu'il aura recueillis; 4° son avis motivé. Vous y joindrez votre appréciation et m'adresserez le tout dans le plus bref délai. Sur le vu de ces pièces, je proposerai, s'il y a lieu, à M. le président de la République, d'autoriser l'extradition. — Lorsque l'individu arrêté déclarera qu'il consent à être livré sans aucune formalité au gouvernement qui le réclame, votre substitut devra se borner à dresser procès-verbal de cette déclaration en double original. — L'un de ces originaux sera remis à l'autorité administrative, qui se chargera de transférer l'étranger à la frontière et de le remettre aux autorités du pays étranger ; l'autre me sera adressé par votre intermédiaire. — Les mesures que je viens d'indiquer suffiront, je l'espère, à prévenir désormais toute erreur sur l'identité des individus qui sont livrés à la justice étrangère. Pour éviter des confusions du même genre, en ce qui concerne les individus arrêtés à la suite d'une condamnation rendue en France par défaut ou par contumace, je crois devoir prescrire des mesures analogues. Il arrive parfois qu'une personne, portant le nom d'un individu condamné par défaut, est arrêtée dans un arrondissement éloigné de celui où la condamnation a été prononcée. S'il s'élève des doutes sur l'identité de la personne arrêtée, il importe que ce doute soit éclairci dans le plus bref délai. — En conséquence, et d'accord avec M. le ministre de l'Intérieur, j'ai décidé que tout individu arrêté en vertu d'un mandat d'arrêt ou d'une ordonnance de prise de corps, serait conduit sur-le-champ devant le procureur de la République de l'arrondissement où a lieu l'arrestation. Ce magistrat vérifiera l'identité et consignera dans un procès-verbal les explications de l'individu arrêté ; si ces explications lui paraissent de nature à motiver la mise en liberté de la personne arrêtée, ou à faire ajourner son transfèrement jusqu'à ce que de nouveaux renseignements aient été obtenus, il délivrera un ordre écrit auquel se conformeront les agents de l'administration. En cas de difficulté, il vous en sera immédiatement référé.

Je vous prie de veiller à ce que vos substituts apportent à l'examen des questions parfois délicates qui leur sont soumises toute l'attention et toute la prudence nécessaires.

Décision du 9 octobre 1876 (1).

I. Aux termes de l'article 6 de la convention Franco-Belge du 15 août 1874 en cas d'urgence, l'arrestation provisoire est effectuée sur avis transmis par la poste ou le télégraphe de l'existence d'un mandat d'arrêt, à la condition toutefois que cet avis est régulièrement donné par voie diplomatique au ministre des Affaires étrangères du pays où l'inculpé s'est réfugié.

La même disposition existait dans la convention de 1869, mais une tolérance avait été admise. Les chefs de parquet de Belgique étaient autorisés à provoquer, sur la demande directe des autorités judiciaires françaises, l'arrestation provisoire des malfaiteurs étrangers signalés par télégramme comme ayant pris la direction de la Belgique pour s'embarquer dans un des ports ou pour traverser le territoire de ce pays.

La même tolérance a continué après la promulgation de la nouvelle convention mais le Gouvernement belge se plaint de ce que les procédés autorisés pour les cas d'urgence précisés sont également suivis lorsque les étrangers ont déjà une résidence plus ou moins stable en Belgique.

II. Il a été convenu entre les Gouvernements français et belge, par réciprocité, que toutes les fois que le malfaiteur dont l'extradition était demandée avait déclaré dans l'interrogatoire subi devant le chef du parquet du lieu de l'arrestation, qu'il consent à être livré sans attendre les formalités de l'extradition, le double de cet interrogatoire accompagnera la remise du fugitif aux mains des autorités judiciaires de son pays (Circulaire du Garde des sceaux, 12 avril 1875; lettre au ministre des Affaires étrangères, du 4 octobre 1876).

(1) Voir *Bulletin officiel de la chancellerie*, 1876, p. 211.

Note du 6 décembre 1876 sur l'application de la circulaire du 12 octobre 1875 (1).

L'attention de M. le Garde des sceaux a été récemment appelée sur un certain nombre d'irrégularités qui se sont produites dans la procédure suivie actuellement en matière d'extradition. On croit devoir rappeler brièvement aux chefs de parquet les mesures qu'il importe de ne pas perdre de vue pour remplir strictement les instructions de la circulaire du 12 octobre 1875.

Aussitôt qu'un individu a été arrêté en France, soit sur la demande directe d'un gouvernement étranger, soit à la suite d'une demande régulière formulée avec pièces à l'appui, il doit être immédiatement conduit devant le procureur de la République de l'arrondissement où son arrestation a eu lieu.

Ce magistrat doit procéder à son interrogatoire sans retard, et en dresser procès-verbal; il doit s'enquérir de son identité, de sa participation aux faits qui ont motivé des poursuites contre lui en pays étranger, et terminer son interrogatoire en lui demandant s'il consent ou non à être livré aux autorités du pays requérant, sans attendre l'accomplissement des formalités d'extradition.

Si l'individu refuse d'être livré sans formalités, le procureur de la République peut procéder à une enquête sommaire sur le mérite des allégations produites par l'inculpé ; il transmet ensuite, avec son avis motivé, le procès-verbal d'interrogatoire au procureur général, qui le fait parvenir à la chancellerie.

Si l'inculpé, au contraire, déclare consentir à être livré sans formalités au gouvernement qui le réclame, le procureur de la République doit immédiatement dresser un procès-verbal de son interrogatoire, en double exemplaire, dont

(1) V. *Bulletin officiel de la chancellerie*, 1876, p. 237.

l'un est transmis à la chancellerie par l'intermédiaire du procureur général, le second adressé à l'autorité administrative, qui prend immédiatement toutes les mesures nécessaires pour assurer le transfèrement de l'étranger à la frontière.

Il arrive parfois que l'individu dont l'extradition est demandée par un gouvernement étranger se trouve détenu dans une ville à raison d'un délit commis en France et qui a motivé des poursuites judiciaires contre lui; il importe dans ce cas, que le procureur de la République, dans l'arrondissement duquel l'individu est poursuivi, fasse connaître à la chancellerie la situation de l'inculpé et l'obstacle légal qui s'oppose à son extradition immédiate. L'interrogatoire a lieu néanmoins, et si l'étranger ne consent pas à être livré sans les formalités de l'extradition, le décret qui est provoqué constate la réserve que l'extradition ne sera mise à exécution qu'après qu'il aura été satisfait à la justice française. — Enfin, toutes les fois que la procédure d'extradition soulève une grave difficulté, il importe que les chefs de parquet la signalent sans retard à la chancellerie avec leur avis motivé.

Le Garde des sceaux recommande aux magistrats d'apporter à l'examen des questions d'extradition toute la prudence et l'attention nécessaires; il insiste particulièrement sur la nécessité d'éviter tout retard qui serait de nature à prolonger la détention préventive d'un inculpé.

Décision (1).

L'article 10 de la convention conclue entre la France et la Belgique, le 15 août 1874, porte que « l'individu qui aura été livré ne pourra être poursuivi ou jugé pour aucune infraction autre que celle ayant motivé l'extradition, à moins du consentement exprès et volontaire donné par l'inculpé et communiqué au gouvernement qui l'a livré. »

Il résulte néanmoins d'une note émanant du cabinet de Bruxelles et communiquée par les autorités belges que, lorsque le fait pour lequel l'extradition n'a pas été demandée est constaté par un jugement par défaut, rendu contre l'inculpé antérieurement à la demande d'extradition formulée contre lui, l'opposition formée par cet individu, à son retour en France, contre ledit jugement, équivaut au consentement exprès et volontaire dont il est fait mention à l'article 10 de la convention du 15 août 1874.

(1) V. *Bulletin officiel de la chancellerie*, 1877, p. 60.

Décision (1).

La circulaire du 12 octobre 1875 a déterminé la procédure à suivre lorsqu'un individu arrêté, en vertu d'une demande d'extradition régulièrement transmise par voie diplomatique, consent à être livré sans formalités.

MM. les chefs de parquet ne doivent pas, dans ce cas, se borner à remettre un des originaux de la déclaration de l'étranger à l'autorité administrative chargée de faire conduire l'inculpé à la frontière ; ils doivent s'assurer aussi que le séjour de l'étranger dans les prisons ne s'est pas prolongé outre mesure.

L'individu arrêté sur la demande directe de l'autorité judiciaire du gouvernement étranger ne doit, au contraire, être livré, même avec son consentement, aux autorités qui le réclament, qu'après que les pièces nécessaires à son extradition ont été transmises et examinées au ministère de la Justice, lequel fait connaître son avis au département de l'Intérieur ; — il serait à craindre, sans ces précautions, que l'extradition ne dégénérât en simple mesure de police, ce qui pourrait amener dans la pratique de sérieuses difficultés. Le séjour des malfaiteurs dans les prisons est aussi forcément prolongé ; mais, à la réception de leur interrogatoire, si la demande d'extradition n'a pas encore été formulée, le département des Affaires étrangères est immédiatement informé.

(1) V. *Bulletin officiel de la chancellerie*, 1877, p. 27.

Circulaire du 30 décembre 1878.

Monsieur le procureur général, les extraditions réclamées par nous aux gouvernements étrangers ont été plusieurs fois compromises par suite du retard apporté à la transmission des pièces nécessaires pour appuyer notre demande.

Il arrive souvent que des parquets, après avoir directement provoqué l'intervention des autorités étrangères, négligent de m'informer immédiatement de leurs démarches. J'apprends parfois, par une communication de M. le ministre des Affaires étrangères, qu'un malfaiteur a été arrêté à l'étranger sur la demande d'un parquet français, et que les délais de la détention provisoire sont sur le point d'expirer. Avant que j'aie pu réclamer les pièces au parquet et les transmettre par la voie diplomatique, le fugitif est mis en liberté.

Pour prévenir cet inconvénient, je crois devoir vous rappeler et vous prier de vouloir bien rappeler à vos substituts les prescriptions de ma circulaire du 30 juillet 1872. « Lorsque, dans des cas d'urgence, » porte cette circulaire, « des avis sont directement donnés à nos représentants à l'étranger, ou des mandats d'arrêt transmis à ces mêmes représentants ou à des magistrats étrangers, il est essentiel que je sois immédiatement averti pour provoquer l'intervention du département des Affaires étrangères. »

En principe, toutes les communications relatives aux extraditions doivent m'être envoyées pour suivre la voie diplomatique. Lorsque, pour des motifs pressants, les parquets croiront devoir s'écarter de cette règle, ils devront me donner, le jour même, avis de la demande transmise par eux aux autorités étrangères, et me faire parvenir en même temps les pièces nécessaires pour obtenir l'extradition.

Vos substituts s'abstiendront d'adresser directement de pareilles demandes aux autorités anglaises, qui, dans les termes de notre convention avec l'Angleterre, ne consentiraient pas à y donner suite. Lorsque la présence d'un malfaiteur fugitif sera signalée sur le territoire britannique, et si le parquet possède des renseignements assez précis pour que nous puissions demander l'arrestation, avis devra en être donné immédiatement par le télégraphe à M. le directeur des Affaires criminelles, qui prendra sans retard les mesures nécessaires. Ce télégramme devra contenir les indications les plus précises sur le fugitif, mentionner son signalement, spécifier qu'un mandat d'arrêt a été décerné et indiquer le délai le plus court possible dans lequel le mandat et les copies certifiées des principales dépositions seront transmis à la chancellerie.

Je vous prie, Monsieur le procureur général, de vouloir bien veiller à ce que ces prescriptions soient scrupuleusement exécutées.

En matière d'extradition, la bonne direction et la promptitude des communications ont une importance toute particulière ; la moindre omission entraîne des conséquences très regrettables que votre diligence saura prévenir.

II.

CIRCULAIRES DU MINISTRE DE L'INTÉRIEUR.

Circulaire du 28 octobre 1876.

Monsieur le préfet, une circulaire en date du 12 octobre 1875, adressée par M. le Garde des sceaux aux procureurs généraux, et dont un exemplaire vous a été communiqué le 26 du même mois par mon administration, prescrit de conduire devant le procureur de la République du lieu de l'arrestation le malfaiteur étranger dont l'extradition est demandée, sur la production d'un mandat d'arrêt transmis par M. le ministre des Affaires étrangères et que j'ai eu soin de vous faire parvenir.

La circulaire précitée prévoit les cas assez fréquents où le fugitif déclare, dans l'interrogatoire qu'il subit devant le chef du parquet, vouloir être livré immédiatement sans attendre l'accomplissement des formalités d'extradition. Dans ce cas, la déclaration est rédigée en double original : l'un est adressé à M. le ministre de la Justice par l'intermédiaire du procureur général, et l'autre est remis à l'autorité administrative qui fait transférer l'étranger à la frontière.

Ce dernier original doit toujours accompagner la remise de l'étranger, pour établir sa situation réelle aux yeux des autorités de son pays; j'ai lieu de penser du moins qu'il en est ainsi dans la pratique à l'égard de tous les fugitifs, quel que soit le pays qui les réclame; mais le Gouvernement belge a demandé formellement que cette pièce lui fût remise, et il s'est engagé à agir de même vis-à-vis des fugitifs extradés qu'il nous livrera.

J'ai l'honneur, en vous informant de ces dispositions, de vous prier de vouloir bien donner des ordres pour leur exécution, et pour que les agents de l'administration qui recevront des documents de cette nature à la frontière, en même temps que le fugitif, aient soin de vous les faire parvenir pour être transmis par vos soins au chef du parquet du lieu de l'instruction.

Circulaire du 15 mars 1877.

Monsieur le préfet, il arrive fréquemment que les dépêches des autorités françaises, en vertu desquelles s'opère le transfèrement en Belgique des individus dont l'extradition est autorisée par le Gouvernement français, se bornent à mentionner le nom de l'extradé, son âge et le lieu de sa naissance. Le parquet de Courtrai, dans le ressort duquel est placé Mouscron, point frontière par lequel s'effectuent la plupart de ces extraditions, se trouve, dès lors, à défaut d'autres renseignements, dans l'obligation de se livrer à la recherche du parquet qui a provoqué les poursuites et à la disposition duquel l'extradé doit être remis.

Ce mode de procéder présente des inconvénients que le Gouvernement belge vient de signaler à notre Gouvernement, et auxquels il importe de remédier. Vous voudrez bien, en conséquence, afin de faciliter la tâche des autorités frontières, donner des ordres pour que les pièces remises en même temps que le détenu fassent désormais mention, nonseulement de l'âge, du lieu de naissance et du nom de l'extradé, mais encore du fait incriminé et du tribunal saisi du procès.

Le Gouvernement belge, en demandant l'adoption de ces nouvelles dispositions, s'est engagé à user de réciprocité à notre égard.

Circulaire du 13 août 1878.

Monsieur le préfet, par une circulaire en date du 15 mars 1877, un de mes prédécesseurs vous a fait connaître les dispositions qu'il y avait lieu de prendre pour la remise aux autorités de la frontière des individus extradés de France en Belgique.

Ces instructions ayant été perdues de vue par quelques-uns de vos collègues, M. le ministre de Belgique a cru devoir signaler à l'administration les irrégularités qui se seraient produites dans la remise de certains inculpés. Il résulterait notamment des observations présentées par M. le baron Beyens que le seul document fourni aux autorités de la frontière serait un ordre de conduite au verso duquel se trouve un réquisitoire ne renfermant aucun renseignement utile sur le fait incriminé et sur le tribunal chargé de la répression.

En vous rappelant, à toutes fins utiles, les instructions précitées, je vous prie, monsieur le préfet, de vouloir bien inviter vos bureaux, s'il en est besoin, à s'y conformer strictement en mentionnant toujours, dans les dépêches en vertu desquelles s'opère l'extradition, non-seulement l'âge, le lieu de naissance et le nom de l'extradé, mais encore le fait incriminé ainsi que le tribunal devant lequel est intentée la poursuite.

Circulaire du 18 juillet 1879.

Monsieur le préfet, plusieurs irrégularités assez graves s'étant produites dernièrement dans le service du transfèrement des extradés, j'ai prescrit à ce sujet une enquête de laquelle il est résulté que les erreurs commises avaient eu pour cause soit des ordres trop vaguement formulés, soit une interprétation erronée de ces ordres par les agents chargés de leur exécution. J'ai cru devoir à cette occasion, soumettre à un examen d'ensemble l'organisation générale du service dont il s'agit, et j'ai été ainsi amené à penser que les erreurs commises devaient être attribuées, en partie du moins, à la diversité des modes de transfèrement actuellement en usage.

Jusqu'à présent, en effet, les malfaiteurs étrangers réfugiés sur notre territoire, et dont l'extradition a été accordée à la suite de demandes régulières, ont été dirigées indifféremment sur les pays qui les réclamaient, tantôt par les voies ferrées et sous la garde d'agents de police locaux, tantôt sous l'escorte de la gendarmerie, et tantôt enfin par le service général des voitures cellulaires.

Cette diversité de procédés offre plusieurs inconvénients : le premier et le plus grave, puisqu'il peut être considéré à bon droit comme la source de tous les autres, est de laisser parfois les autorités départementales un peu hésitantes sur le mode particulier de transfèrement à employer dans chaque circonstance, ainsi que sur les instructions spéciales à donner aux agents pour l'itinéraire à suivre et l'indication du point frontière où la remise de l'extradé doit s'effectuer.

Dans ces conditions, il m'a paru que le moyen le plus simple de prévenir le retour des irrégularités signalées était d'adopter en principe un mode unique de transfèrement qui ne pût laisser place à aucune indécision dans les ordres à donner non plus que dans leur exécution, et je me suis déterminé en conséquence à charger exclusivement, désormais, de la conduite des extradés, le service des voitures cellulaires, comme étant plus à même que tout autre, par son organisation spéciale, de remplir cette mission de la façon la plus régulière et la moins coûteuse.

En vous priant de vouloir bien tenir note de cette modification de détail qui ne touche en rien d'ailleurs à la procédure générale des extraditions, pour laquelle vous devez continuer à suivre les règles tracées par la circulaire du Garde des sceaux du 12 octobre 1875, je ne puis que vous recommander d'apporter toujours, en ce qui dépend de vous, la plus grande célérité dans la transmission des ordres et dans l'exécution des mesures que comportent les affaires de ce genre.

Vous aurez soin, en conséquence, dès que l'instruction de chaque affaire sera terminée et que l'inculpé sera prêt à partir de m'aviser immédiatement de sa situation, sous le timbre de la Direction de la Sûreté générale, afin de me mettre à même de faire parvenir en temps utile les indications nécessaires au service des transfèrements, chargé d'assurer la conduite et la remise des extradés à la frontière.

La circulaire de M. le ministre de l'Intérieur du 2 avril 1885 relative aux demandes d'arrestation provisoire adressées directement aux agents de l'ordre administratif a été reproduite au chapitre de l'arrestation provisoire, page 89.

TRAITÉS CONCLUS PAR LA FRANCE

ACTUELLEMENT EN VIGUEUR.

ALSACE-LORRAINE.

Art. 18 *de la convention additionnelle au traité de Francfort*, 11 *décembre* 1871.

« En dehors des arrangements internationaux mentionnés dans le traité de paix du 10 mai 1871, les hautes parties contractantes sont convenues de remettre en vigueur les différents traités et conventions existant entre la France et les États allemands antérieurement à la guerre, le tout sous réserve des déclarations d'adhésion qui seront fournies par les gouvernements respectifs lors de l'échange des ratifications de la présente convention.....

« ..... Il est également convenu que les dispositions de la convention Franco-Badoise du 16 avril 1846 sur l'exécution des jugements, du traité d'extradition conclu entre la France et la Prusse le 21 juillet 1845, seront provisoirement étendues à l'Alsace-Lorraine, et que dans les matières auxquelles ils se rattachent, ces arrangements serviront de règle pour les rapports entre la France et les territoires cédés [1]. »

(1) V. *Bulletin des lois*, 1872, 1, 34.

ANGLETERRE.

Convention du 14 août 1876 (1).

Le Président de la République française et Sa Majesté la reine du Royaume-Uni de la Grande-Bretagne et d'Irlande, ayant reconnu l'insuffisance des dispositions de la convention conclue le 13 février 1843 entre la France et la Grande-Bretagne pour l'extradition réciproque des malfaiteurs, ont résolu, d'un commun accord, de la remplacer par une autre convention plus complète.

Art. **1**. Les hautes parties contractantes s'engagent chacune à se livrer réciproquement les individus poursuivis ou condamnés pour un crime commis sur le territoire de l'autre dans les circonstances et sous les conditions prévues par le présent traité.

2. Les nationaux respectifs soit d'origine, soit par l'effet de la naturalisation, sont exceptés de l'extradition; toutefois, s'il s'agit d'une personne qui, depuis le crime ou le délit dont elle est accusée ou pour lequel elle a été condamnée, aurait obtenu la naturalisation dans le pays requis, cette circonstance n'empêchera pas la recherche, l'arrestation et l'extradition de cette personne conformément aux stipulations du présent traité.

3. Les crimes et délits pour lesquels il y aura lieu à extradition sont les suivants :

1° Contrefaçon ou altération de monnaies contrefaites ou altérées;

2° Faux ou usage de pièces fausses; contrefaçon des sceaux de l'État, poinçons, timbres et marques publics ou usage desdits sceaux, poinçons, timbres et marques publics contrefaits;

(1) V. *Bulletin des lois*, 1878, 1, 441.

3° Meurtre (assassinat, parricide, infanticide, empoisonnement) ou tentative de meurtre;

4° Coups et blessures volontaires ayant occasionné la mort sans intention de la donner; homicide par imprudence, négligence, maladresse, inobservation des règlements;

5° Avortement;

6° Viol;

7° Attentat à la pudeur avec violence; attentat à la pudeur même sans violence, sur la personne d'une fille âgée de moins de douze ans;

8° Vol, abandon, exposition ou séquestration illégale d'un enfant;

9° Enlèvement d'un mineur au-dessous de quatorze ans ou d'une fille au-dessous de seize ans;

10° Séquestration ou détention illégale;

11° Bigamie;

12° Actes de violence ou sévices ayant causé des blessures graves;

13° Violences contre les magistrats et officiers publics dans l'exercice de leurs fonctions;

14° Menaces écrites ou verbales faites en vue d'extorquer de l'argent ou des valeurs;

15° Faux témoignage, subornation de témoins, d'experts ou d'interprètes;

16° Incendie volontaire;

17° Vol avec violence, effraction, escalade ou au moyen de fausses clefs;

18° Abus de confiance ou détournement par un banquier, commissionnaire, administrateur, tuteur, curateur, liquidateur, syndic, officier ministériel, directeur, membre ou employé d'une société, ou par toute autre personne;

19° Escroquerie ou recel frauduleux d'argent, valeurs ou objets mobiliers provenant d'une escroquerie, publications faites de mauvaise foi, comptes rendus, écrits ou imprimés mensongers faits dans le but de tromper les actionnaires d'une société, de provoquer des souscriptions ou de déterminer des tiers à prêter de l'argent à la société;

20° Détournement frauduleux, vol ou recel frauduleux de tout objet, argent ou valeur provenant de vol ou de détournement;

21° Banqueroute frauduleuse.

22° Tout acte commis avec intention de mettre en danger la vie de personnes se trouvant dans un train de chemin de fer;

23° Destruction ou dégradation de toute propriété mobilière ou immobilière punie de peines criminelles ou correctionnelles;

24° Crimes commis en mer :

a) Tout acte de déprédation ou de violence commis par l'équipage d'un navire français ou britannique contre un autre navire français ou britannique ou par l'équipage d'un navire étranger non pourvu de commission régulière contre des navires français ou britanniques, leurs équipages ou leur chargement;

b) Le fait par tout individu faisant ou non partie d'un bâtiment de mer de le livrer aux pirates;

c) Le fait par tout individu faisant partie ou non de l'équipage d'un navire ou bâtiment de mer de s'emparer dudit bâtiment par fraude ou violence;

d) Destruction, submersion, échouement ou perte d'un navire dans une intention coupable;

e) Révolte par deux ou plusieurs personnes à bord d'un navire en mer contre l'autorité du capitaine ou du patron;

25° Traite des esclaves, telle qu'elle est définie et punie par les lois des deux pays;

Est comprise dans les qualifications des actes donnant lieu à extradition la complicité des faits ci-dessus mentionnés, lorsqu'elle est punie par la législation des deux pays.

4. Le présent traité s'applique aux crimes et délits antérieurs à sa signature; mais la personne qui aura été livrée ne sera poursuivie pour aucun délit commis dans l'autre pays avant l'extradition, autre que celui pour lequel sa remise a été accordée.

5. Aucune personne accusée ou condamnée ne sera livrée

si le délit pour lequel l'extradition est demandée est considéré par la partie requise comme un délit politique ou un fait connexe à un semblable délit, ou si la personne prouve, à la satisfaction du magistrat de police ou de la cour devant laquelle elle est amenée par l'*habeas corpus*, ou du secrétaire d'État, que la demande d'extradition a été faite en réalité dans le but de la poursuivre ou de la punir pour un délit d'un caractère politique.

6. De la part du Gouvernement français, l'extradition aura lieu ainsi qu'il suit en France :

L'ambassadeur ou autre agent diplomatique de Sa Majesté britannique en France enverra au ministre des Affaires étrangères, à l'appui de chaque demande d'extradition, l'expédition authentique et dûment légalisée soit d'un certificat de condamnation, soit d'un mandat d'arrêt contre une personne inculpée ou accusée, faisant clairement connaître la nature du crime ou du délit à raison duquel le fugitif est poursuivi. Le document judiciaire ainsi produit sera accompagné du signalement et des autres renseignements pouvant servir à constater l'identité de l'individu réclamé.

Ces documents seront communiqués par le ministre des Affaires étrangères au Garde des sceaux, ministre de la Justice, qui, après examen de la demande et des pièces à l'appui, en fera un rapport au Président de la République, et, s'il y a lieu, un décret présidentiel accordera l'extradition de l'individu réclamé et ordonnera qu'il soit arrêté et livré aux autorités britanniques.

En conséquence de ce décret, le ministre de l'Intérieur donnera des ordres pour que l'individu poursuivi soit recherché, et, en cas d'arrestation, conduit jusqu'à la frontière de France pour être livré à la personne chargée de le recevoir de la part du Gouvernement de Sa Majesté britannique.

S'il arrivait que les documents produits par le Gouvernement britannique, pour constater l'identité et les renseignements recueillis par les agents de la police française pour le même objet, fussent reconnus insuffisants, avis en serait donné immédiatement à l'ambassadeur ou autre agent diplomatique de Sa Majesté britannique en France, et l'individu poursuivi, s'il a été arrêté, continuerait à être détenu en attendant que le Gouvernement britannique ait pu produire de nouveaux éléments de preuve pour constater l'identité ou éclaircir d'autres difficultés d'examen.

7. Dans les États de Sa Majesté britannique, autres que les colonies ou possessions étrangères, il sera procédé ainsi qu'il suit :

a) S'il s'agit d'une personne accusée, la demande sera adressée au premier secrétaire d'État de Sa Majesté britannique pour les Affaires étrangères, par l'ambassadeur ou autre agent diplomatique du Président de la République française. A cette demande seront joints un mandat d'arrêt ou autre document judiciaire équivalent, délivré par un juge ou magistrat dûment autorisé à prendre connaissance des actes imputés à l'inculpé en France ainsi que les dépositions authentiques ou les déclarations faites sous serment devant le juge ou magistrat, énonçant clairement lesdits actes et contenant, outre le signalement de la personne réclamée, toutes les particularités qui pourraient servir à établir son identité. Ledit secrétaire d'État transmettra ces documents au premier secrétaire d'État de Sa Majesté britannique pour le département des Affaires intérieures, qui, par un ordre de sa main et muni de son sceau, signifiera à un magistrat de police de Londres que la demande d'extradition a été faite et le requerra, s'il y a lieu, de délivrer un mandat pour l'arrestation du fugitif.

A la réception de cet ordre, et sur la production de telle preuve qui, dans son opinion, justifierait l'émission du mandat si le fait avait été commis dans le Royaume-Uni, le magistrat délivrera le mandat requis.

Lorsque le fugitif aura été arrêté, on l'amènera devant le magistrat de police de qui sera émané le mandat, ou devant un autre magistrat de police de Londres. Si la preuve produite est de nature à justifier, selon la loi anglaise, la mise en jugement du prisonnier dans le cas où le fait dont il est accusé aurait été commis en Angleterre, le magistrat de police l'enverra en prison pour attendre le mandat du secrétaire d'État nécessaire à l'extradition, et il adressera immédiatement à ce dernier une attestation de l'emprisonnement avec un rapport sur l'affaire.

Après l'expiration d'un certain temps, qui ne pourra jamais être moindre de quinze jours depuis l'emprisonnement de l'accusé, le secrétaire d'État, par un ordre de sa main et muni de son sceau, ordonnera que le fugitif soit livré à telle personne qui sera dûment autorisée à le recevoir au nom du Président de la République française.

b) S'il s'agit d'une personne condamnée, la marche de la procédure sera la même que dans le cas d'une personne accusée, sauf que le mandat à transmettre par l'ambassadeur ou autre agent diplomatique français, à l'appui de la demande d'extradition, énoncera clairement le fait pour lequel la personne réclamée aura été condamnée, et mentionnera le lieu et la date du jugement. La preuve à produire devant le magistrat de police sera telle que, d'après la loi anglaise, elle établirait que le prisonnier a été condamné pour l'infraction dont on l'accuse.

c) Les condamnés par jugement par défaut, ou arrêt de contumace sont, au point de vue de la demande d'extradition, réputés accusés et livrés comme tels.

d) Après que le magistrat de police aura envoyé en prison la personne accusée ou condamnée, pour attendre l'ordre d'extradition du secrétaire d'État, cette personne aura le droit de réclamer une ordonnance d'*habeas corpus;* l'extradition devra alors être différée jusques après la décision de la cour sur le renvoi de l'ordonnance, et elle ne pourra avoir lieu que si la décision est contraire au demandeur. Dans ce dernier cas, la cour pourra immédiatement ordonner la remise de celui-ci à la personne autorisée à le recevoir, sans qu'il soit besoin d'attendre l'ordre d'extradition du secrétaire d'État, ou bien l'envoyer en prison pour attendre cet ordre.

8. Les mandats, les dépositions, les déclarations sous serment délivrés ou recueillis dans les États de l'une des hautes parties contractantes, les copies de ces pièces, ainsi que les certificats ou les documents judiciaires établissant le fait de la condamnation, seront reçus comme preuves dans la procédure des États de l'autre partie, s'ils sont revêtus de la signature ou accompagnés de l'attestation d'un juge, d'un magistrat ou d'un fonctionnaire du pays où ils ont été délivrés ou recueillis, pourvu que ces mandats, dépositions, déclarations, copies, certificats et documents judiciaires soient rendus authentiques par le serment d'un témoin ou par le sceau officiel du ministre de la Justice ou d'un autre ministre d'État.

9. Le fugitif pourra être arrêté sur mandat délivré par tout magistrat de police, juge de paix ou autre autorité compétente dans chaque pays à la suite d'un avis, d'une plainte, d'une preuve ou de tout autre acte de procédure qui, dans l'opinion de celui qui aura délivré le mandat, justifierait ce mandat si le crime avait été commis ou la personne condamnée dans la partie des États des deux contractants où ce magistrat exerce sa juridiction; pourvu cependant, s'il s'agit du Royaume-Uni, que l'accusé soit dans un pareil cas, envoyé aussi promptement que possible devant un magistrat de police de Londres. Il sera relâché tant dans le Royaume-Uni qu'en France, si, dans les quatorze jours, une demande d'extradition n'a pas été faite par l'agent diplomatique de son pays, suivant le mode indiqué par les articles 2 et 4 de ce traité.

La même règle s'appliquera aux cas de personnes accusées ou condamnées du chef de l'un des faits spécifiés dans ce traité et commis en pleine mer, à bord d'un navire de l'un des deux pays et qui viendrait dans un port de l'autre.

10. Si le fugitif qui a été arrêté n'a pas été livré et emmené dans les deux mois de son arrestation, ou dans les deux mois après la décision de la cour sur le renvoi d'une ordonnance d'*habeas corpus* dans le Royaume-Uni, il sera mis en liberté à moins qu'il n'y ait d'autre motif de le retenir en prison.

11. Il ne sera pas donné suite à la demande d'extradition si l'individu réclamé a été jugé pour le même fait dans le pays requis, ou si, depuis les faits imputés, les poursuites ou la condamnation, la prescription de l'action ou de la peine est acquise d'après les lois de ce même pays.

12. Si l'individu réclamé par l'une des hautes parties contractantes, en exécution du présent traité, est aussi réclamé par une ou plusieurs autres puissances, du chef d'autres infractions commises sur leurs territoires respectifs, son extradition sera accordée à l'État dont la demande est la plus ancienne en date à moins qu'il n'existe entre les gouvernements qui l'ont réclamé un arrangement qui déciderait de la préférence soit à raison de la gravité des crimes commis, soit pour tout autre motif.

13. Si l'individu réclamé est poursuivi ou condamné pour un crime ou un délit commis dans le pays où il s'est réfugié, son extradition pourra être différée jusqu'à ce qu'il ait été mis en liberté conformément à la loi.

Dans le cas où il serait poursuivi ou détenu dans le même pays, à raison d'obligations par lui contractées envers des particuliers, son extradition n'en aura pas moins lieu.

14. Tout objet trouvé en la possession de l'individu réclamé au moment de son arrestation sera, si l'autorité compétente en a ainsi ordonné, saisi pour être livré avec sa personne lorsque l'extradition aura lieu. Cette remise ne sera pas limitée aux objets acquis par vol ou banqueroute frauduleuse ; elle s'étendra à toutes choses qui pourraient servir de pièce de conviction et s'effectuera même si l'extradition, après avoir été accordée, ne peut s'accomplir par suite de l'évasion ou de la mort de l'individu réclamé.

Sont toutefois réservés les droits des tiers sur les objets susmentionnés.

15. Chacune des hautes parties contractantes supportera les frais occasionnés par l'arrestation sur son territoire, la détention et le transport à la frontière des personnes qu'elle aura consenti à extrader en exécution du présent traité.

16. Dans les colonies et autres possessions étrangères des deux hautes parties contractantes, il sera procédé de la manière suivante :

La demande d'extradition du malfaiteur qui s'est réfugié dans une colonie ou possession étrangère de l'une des parties sera faite au gouverneur ou fonctionnaire principal de cette colonie ou possession par le principal agent consulaire de l'autre en cette colonie ou possession, ou si le fugitif s'est échappé d'une colonie ou possession étrangère de la partie au nom de laquelle l'extradition est demandée, par le gouverneur ou le fonctionnaire principal de cette colonie ou possession.

Ces demandes seront faites ou accueillies, en suivant toujours aussi exactement que possible les stipulations de ce traité, par les gouverneurs ou premiers fonctionnaires, qui, cependant auront la faculté d'accorder l'extradition ou d'en référer à leur gouvernement.

Les stipulations qui précèdent ne modifient en rien les arrangements établis dans les possessions des Indes-Orientales des deux États par l'article IX du traité du 7 mars 1815.

17. Le présent traité sera ratifié et les ratifications seront échangées à Paris, aussitôt que faire se pourra.

Il entrera en vigueur dix jours après sa publication dans les formes prescrites par la législation des pays respectifs.

Chacune des parties contractantes pourra en tout temps mettre fin au traité, en donnant à l'autre, six mois à l'avance, avis de son intention.

AUTRICHE-HONGRIE.

Convention du 13 *novembre* 1855 (1).

Art. 1. Les Gouvernements de France et d'Autriche s'engagent, par la présente convention, à se livrer réciproquement, sur la demande que l'un des deux gouvernements adressera à l'autre, à la seule exception de leurs nationaux, tous les individus réfugiés des États autrichiens en France et dans ses possessions d'outre-mer, ou de France et de ses possessions d'outre-mer dans les États autrichiens, et poursuivis ou condamnés, pour l'un des crimes énumérés ci-après, par les tribunaux des deux pays où le crime aura été commis.

La demande d'extradition devra toujours être faite par la voie diplomatique.

2. Les crimes à raison desquels l'extradition sera accordée sont les suivants :

1° Assassinat, empoisonnement, parricide, infanticide, avortement; meurtre; coups et blessures volontaires ayant occasionné soit la mort, soit une maladie ou une incapacité de travail pendant plus de vingt jours; castration; association de malfaiteurs; menaces d'attentat contre les personnes ou les propriétés; extorsion de titres et de signatures; séquestration, ou arrestation, ou détention illégale de personnes;

2° Viol; attentat à la pudeur consommé ou tenté avec violence; attentat à la pudeur consommé ou tenté, même sans violence, sur une personne au sujet de laquelle, et en considération de son âge, un pareil attentat constituerait un crime;

3° Incendie;

4° Vol, lorsqu'il a été accompagné de circonstances qui lui donnent le caractère de crime;

(1) V. *Bulletin des lois*, 1856, 1, 185.

5° Fabrication, introduction, émission de fausse monnaie, contrefaçon ou altération de papier-monnaie, ou émission de papier-monnaie contrefait ou altéré; contrefaçon des poinçons servant à marquer les matières d'or et d'argent; contrefaçon des sceaux de l'État et des timbres nationaux, alors même que la fabrication ou contrefaçon aurait eu lieu en dehors de l'État qui réclamerait l'extradition;

6° Faux en écriture publique ou authentique et de commerce, y compris la contrefaçon d'effets publics de quelque nature qu'ils soient, et des billets de banque; l'usage de ces faux titres. Sont exceptés les faux qui ne sont pas accompagnés de circonstances qui leur donnent le caractère de crime;

7° Faux témoignage, lorsqu'il est accompagné de circonstance qui lui donnent le caractère de crime; subornation de témoins;

8° Soustractions et concussions commises par des dépositaires revêtus d'un caractère public des valeurs qu'ils avaient entre les mains, à raison de leurs fonctions; soustractions commises par des caissiers d'établissements publics ou de maisons de commerce, mais seulement dans le cas où ces soustractions sont accompagnées de circonstances qui leur donnent le caractère de crime;

9° Banqueroute frauduleuse;

10° Baraterie de patrons.

3. Tous les objets saisis en la possession d'un prévenu, lors de son arrestation, seront livrés au moment où s'effectuera l'extradition; et cette remise ne se bornera pas seulement aux objets volés, mais comprendra tous ceux qui pourraient servir à la preuve du crime.

4. Si l'individu réclamé est poursuivi ou condamné pour un crime ou délit qu'il a commis dans le pays où il s'est réfugié, son extradition sera différée jusqu'à ce qu'il ait été jugé et qu'il ait subi sa peine. Dans le cas où il serait poursuivi ou détenu dans le même pays, à raison d'obligations par lui contractées envers des particuliers, son extradition aura lieu néanmoins, sauf à la partie lésée à poursuivre ses droits devant l'autorité compétente.

5. L'extradition ne sera accordée que sur la production, soit d'un arrêt de condamnation, soit d'un mandat d'arrêt décerné contre l'accusé et expédié dans les formes prescrites par la législation du gouvernement qui demande l'extradition, soit de tout autre acte ayant au moins la même force que ce mandat, et indiquant également la nature et la gravité des faits poursuivis, ainsi que la pénalité applicable à ces faits. Les pièces seront accompagnées du signalement de l'individu réclamé.

6. Si le prévenu ou le condamné n'est pas sujet de celui des deux États contractants qui le réclame, l'extradition pourra être suspendue jusqu'à ce que son gouvernement ait été, s'il y a lieu, consulté et invité à faire connaître les motifs qu'il pourrait avoir de s'opposer à l'extradition.

Dans tous les cas, le gouvernement saisi de la demande d'extradition restera libre de donner à cette demande la suite qui lui paraîtra convenable et de livrer le prévenu pour être jugé, soit à son propre pays, soit au pays où le crime aura été commis.

7. L'extradition ne pourra avoir lieu que pour la poursuite et la punition des crimes communs. Il est expressément stipulé que le prévenu ou le condamné dont l'extradition aura été accordée ne pourra être, dans aucun cas, poursuivi ou puni pour aucun crime ou délit politique antérieur à l'extradition, ni pour aucun des crimes ou délits non prévus par la présente convention.

8. L'extradition ne pourra avoir lieu si, depuis les faits imputés, la poursuite ou la condamnation, la prescription de l'action ou de la peine est acquise d'après les lois du pays où le prévenu s'est réfugié.

9. Les frais occasionnés par l'arrestation, la détention, la garde, la nourriture et le transport des extradés au lieu où la remise s'effectuera, seront supportés par celui des deux États sur le territoire duquel les extradés auront été saisis.

10. Lorsque, dans la poursuite d'une affaire pénale, un des deux gouvernements jugera nécessaire l'audition de témoins domiciliés dans l'autre État, une commission rogatoire sera envoyée à cet effet par la voie diplomatique, et il y sera donné suite, en observant la loi du pays où les témoins seront invités à comparaître.

Les gouvernements respectifs renoncent à toute réclamation ayant pour objet la restitution des frais résultant de l'exécution de la commission rogatoire. Si dans une cause pénale, la comparution personnelle d'un témoin est nécessaire, le gouvernement du pays auquel appartient le témoin l'engagera à se rendre à l'invitation qui lui sera faite; et, en cas de consentement, il lui sera accordé des frais de voyage et de séjour, d'après les tarifs et règlements en vigueur dans le pays où l'audition devra avoir lieu.

11. Lorsque, dans une cause pénale instruite dans l'un des deux pays, la confrontation de criminels détenus dans l'autre, ou la production des pièces de conviction ou documents judiciaires sera jugée utile, la demande en sera faite par la voie diplomatique, et l'on y donnera suite, à moins que des considérations particulières ne s'y opposent, et sous l'obligation de renvoyer les criminels et les pièces.

12. Les gouvernements contractants renoncent à toute réclamation de frais résultant du transport et du renvoi, dans les limites de leurs territoires respectifs, de criminels à confronter, et de l'envoi et de la restitution des pièces de conviction et documents.

13. La présente convention ne sera exécutoire que dix jours après sa publication ; elle continuera à être en vigueur pendant cinq années. Dans le cas où, six mois avant l'expiration de ce terme, aucun des deux gouvernements n'aurait déclaré y renoncer, elle sera valable pour cinq autres années, et ainsi de suite de cinq ans en cinq ans.

Convention additionnelle du 12 *février* 1869 [1].

Art. 1. L'arrestation provisoire d'un individu poursuivi pour l'un des faits prévus dans l'article 2 de la convention du 13 novembre 1855 devra être effectuée, non-seulement sur l'exhibition d'un des documents mentionnés à l'article 5 de ladite convention, mais également sur avis, transmis par la poste ou par télégraphe, de l'existence d'un mandat d'arrêt, à la condition, toutefois, que cet avis sera régulièrement donné par voie diplomatique au ministère des Affaires étrangères du pays sur le territoire duquel l'inculpé se sera réfugié.

2. L'arrestation sera facultative, si la demande est directement parvenue à une autorité judiciaire ou administrative de l'une des hautes parties contractantes; mais cette autorité devra procéder sans délai à tous les interrogatoires et investigations de nature à vérifier l'identité ou les preuves du fait incriminé et, en cas de difficulté, rendre compte au ministre des Affaires étrangères des motifs qui l'auraient portée à surseoir à l'arrestation réclamée.

3. L'arrestation provisoire aura lieu dans les formes et suivant les règles voulues par la législation du gouvernement requis; elle cessera d'être maintenue, si, dans les quinze jours, à partir du moment où elle a été effectuée, le gouvernement n'est pas régulièrement saisi de la demande d'extradition du détenu.

4. La remise de l'individu réclamé à l'autorité de l'État réclamant aura lieu à Salzbourg, si l'extradition a été demandée par le Gouvernement de Sa Majesté l'Empereur des Français, et à Strasbourg, si l'extradition a été demandée par le Gouvernement de Sa Majesté Impériale et Royale Apostolique.

En cas, toutefois, où la détermination d'un autre point

(1) V. *Bulletin des lois*, 1869, 1, 314.

frontière ou bien le transport par mer serait jugé préférable, il sera procédé, sur avis télégraphique du lieu d'arrestation, avec toute célérité, à la fixation du point de la frontière où s'opérera la remise de l'extradé.

5. Les frais d'arrestation, d'entretien et de transport de l'individu dont l'extradition aura été accordée resteront à la charge de chacune des hautes parties contractantes dans les limites de leurs territoires respectifs, ainsi qu'il a été stipulé à l'article 9 de la convention d'extradition du 13 novembre 1855. Les frais de transport par le territoire des États intermédiaires seront à la charge de l'État réclamant.

6. La présente convention additionnelle sera publiée aussitôt après l'échange des ratifications, lequel aura lieu dans le délai de trois mois, ou plus tôt si faire se peut. Elle sera mise en vigueur dix jours après celui de sa publication.

7. La présente convention aura la même durée que celle du 13 novembre 1855, à laquelle elle se rapporte, et sera censée dénoncée par le fait de la dénonciation de cette dernière.

BADE (GRAND-DUCHÉ DE).

Convention du 27 *juin* 1844 (1).

ART. 1. Lorque des Français ou des sujets badois, poursuivis ou condamnés dans leur pays respectif pour l'un des crimes énumérés ci-après, seront trouvés, les Français dans les États de Son Altesse Royale le Grand-Duc de Bade, et les sujets badois dans le royaume de France, ils seront réciproquement livrés aux autorités respectives de leur pays, sur la demande que l'un des deux Gouvernements en adressera à l'autre par voie diplomatique :

1° Assassinat, empoisonnement, parricide, infanticide, meurtre, viol ou attentat à la pudeur avec violence;

2° Incendie;

3° Faux en écriture authentique ou de commerce et en écriture privée, contrefaçon des billets de banque et effets publics, vol, soustraction commise par des dépositaires publics, lorsque ces faits ont le caractère de crimes et sont punis de peines afflictives et infamantes par la loi pénale du pays où le prévenu s'est réfugié;

4° Fabrication et émission de fausse monnaie;

5° Faux témoignage;

6° Banqueroute frauduleuse.

2. Les objets trouvés en la possession du prévenu et qui auraient été saisis dans l'un des deux pays comme provenant de vols commis dans l'autre, ou comme pouvant servir à la preuve des délits, seront restitués, de part et d'autre, au moment où s'effectuera l'extradition.

3. Si des individus étrangers à la France ou aux États de Son Altesse Royale le Grand-Duc de Bade venaient à se réfugier d'un pays dans l'autre, après avoir commis un des

(1) V. *Bulletin des lois*, 1844, 2, 341.

crimes énumérés à l'article 1er, leur extradition sera accordée, toutes les fois que le gouvernement du pays auquel ils appartiendront y aura donné son assentiment.

4. Les pièces qui devront être produites à l'appui des demandes d'extradition sont le mandat d'arrêt décerné contre les prévenus, ou tous autres actes ayant au moins la même force que ce mandat, et indiquant également la nature et la gravité des faits poursuivis, ainsi que la disposition pénale applicable à ces faits.

5. Si l'individu dont l'extradition est demandée était poursuivi, ou avait été condamné dans le pays où il s'est réfugié, pour crimes ou délits commis dans ce même pays, il ne pourra être livré qu'après avoir été jugé et acquitté, et, en cas de condamnation, qu'après avoir subi la peine prononcée contre lui.

6. Les crimes et délits politiques sont exceptés de la présente convention. Il est expressément stipulé que l'individu dont l'extradition aura été accordée ne pourra être, dans aucun cas, poursuivi ou puni pour aucun délit politique antérieur à l'extradition ou pour aucun fait connexe à un semblable délit.

7. L'extradition ne pourra avoir lieu si, depuis les faits imputés, les poursuites ou la condamnation, la prescription de l'action ou de la peine est acquise, d'après les lois du pays où le prévenu s'est réfugié.

8. Chacun des deux États supportera les frais occasionnés par l'arrestation, la détention et le transport à la frontière des individus dont l'extradition aura été accordée.

9. La présente convention est conclue pour cinq ans, et continuera d'être en vigueur pendant cinq autres années, dans le cas où, six mois avant l'expiration du premier terme, aucun des deux gouvernements n'aurait déclaré y renoncer, et ainsi de suite de cinq ans en cinq ans.

Déclaration échangée les 17-27 *novembre* 1854 *entre la France et Bade* (1).

Depuis la signature de la convention du 27 juin 1844, entre la France et le Grand-Duché de Bade, pour l'extradition réciproque des malfaiteurs, il a été reconnu que, dans l'intérêt d'une répression plus efficace, il y aurait lieu de comprendre au nombre des crimes pouvant donner lieu à l'extradition, ceux qui suivent, savoir :

1° Tout attentat à la pudeur consommé ou tenté sans violence sur la personne d'un enfant de l'un ou de l'autre sexe âgé de moins de onze ans;

2° Le crime d'abus de confiance, lorsque les faits auront été accompagnés de circonstances qui leur impriment le caractère de crime, d'après la législation des deux pays.

En foi de quoi la présente déclaration a été signée par le ministre et secrétaire d'État au département des Affaires étrangères de S. M. l'Empreur des Français, et échangée contre une pareille déclaration émanée du ministre d'État de la maison Grand-Ducale et des Affaires étrangères de S. A. R. le Régent de Bade; et il a été entendu que cette déclaration aurait la même force et valeur que si elle eût été insérée mot à mot dans la convention du 27 juin 1844. Il a été également entendu que, de part et d'autre, ladite déclaration recevrait la publicité propre à chacun des deux pays.

Déclaration du 4 *mars* 1868 (2).

Dans le but d'assurer d'une manière plus efficace l'arrestation des criminels dont l'extradition serait demandée en vertu du traité d'extradition conclu entre la France et le Grand-Duché de Bade, le 27 juin 1844, et dans le but de mettre, en outre, la convention additionnelle conclue à ce sujet, le 17 novembre 1854, en harmonie avec le Code pénal

(1) *Bulletin des lois*, 1854, 2, 849.

(2) V. *Bulletin des lois*, 1868, 1, 333.

de l'Empire, modifié par la loi du 13 mai 1863, il a été convenu entre les deux gouvernements ce qui suit, par la présente déclaration :

1° Chaque gouvernement s'engage à livrer les criminels de l'autre pays poursuivis pour attentats à la pudeur consommés ou tentés sans violence sur des enfants de l'un ou l'autre sexe âgés de moins de treize ans.

2° L'individu poursuivi, soit en France, soit dans le Grand-Duché de Bade, pour l'un des faits prévus par les conventions d'extradition et la présente déclaration intervenues entre les deux pays, devra être arrêté provisoirement sur l'exhibition d'un mandat d'arrêt décerné par l'autorité compétente et produit par voie diplomatique.

3° L'arrestation provisoire devra également être effectuée sur avis, transmis par la poste ou par télégraphe, de l'existence d'un mandat d'arrêt, à la condition toutefois que cet avis sera régulièrement donné par voie diplomatique au ministre des Affaires étrangères du pays sur le territoire duquel l'inculpé se sera réfugié.

4° L'arrestation sera facultative si la demande est directement adressée par une autorité judiciaire ou administrative de l'autre pays.

5° L'arrestation provisoire aura lieu dans les formes et suivant les règles voulues par la législation du gouvernement requis ; elle cessera d'être maintenue si, dans les quinze jours à partir du moment où elle a été effectuée, le gouvernement n'est pas régulièrement saisi de la demande d'extradition du détenu.

En foi de quoi la présente déclaration a été signée par le ministre et secrétaire d'État au département des Affaires étrangères de Sa Majesté l'Empereur des Français, et échangée contre une pareille déclaration émanée du président du ministère de la maison grand-ducale et des Affaires étrangères de Son Altesse Royale le Grand-Duc de Bade, et il a été entendu que cette déclaration aurait la même force et valeur que si elle eût été insérée mot à mot dans la convention du 27 juin 1844, et qu'elle aurait la même durée que les conventions d'extradition auxquelles elle se rapporte.

BAVIÈRE.

Convention du 29 novembre 1869 (1).

ART. 1. Le Gouvernement de Sa Majesté l'Empereur des Français et le Gouvernement de Sa Majesté le Roi de Bavière s'engagent à se livrer réciproquement, sur la demande que l'un des deux gouvernements adressera à l'autre, à l'exception de leurs nationaux, les individus poursuivis ou condamnés comme auteurs ou complices par les tribunaux compétents de l'un des deux pays, pour les crimes et délits énumérés dans l'article ci-après, et réfugiés des possessions continentales ou coloniales françaises en Bavière, ou de Bavière dans les possessions continentales ou coloniales françaises.

2. Ces crimes et délits sont :

1° Assassinat (art. 296, C. P.);

2° Parricide (art. 299, C. P.);

3° Infanticide (art. 300, C. P.);

4° Empoisonnement (art. 301, C. P.);

5° Meutre (art. 295, C. P.);

6° Avortement (art. 317, C. P.);

7° Viol (art. 332, §§ 1er et 2, C. P.);

8° Attentat à la pudeur consommé ou tenté sans violence sur la personne d'un enfant âgé de moins de douze ans; tout attentat à la pudeur consommé ou tenté avec violence (art. 331, 332, §§ 3 et 4, 333, C. P.);

9° Proxénétisme dans les cas prévus à la fois par la législation des deux pays (art. 334 et 335, C. P.);

10° Enlèvement de mineurs; séquestration ou détention illégale de personnes (art. 341 à 344, 354 à 357, C. P.);

11° Exposition d'enfants au-dessous de l'âge de sept ans accomplis (art. 349 à 353, C. P.);

(1) V. *Bulletin des lois*, 1869, 2, 711.

12° Bigamie (art. 340, C. P.);

13° Coups et blessures volontaires, soit aux père et mère légitimes ou naturels, soit aux autres ascendants légitimes; castration; coups et blessures volontaires ayant occasionné soit la mort, soit une maladie ou incapacité de travail personnel pendant plus de vingt jours, ou ayant été suivis de mutilation, amputation ou privation de l'usage d'un membre, cécité, perte d'un œil ou autres infirmités permanentes; administration de substances nuisibles à la santé (art. 309, 310, 312, 316, 317, §§ 4 et 5, C. P.);

14° Menaces d'attentat contre les personnes ou les propriétés, avec ordre de déposer une somme d'argent ou de remplir toute autre condition; extorsions (art. 305, 307, 308 et 400, C. P.);

15° Incendie volontaire; destruction au moyen de la poudre ou de semblables matières (art. 434, 435, C. P.);

16° Vol (art. 379, 381 à 386, 387, 388 à 398, 401, C. P.);

17° Escroquerie et fraudes dans les ventes d'objets mobiliers (art. 405, 423 et 424, C. P. — Loi des 10-27 mars 1851);

18° Abus de confiance, soustraction, concussion et corruption (art. 169 à 174, 177 à 183, 406 à 408, C. P.);

19° Falsification de monnaies; introduction et émission frauduleuse de fausse monnaie; falsification frauduleuse de papier-monnaie ayant cours légal;

Contrefaçon ou falsification d'effets publics ou de billets de banque, de titres publics ou privés; émission, mise en circulation ou usage de ces effets, billets ou titres contrefaits ou falsifiés;

Contrefaçon ou falsification de sceaux de l'État et de tous timbres ou poinçons autorisés par les gouvernements respectifs, alors même que la fabrication, contrefaçon ou falsification aurait eu lieu en dehors de l'État qui réclamerait l'extradition;

Faux en écriture publique ou authentique ou de commerce, ou en écriture privée; usage des divers faux (art. 132 à 134, 139 à 141, 145 à 148, 150 et 151, C. P.);

20° Faux témoignage; subornation de témoins, d'experts ou d'interprètes; faux serment (art. 361 à 366, C. P.);

21° Dénonciations calomnieuses (art. 373, C. P.);

22° Banqueroute frauduleuse (art. 402, § 2, 403, C. P.);

23° Banqueroute simple (art. 402, § 3, C. P.);

24° Destruction ou dérangement, dans une intention coupable, d'une voie ferrée ou de communications télégraphiques (lois des 15 juillet 1845 et 27 décembre 1851);

25° Toute destruction, dégradation ou dommage de la propriété mobilière ou immobilière (art. 437, 439 à 442, 444, 448, 451, 453, 454, 456, C. P.);

26° Empoisonnement d'animaux domestiques ou de poissons dans les étangs, les viviers ou les réservoirs (art. 452, C. P.).

Sont comprises dans les qualifications précédentes les ten tatives de tous les faits punis comme crimes par la législation du pays réclamant et celles des délits de vol, escroquerie et extorsion.

En matière correctionnelle ou de délits, l'extradition aura lieu dans les cas prévus ci-dessus :

1° Pour les condamnés contradictoirement ou par défaut, lorsque la peine prononcée sera au moins de deux mois d'emprisonnement.

2° Pour les prévenus ou accusés, lorsque le maximum de la peine applicable au fait incriminé sera, d'après la loi du pays réclamant, au moins de deux ans ou d'une peine équivalente.

Dans tous les cas, crimes ou délits, l'extradition ne pourra avoir lieu que lorsque le fait similaire sera qualifié comme crime ou délit d'après la législation du pays à qui la demande est adressée, et à condition que ce fait soit, d'après cette même législation, passible au moins des peines correctionnelles fixées par l'alinéa précédent.

3. Les crimes et délits politiques sont exceptés de la présente convention.

Ne sera pas réputé délit politique ni fait connexe à un semblable délit l'attentat contre la personne du souverain étranger ou contre celle des membres de sa famille, lorsque cet attentat constituera le fait soit de meurtre, soit d'assassinat, soit d'empoisonnement.

4. La demande d'extradition devra toujours être faite par la voie diplomatique.

5. L'individu poursuivi pour l'un des faits prévus par l'article 2 de la présente convention devra être arrêté préventivement sur l'exhibition d'un mandat d'arrêt ou autre acte ayant la même force, décerné par l'autorité compétente et produit par voie diplomatique.

L'arrestation provisoire devra également être effectuée sur avis transmis par la poste ou par le télégraphe de l'existence d'un mandat d'arrêt, à la condition toutefois que cet avis sera régulièrement donné par voie diplomatique au ministre des Affaires étrangères du pays où l'inculpé s'est réfugié.

L'arrestation sera facultative, si la demande est directement parvenue à une autorité judiciaire ou administrative de l'un des deux États, mais cette autorité devra procéder sans délai à tous interrogatoires ou investigations de nature à vérifier l'identité ou les preuves du fait incriminé, et, en cas de difficulté, rendre compte au ministre des Affaires étrangères des motifs qui l'auraient portée à surseoir à l'arrestation réclamée.

L'arrestation provisoire aura lieu dans les formes et suivant les règles établies par la législation du gouvernement requis : elle cessera d'être maintenue, si, dans les quinze jours, à partir du moment où elle a été effectuée, ce gouvernement n'est pas saisi, conformément à l'article 4, de la demande de livrer le détenu.

6. Quand il y aura lieu à extradition, tous les objets saisis qui peuvent servir à constater le crime ou le délit, ainsi que les objets provenant de vol, seront remis à la puissance réclamante, soit que l'extradition puisse s'effectuer, l'accusé ayant été arrêté, soit qu'il ne puisse y être donné suite, l'accusé ou le coupable s'étant de nouveau évadé ou étant décédé. Cette remise comprendra aussi tous les objets que le prévenu aurait cachés ou déposés dans le pays et qui seraient découverts ultérieurement. Sont réservés, toutefois, les droits que des tiers non impliqués dans la poursuite auraient pu acquérir sur les objets indiqués dans le présent article.

7. L'extradition ne sera accordée que sur la production, soit d'un arrêt ou jugement de condamnation, soit d'un mandat d'arrêt décerné contre l'accusé et expédié dans les formes prescrites par la législation du pays qui demande l'extradition, soit de tout autre acte ayant au moins la même force que ce mandat et indiquant également la nature et la gravité des faits poursuivis, leur date, ainsi que la pénalité applicable à ces faits.

Les pièces seront, autant que possible, accompagnées du signalement de l'individu réclamé et d'une copie du texte de la loi pénale applicable au fait incriminé.

Dans le cas où il y aurait doute sur la question de savoir si le crime ou le délit objet de la poursuite rentre dans les prévisions de la convention, des explications seront demandées, et, après examen, le gouvernement à qui l'extradition est réclamée statuera sur la suite à donner à la requête.

8. Si l'individu réclamé est poursuivi ou condamné pour une infraction commise dans le pays où il s'est réfugié, son extradition pourra être différée jusqu'à ce qu'il ait été acquitté ou jusqu'au moment où il aura subi sa peine, s'il est condamné. Dans le cas où il serait poursuivi ou détenu dans le même pays à raison d'obligations par lui contractées envers des particuliers, son extradition aura lieu néanmoins, sauf à la partie lésée à poursuivre ses droits devant l'autorité compétente.

Dans le cas de réclamation du même individu de la part de deux États pour crimes distincts, le gouvernement requis statuera en prenant pour base la gravité du fait poursuivi ou les facilités accordées pour que l'individu soit restitué, s'il y a lieu, d'un pays à l'autre, pour purger successivement les accusations.

Dans le cas de réclamation du même individu de la part de deux États pour la même infraction, l'extradition sera accordée à celui sur le territoire duquel l'infraction aura été commise.

9. L'individu extradé ne sera ni poursuivi ni puni pour crimes ou délits autres que ceux dont il a été fait mention dans la requête d'extradition, à moins que ces crimes ou délits ne soient prévus à l'article 2 et que le gouvernement qui a accordé l'extradition ne donne son consentement, ou à moins de consentement exprès et volontaire donné par l'inculpé et communiqué au gouvernement qui l'a livré.

L'extradition, sans préjudice des réserves contenues dans les articles 3 et 10, autorisera toutefois l'examen et, par suite, la répression des crimes ou délits poursuivis en même temps comme connexes du fait incriminé principal et constituant, soit une circonstance aggravante du même fait, soit une modification aggravante des chefs de l'accusation primitive.

10. L'extradition pourra être refusée, si la prescription de la peine ou de l'action est acquise d'après les lois du pays où le prévenu s'est réfugié depuis les faits imputés ou depuis la poursuite ou la condamnation.

11. Les frais occasionnés par l'arrestation, la détention, la garde, la nourriture et le transport des individus qui doivent être extradés, ainsi que des objets mentionnés dans l'article 6 de la présente convention, au lieu où la remise s'effectuera, seront supportés par celui des deux États sur le territoire duquel les extradés auront été saisis.

12. Lorsque, dans la poursuite d'une affaire pénale, un des deux gouvernements jugera nécessaire l'audition de témoins domiciliés dans l'autre État, ou tous autres actes d'instruction, une commission rogatoire sera envoyée, à cet effet, par la voie diplomatique, sans autre formalité que la signature du magistrat instructeur compétent, et il y sera donné suite d'urgence à la requête du ministère public.

Les hautes parties contractantes se réservent toutefois le droit de décliner la communication de preuves et l'exécution de commissions rogatoires tendant à établir la culpabilité d'un de leurs sujets prévenu d'une infraction devant les tribunaux de l'État requérant.

Les gouvernements respectifs renoncent à toute réclamation ayant pour objet la restitution des frais résultant de l'exécution de la commission rogatoire, à moins qu'il ne s'agisse d'expertises criminelles, commerciales ou médico-légales.

13. Les simples notifications d'actes, jugements ou pièces de procédure réclamées par la justice de l'un des deux pays seront faites à tout individu résidant sur le territoire de l'autre pays, sans engager la responsabilité de l'État, qui se bornera à en assurer l'authenticité.

A cet effet, la pièce transmise diplomatiquement ou directement au ministère public du lieu de la résidence sera signifiée à personne, à sa requête, par les soins d'un officier compétent, et il renverra au magistrat expéditeur, avec son visa, l'original constatant la notification.

14. Si, dans une cause pénale, la comparution personnelle d'un témoin est nécessaire, le gouvernement du pays où réside le témoin l'engagera à se rendre à l'invitation qui lui sera faite. Dans ce cas, les frais de voyage et de séjour lui seront accordés d'après les tarifs et règlements en vigueur dans le pays où l'audition devra avoir lieu; il pourra lui être fait sur sa demande, par les soins des magistrats de sa résidence, l'avance de tout ou partie des frais de voyage, qui seront ensuite remboursés par le gouvernement intéressé.

Aucun témoin, quelle que soit sa nationalité, qui, cité dans l'un des deux pays, comparaîtra volontairement devant les juges de l'autre pays, ne pourra y être poursuivi ou détenu pour des faits ou condamnations criminels antérieurs, ni sous prétexte de complicité dans les faits objet du procès où il figurera comme témoin.

Lorsque, dans une cause pénale instruite dans l'un des deux pays, la confrontation de criminels détenus dans l'autre ou la production de pièces de conviction ou documents judiciaires sera jugée utile, la demande en sera faite par la voie diplomatique, et l'on y donnera suite, à moins que des considérations particulières ne s'y opposent, et sous l'obligation de renvoyer les criminels et les pièces.

Les gouvernements contractants renoncent à toute réclamation de frais résultant du transport et du renvoi dans les limites de leurs territoires respectifs des criminels à confronter, et de l'envoi et de la restitution des pièces de conviction et documents.

15. L'étranger qui acquerra ou recouvrera la qualité de Français ou de Bavarois après avoir commis sur le territoire de l'autre État, avant l'époque de sa naturalisation, une des infractions prévues par la présente convention, sera livré aux autorités bavaroises, s'il se trouve en France, à moins que la législation française n'autorise sa mise en jugement; s'il se trouve en Bavière, il y sera poursuivi, jugé et puni conformément aux lois du pays.

16. L'extradition par voie de transit, sur le territoire français ou bavarois, d'un individu n'appartenant pas au pays de transit et livré par un autre gouvernement à l'une des parties contractantes, sera autorisée, sur simple demande, par voie diplomatique, appuyée des pièces nécessaires pour établir qu'il ne s'agit pas d'un délit politique ou purement militaire.

Le transport s'effectuera par les voies les plus rapides, sous la conduite d'agents du pays requis et aux frais du gouvernement réclamant.

17. La présente convention est conclue pour cinq années.

Dans le cas où, six mois avant l'expiration de ce terme, aucun des deux gouvernements n'aurait déclaré y renoncer, elle sera valable pour cinq autres années, et ainsi de suite, de cinq ans en cinq ans.

Elle sera ratifiée, et les ratifications en seront échangées dans l'espace de quatre semaines, ou plus tôt, si faire se peut.

Elle recevra son application à partir du 1er janvier 1870.

Sont abrogés le traité conclu entre la France et la Bavière, le 23 mars 1846, ainsi que les déclarations du 20 juin 1854 et du 28 février 1868.

BELGIQUE.

Convention du 15 *août* 1874 (1).

Art. 1. Les Gouvernements français et belge s'engagent à se livrer réciproquement, sur la demande que l'un des deux Gouvernements adressera à l'autre, à la seule exception de leurs nationaux, les individus réfugiés de Belgique en France et dans les colonies françaises, ou de France et des colonies françaises en Belgique, et poursuivis, mis en prévention ou en accusation, ou condamnés comme auteurs ou complices par les tribunaux de celui des deux pays où l'infraction a été commise, pour les crimes et délits énumérés dans l'article ci-après.

Néanmoins, lorsque le crime ou le délit motivant la demande d'extradition aura été commis hors du territoire du gouvernement requérant, il pourra être donné suite à cette demande, si la législation du pays requis autorise la poursuite des mêmes infractions commises hors de son territoire.

2. Ces crimes et délits sont :

1° Assassinat, empoisonnement, parricide et infanticide;

2° Meurtre ;

3° Menaces d'un attentat contre les personnes ou les propriétés, punissables de peines criminelles ;

4° Coups portés et blessures faites volontairement, soit avec préméditation, soit quand il en est résulté une infirmité ou incapacité permanente de travail personnel, la perte ou la privation de l'usage absolu d'un membre, de l'œil ou de tout autre organe, une mutilation grave ou la mort sans intention de la donner;

5° Avortement ;

(1) V. *Bulletin des lois*, 1875, 1, 411.

6° Administration volontaire et coupable, quoique sans intention de donner la mort, de substances pouvant la donner ou altérer gravement la santé;

7° Enlèvement, recel, suppression, substitution ou supposition d'enfant;

8° Exposition ou délaissement d'enfant;

9° Enlèvement de mineurs;

10° Viol;

11° Attentat à la pudeur avec violence;

12° Attentat à la pudeur, sans violence, sur la personne ou à l'aide de la personne d'un enfant de l'un ou l'autre sexe âgé de moins de treize ans;

13° Attentat aux mœurs, en excitant, facilitant ou favorisant habituellement, pour satisfaire les passions d'autrui, la débauche ou la corruption de mineurs de l'un ou de l'autre sexe;

14° Attentats à la liberté individuelle et à l'inviolabilité du domicile, commis par des particuliers;

15° Bigamie;

16° Association de malfaiteurs;

17° Contrefaçon ou falsification d'effets publics ou de billets de banque, de titres publics ou privés; émission ou mise en circulation de ces effets, billets ou titres contrefaits ou falsifiés; faux en écriture ou dans les dépêches télégraphiques, et usage de ces dépêches, effets, billets ou titres contrefaits, fabriqués ou falsifiés;

18° Fausse monnaie, comprenant la contrefaçon et l'altération de la monnaie, émission et mise en circulation de la monnaie contrefaite et altérée;

19° Contrefaçon ou falsification de sceaux, timbres, poinçons et marques; l'usage de sceaux, timbres, poinçons et marques contrefaits ou falsifiés, et usage préjudiciable de vrais sceaux, timbres, poinçons et marques;

20° Faux témoignage et subornation de témoins;

21° Faux serment;

22° Concussion et détournements commis par des fonctionnaires publics;

23° Corruption de fonctionnaires publics ou d'arbitres;

24° Incendie;

25° Vol;

26° Extorsion, dans les cas prévus par les articles 400, paragraphe 1er, du Code pénal français, et 470 du Code pénal belge;

27° Escroquerie;

28° Abus de confiance;

29° Tromperies en matière de vente de marchandises, prévues à la fois en France par l'article 423 du Code pénal et les lois des 27 mars 1851, 5 mai 1855 et 27 juillet 1867, et en Belgique par les articles 498, 499, 500 et 501 du Code pénal;

30° Banqueroute frauduleuse et fraudes dans les faillites, prévues à la fois par les articles 591, 593, nos 1 et 2, et 597 du Code de commerce français, et par les articles 489, paragraphe 3, et 490, paragraphes 1 à 4, du Code pénal belge;

31° Actes attentatoires à la libre circulation sur les chemins de fer, prévus à la fois par les articles 16 et 17 de la loi française du 15 juillet 1845 et par les articles 406, 407 et 408 du Code pénal belge;

32° Destruction de constructions, de machines à vapeur ou d'appareils télégraphiques;

33° Destruction ou dégradation de tombeaux, de monuments, d'objets d'art, de titres, documents, registres et autres papiers;

34° Destruction, détérioration ou dégâts de denrées, marchandises ou autres propriétés mobilières;

35° Destruction ou dévastation de récoltes, plantes, arbres, ou greffes;

36° Destruction d'instruments d'agriculture, destruction ou empoisonnement de bestiaux ou autres animaux;

37° Opposition à la confection ou exécution de travaux autorisés par le pouvoir compétent;

38° Crimes et délits maritimes prévus simultanément par les lois françaises du 10 avril 1825 et du 24 mars 1852, et par les articles 28 à 40 de la loi belge du 21 juin 1849;

39° Recèlement des objets obtenus à l'aide d'un des crimes ou délits prévus dans l'énumération qui précède.

Sont comprises dans les qualifications précédentes les tentatives, lorsqu'elles sont prévues par les législations des deux pays.

En matière correctionnelle ou de délits, l'extradition aura lieu dans les cas prévus ci-dessus :

1° Pour les condamnés contradictoirement ou par défaut, lorsque le total des peines prononcées sera au moins d'un mois d'emprisonnement ;

2° Pour les prévenus, lorsque le maximum de la peine applicable au fait incriminé sera, d'après la loi du pays réclamant, au moins de deux ans d'emprisonnement ou d'une peine équivalente, ou lorsque le prévenu aura déjà été condamné à une peine criminelle ou à un emprisonnement de plus d'un an.

Dans tous les cas, crimes ou délits, l'extradition ne pourra avoir lieu que lorsque le fait similaire sera punissable d'après la législation du pays à qui la demande a été adressée.

3. Il est expressément stipulé que l'étranger dont l'extradition aura été accordée ne pourra, dans aucun cas, être poursuivi ou puni pour aucun délit politique antérieur à l'extradition, ni pour aucun fait connexe à un semblable délit.

Ne sera pas réputé délit politique ni fait connexe à un semblable délit l'attentat contre la personne du chef d'un État étranger ou contre celle des membres de sa famille, lorsque cet attentat constituera le fait, soit de meurtre, soit d'assassinat, soit d'empoisonnement.

4. La demande d'extradition devra toujours être faite par la voie diplomatique.

5. L'extradition sera accordée sur la production, soit du jugement ou de l'arrêt de condamnation, soit de l'ordonnance de la chambre du conseil, de l'arrêt de la chambre des mises en accusation ou de l'acte de procédure criminelle émané du juge ou de l'autorité compétente, décrétant formellement ou opérant de plein droit le renvoi du prévenu ou de l'accusé devant la juridiction répressive, délivré en orignal ou en expédition authentique.

Elle sera également accordée sur la production du mandat d'arrêt ou de tout autre acte ayant la même force, décerné par l'autorité compétente, pourvu que ces actes renferment l'indication précise du fait pour lequel ils ont été délivrés.

Ces pièces seront accompagnées d'une copie du texte de la loi applicable au fait incriminé et, autant que possible, du signalement de l'individu réclamé.

Dans le cas où il y aurait doute sur la question de savoir si le crime ou délit objet de la poursuite rentre dans les prévisions de la présente convention, des explications seront demandées, et, après examen, le gouvernement à qui l'extradition est réclamée statuera sur la suite à donner à la demande.

6. En cas d'urgence, l'arrestation provisoire sera effectuée sur avis, transmis par la poste ou par le télégraphe, de l'existence d'un mandat d'arrêt, à la condition, toutefois, que cet avis sera régulièrement donné par voie diplomatique au ministre des Affaires étrangères du pays où l'inculpé s'est réfugié.

L'arrestation de l'étranger aura lieu dans les formes et suivant les règles établies par la législation du gouvernement auquel elle est demandée.

7. L'étranger arrêté provisoirement, aux termes de l'article précédent sera mis en liberté si, dans le délai de quinze jours après son arrestation, il ne reçoit notification de l'un des documents mentionnés dans l'article 5 de la présente convention.

8. Quand il y aura lieu à l'extradition, tous les objets saisis qui peuvent servir à constater le crime ou le délit, ainsi que les objets provenant de vol, seront, suivant l'appréciation de l'autorité compétente, remis à la puissance réclamante, soit que l'extradition puisse s'effectuer, l'accusé ayant été arrêté, soit qu'il ne puisse y être donné suite, l'accusé ou le coupable s'étant de nouveau évadé ou étant décédé. Cette remise comprendra aussi tous les objets que le prévenu aurait cachés ou déposés dans le pays, et qui seraient découverts ultérieurement. Sont réservés, toutefois, les droits que des tiers non impliqués dans la poursuite auraient pu acquérir sur les objets indiqués dans le présent article.

9. Si l'individu réclamé est poursuivi ou condamné pour une infraction commise dans le pays où il s'est réfugié, son extradition pourra être différée jusqu'à ce que les poursuites soient abandonnées, jusqu'à ce qu'il ait été acquitté ou absous, ou jusqu'au moment où il aura subi sa peine.

Dans le cas où il serait poursuivi ou détenu dans le même pays, à raison d'obligations par lui contractées envers des particuliers, son extradition aura lieu néanmoins, sauf à la partie lésée à poursuivre ses droits devant l'autorité compétente

10. L'individu qui aura été livré ne pourra être poursuivi ou jugé contradictoirement pour aucune infraction autre que celle ayant motivé l'extradition, à moins du consentement exprès et volontaire donné par l'inculpé et communiqué au gouvernement qui l'a livré.

11. L'extradition pourra être refusée si, depuis les faits imputés, le dernier acte de poursuite ou la condamnation, la prescription de la peine ou de l'action est acquise d'après les lois du pays où le prévenu s'est réfugié.

12. Les frais occasionnés par l'arrestation, la détention, la garde, la nourriture des prévenus et le transport des objets mentionnés dans l'article 8 de la présente convention au lieu où la remise s'effectuera, seront supportés par celui des deux États sur le territoire duquel les extradés auront été saisis.

13. Lorsque, dans la poursuite d'une affaire pénale, un des deux gouvernements jugera nécessaire l'audition de témoins domiciliés dans l'autre État, une commission rogatoire sera envoyée, à cet effet, par la voie diplomatique, et il y sera donné suite par les officiers compétents, en observant les lois du pays où l'audition des témoins devra avoir lieu.

Toutefois, les commissions rogatoires tendant à faire opérer, soit une visite domiciliaire, soit la saisie du corps du délit ou de pièces à conviction, ne seront exécutées que pour l'un des faits énumérés à l'article 2 du présent traité, et sous la réserve exprimée dans le paragraphe 2 de l'article 8 ci-dessus.

Les gouvernements respectifs renoncent à toute réclamation ayant pour objet la restitution des frais résultant de l'exécution des commissions rogatoires, dans le cas même où il s'agirait d'expertise, pourvu, toutefois, que cette expertise n'ait pas entraîné plus d'une vacation.

Aucune réclamation ne pourra non plus avoir lieu pour les frais de tous actes judiciaires spontanément faits par les magistrats de chaque pays pour la poursuite ou la constatation de délits commis sur leur territoire par un étranger qui serait ensuite poursuivi dans sa patrie, conformément aux articles 5 et 6 du Code d'instruction criminelle français ou à la loi belge du 30 décembre 1836.

14. Les simples notifications d'actes, jugements ou pièces de procédure réclamées par la justice de l'un des deux pays seront faites à tout individu résidant sur le territoire de l'autre pays sans engager la responsabilité de l'État, qui se bornera à en assurer l'authenticité.

À cet effet, la pièce transmise diplomatiquement ou directement au ministère public du lieu de la résidence sera signifiée à personne, à sa requête, par les soins d'un officier compétent, et il renverra au magistrat expéditeur, avec son visa, l'original constatant la notification.

15. Si, dans une cause pénale, la comparution personnelle d'un témoin est nécessaire, le gouvernement du pays où réside le témoin l'engagera à se rendre à l'invitation qui lui sera faite. Dans ce cas, des frais de voyage et de séjour calculés depuis sa résidence lui seront accordés d'après les tarifs et règlements en vigueur dans le pays où l'audition devra avoir lieu; il pourra lui être fait, sur sa demande, par les soins des magistrats de sa résidence, l'avànce de tout ou partie des frais de voyage, qui seront ensuite remboursés par le gouvernement intéressé. Aucun témoin, quelle que soit sa nationalité, qui, cité dans l'un des deux pays, comparaîtra volontairement devant les juges de l'autre pays, ne pourra y être poursuivi ou détenu pour des faits ou condamnations criminels antérieurs, ni sous prétexte de complicité dans les faits objet du procès où il figurera comme témoin.

16. Il est formellement stipulé que l'extradition par voie de transit à travers le territoire de l'une des parties contractantes d'un individu livré à l'autre partie sera accordée sur la simple production, en original ou en expédition authentique, de l'un des actes de procédure mentionnés à l'article 5, pourvu que le fait servant de base à l'extradition soit compris dans le présent traité et ne rentre pas dans les prévisions des articles 3 et 11.

17. La présente convention, remplaçant le traité du 29 avril 1869 et la déclaration du 23 juin 1870, sera exécutoire le trentième jour à partir de l'échange des ratifications.

Elle demeurera en vigueur jusqu'à l'expiration d'une année à compter du jour où l'une des deux hautes parties contractantes aura déclaré vouloir en faire cesser les effets.

Elle sera ratifiée et les ratifications en seront échangées le plus tôt que faire se pourra.

BRÊME.

Convention du 10 *juillet* 1847 (1).

Art. 1. Les Gouvernements français et brêmois s'engagent, par la présente convention, à se livrer réciproquement chacun, à l'exception de ses citoyens et habitants, les individus réfugiés de Brême en France ou de France à Brême, et poursuivis ou condamnés par les tribunaux compétents, pour l'un des crimes ci-après énumérés.

L'extradition aura lieu sur la demande que l'un des deux gouvernements adressera à l'autre par voie diplomatique.

2. Les crimes à raison desquels cette extradition sera accordée sont :

1° Assassinat, empoisonnement, parricide, infanticide, meurtre, viol, attentat à la pudeur consommé ou tenté avec violence;

2° Incendie;

3° Faux en écriture authentique ou de commerce et en écriture privée, y compris la contrefaçon des billets de banque et effets publics, mais non compris les faux qui, dans le pays auquel l'extradition est demandée, ne sont point punis de peines afflictives et infamantes;

4° Fabrication et émission de fausse monnaie;

5° Contrefaçon des poinçons de l'État servant à marquer les matières d'or et d'argent;

6° Faux témoignage dans les cas où il entraîne une peine afflictive et infamante;

7° Vol, lorsqu'il a été accompagné de circonstances qui entraînent, d'après la législation des deux pays, l'application, au moins, de la peine de la réclusion;

(1) V. *Bulletin des lois*, 1847, 2, 722.

8° Soustractions commises par les dépositaires publics, mais seulement dans les cas où elles sont punies de peines afflictives et infamantes;

9° Banqueroute frauduleuse.

3. Tous les objets saisis en la possession d'un prévenu, lors de son arrestation, seront livrés, au moment où s'effectuera l'extradition, et cette remise ne se bornera pas seulement aux objets volés, mais comprendra tous ceux qui pourraient servir à la preuve du crime.

4. Si l'individu réclamé est poursuivi ou se trouve détenu pour un crime ou délit qu'il a commis dans le pays où il s'est réfugié, son extradition pourra être différée jusqu'à ce qu'il ait subi sa peine.

Dans les cas où il serait poursuivi ou détenu dans le même pays, à raison d'obligations par lui contractées envers des particuliers, son extradition aura lieu néanmoins, sauf à la partie lésée à poursuivre ses droits devant l'autorité compétente.

5. L'extradition ne sera accordée que sur la production, soit d'un arrêt de condamnation, soit d'un arrêt de mise en accusation ou autre acte judiciaire équivalent, c'est-à-dire constatant les poursuites et faisant connaître la nature du crime qui lui est imputé.

6. Chacun des deux gouvernements contractants pourra, sur l'exhibition d'un mandat d'arrêt décerné par l'autorité compétente, demander à l'autre l'arrestation provisoire du prévenu ou du condamné dont il réclamera l'extradition. Cette arrestation ne sera accordée et n'aura lieu que suivant les règles prescrites par la législation du pays auquel elle sera demandée.

L'étranger ainsi arrêté provisoirement sera remis en liberté, si, dans les trois mois, la production des pièces mentionnées dans l'article 5 n'a pas eu lieu de la part du gouvernement qui réclame l'extradition.

7. Si le prévenu ou le condamné n'est pas sujet de celui des deux États contractants qui le réclame, il ne pourra être livré qu'après que son gouvernement aura été consulté et mis en demeure de faire connaître les motifs qu'il pourrait avoir de s'opposer à l'extradition.

Dans tous les cas, le gouvernement saisi de la demande d'extradition restera libre de donner à cette demande la suite qui lui paraîtra convenable et de livrer le prévenu pour être jugé, soit à son pays natal, soit au pays où le crime aura été commis.

8. Il est expressément stipulé que le prévenu ou le condamné dont l'extradition aura été accordée ne pourra être dans aucun cas poursuivi ou puni pour aucun délit politique antérieur à l'extradition, ou pour aucun fait connexe à un semblable délit, ni pour aucun des crimes ou délits non prévus par la présente convention.

9. L'extradition ne pourra avoir lieu si, depuis les faits imputés, la poursuite ou la condamnation, la prescription de l'action ou de la peine est acquise d'après les lois du pays où le prévenu s'est réfugié.

10. Les frais auxquels auront donné lieu l'arrestation, la détention et le transport à la frontière des individus dont l'extradition aura été accordée, seront remboursés, de part et d'autre, d'après les règlements légaux et les tarifs existant dans le pays qui en a fait l'avance.

11. La présente convention ne sera exécutoire que dix jours après sa publication.

12. La présente convention continuera à être en vigueur jusqu'à l'expiration de six mois après déclaration contraire de la part de l'un des deux gouvernements.

Elle sera ratifiée, et les ratifications en seront échangées dans le délai de six semaines, ou plus tôt, si faire se peut.

CHILI.

Convention du 11 *avril* 1860 [1].

Art. 1. Le Gouvernement impérial de France et le Gouvernement de la République du Chili s'engagent, par la présente convention, à se livrer réciproquement, à l'exception de leurs nationaux, les individus réfugiés du Chili en France et de France au Chili, qui seraient poursuivis ou condamnés par les tribunaux compétents pour les crimes énoncés ci-après.

L'extradition devra se demander par l'intermédiaire de l'agent diplomatique ou consul général que chacun des deux gouvernements aura accrédité auprès de l'autre.

2. Les crimes à raison desquels l'extradition sera accordée sont les suivants :

1° Assassinat ;

2° Homicide, à moins qu'il n'ait été commis dans le cas de légitime défense ou par imprudence ;

3° Parricide ;

4° Infanticide ;

5° Empoisonnement ;

6° Avortement ;

7° Castration ;

8° Viol ;

9° Association de malfaiteurs ;

10° Extorsion de titres et de signatures ;

11° Incendie volontaire ;

12° Vol commis avec violence, escalade, effraction ou autre circonstance aggravante lui donnant le caractère de crime ou de vol qualifié et le rendant punissable par les lois des deux pays d'une peine afflictive ou infamante ;

(1) V. *Bulletin des lois*, 1861, 1, 566.

13° Faux en écritures publiques ou authentiques, de documents privés, de valeurs ou billets de banque, de titres de la dette publique de chacun des deux gouvernements, de mandats, effets ou rescriptions ou autres effets de commerce; mais ne seront pas compris dans ces faux ceux qui, suivant la législation du pays dans lequel ils se commettraient, ne sont point punissables d'une peine afflictive ou infamante;

14° Fabrication, introduction ou circulation de fausse monnaie, contrefaçon ou altération de papier-monnaie et des sceaux ou timbres de l'État dans les empreintes pour lettres ou autres effets publics; émission ou circulation de ces effets contrefaits ou altérés;

15° Contrefaçon des coins et sceaux de l'État servant à monnayer ou à marquer les matières métalliques;

16° Soustraction de fonds publics et concussions commises par des fonctionnaires publics, mais seulement dans le cas où ces délits seraient punissables d'une peine afflictive ou infamante, suivant la législation du pays où ils auraient été commis;

17° Banqueroute ou faillite frauduleuse;

18° Baraterie, dans le cas où les faits qui la constituent, et la législation du pays auquel appartient le bâtiment, en rendent les auteurs passibles d'une peine afflictive ou infamante;

19° Insurrection de l'équipage d'un navire, dans le cas où les individus faisant partie de cet équipage se seraient emparés du bâtiment ou l'auraient livré à des pirates;

20° Soustraction frauduleuse des fonds, argent, titres ou effets appartenant à une compagnie ou société industrielle ou commerciale ou autre corporation, par une personne employée chez elle ou ayant sa confiance, ou agissant pour elle, lorsque cette compagnie ou corporation est légalement établie et que les lois punissent ces crimes d'une peine infamante. L'extradition s'appliquera aux individus accusés ou condamnés comme auteurs ou complices desdits crimes.

3. L'extradition ne sera accordée qu'au cas où la demande en viendra accompagnée, soit d'une sentence de condamnation, soit d'un mandat d'arrêt ou d'un autre document ayant au moins la même force, et pourvu que l'expédition de ces documents soit faite par les tribunaux compétents et dans la forme prescrite par la législation du pays qui la demande.

L'État qui demande l'extradition devra joindre aussi le signalement de l'individu réclamé, et indiquer également la nature et la gravité des faits à lui imputés, ainsi que la disposition pénale applicable à ces faits.

4. Nonobstant la stipulation faite dans l'article précédent, chacun des deux gouvernements pourra demander par la voie diplomatique l'arrestation immédiate et provisoire d'un fugitif, en s'engageant à présenter dans le terme de six mois ou moins, s'il était possible, les documents justificatifs d'une demande formelle d'extradition. Le gouvernement à qui sera adressée cette demande, pourra accorder ou refuser l'arrestation à sa volonté, et, en aucun cas, il ne l'accordera, s'il s'agit d'un prévenu n'étant pas citoyen du pays qui le réclame.

Lorsque l'arrestation provisoire aura été accordée, si le délai indiqué s'est écoulé sans que les documents en question aient été exhibés, le détenu sera mis immédiatement en liberté.

5. Si l'individu réclamé est poursuivi pour un crime ou délit commis par lui dans le pays où il est réfugié, son extradition sera différée ou retardée jusqu'à ce que le jugement qui se suit contre lui soit rendu, ou jusqu'à ce qu'il ait subi la peine qui lui sera infligée. La même chose aura lieu si, au moment de la réclamation de l'extradition, il se trouve détenu pour une condamnation antérieure.

6. Si l'individu réclamé n'est pas citoyen ou sujet de l'un des deux gouvernements, l'extradition pourra être suspendue jusqu'à ce que le gouvernement auquel appartient le réfugié ait été consulté et invité à faire connaître les motifs qu'il pourrait avoir de s'opposer à l'extradition.

Dans tous les cas, le gouvernement saisi de la demande d'extradition restera libre de donner à cette demande la suite qui lui paraîtra convenable, et de livrer le réfugié pour être jugé, soit au souverain de son propre pays, soit à celui du pays où le crime aura été commis.

7. Dans aucun cas, le fugitif qui aura été livré à l'un des deux gouvernements ne pourra être puni pour délits politiques antérieurs à la date de l'extradition, ni pour un crime ou délit autre que ceux énumérés dans la présente convention.

Les tentatives d'assassinat, d'homicide ou d'empoisonnement contre le chef d'un gouvernement étranger ne seront pas réputées crimes politiques pour l'effet de l'extradition. Ne seront pas non plus considérés comme crimes politiques ceux énumérés dans cet article, lorsqu'ils seront commis contre l'héritier immédiat de la couronne de France.

8. L'extradition n'aura pas lieu, s'il s'est écoulé un temps suffisant pour que le poursuivi ou le condamné puisse opposer la prescription de la peine ou de l'action d'après les lois du pays où le prévenu s'est réfugié.

9. Les objets meubles à l'usage personnel du prévenu qui se trouveraient en sa possession lors de son arrestation, de même que ceux qu'il aurait volés et ceux qui pourraient servir à la preuve du crime qu'on lui impute, seront livrés au moment où s'effectuera l'extradition.

10. Les deux gouvernements renoncent à la restitution des frais résultant de l'arrestation, de la détention, de l'entretien et du transport de l'accusé ou du condamné jusqu'au port où il devra s'embarquer pour se rendre à sa destination.

11. Lorsque, dans la poursuite d'une cause criminelle, un des deux gouvernements jugera nécessaire l'audition de témoins domiciliés sur le territoire de l'autre, il adressera une commission rogatoire, par la voie diplomatique, au gouvernement du pays où devra se faire cette enquête, et celui-ci prescrira les mesures nécessaires pour que ladite enquête ait lieu selon les règles.

Les deux gouvernements renoncent à la réclamation des frais de cette procédure.

12. La présente convention sera en vigueur pendant cinq ans, à compter du jour de l'échange des ratifications, et si, douze mois avant l'expiration de ce terme, ni l'une ni l'autre des deux parties contractantes n'annonce, par une déclaration officielle, son intention d'en faire cesser l'effet, ladite convention restera obligatoire pendant une année, et ainsi de suite jusqu'à l'expiration des douze mois qui suivront la déclaration officielle en question, à quelque époque qu'elle ait lieu.

Cette convention sera ratifiée et les ratifications en seront échangées à Santiago, dans le délai de dix-huit mois, ou plus tôt si faire se peut.

DANEMARK.

Convention du 28 mars 1877 (1).

Art. 1. Les Gouvernements français et danois s'engagent à se livrer réciproquement, sur la demande que l'un des deux gouvernements adressera à l'autre, les individus trouvés soit en France et dans les colonies françaises, soit en Danemark et dans les colonies danoises, et poursuivis, mis en prévention ou en accusation, ou condamnés comme auteurs ou complices par les autorités compétentes de celui des deux pays où l'infraction a été commise, pour les crimes et délits énumérés dans l'article 2 ci-après.

Les nationaux respectifs sont exceptés de l'extradition. Les deux gouvernements se réservent, en outre, la faculté de ne pas livrer les étrangers fixés et domiciliés dans le pays, à moins que la demande d'extradition ne concerne un fait commis par l'étranger avant son arrivée dans le pays requis et que celui-ci n'y soit domicilié depuis moins de deux ans.

2. Les crimes et délits susceptibles de motiver l'extradition sont :

1° Parricide, infanticide, assassinat, empoisonnement, meurtre ;

2° Coups portés ou blessures faites volontairement avec préméditation ou ayant causé une maladie paraissant incurable, une incapacité permanente de travail personnel, la perte absolue de l'usage d'un organe, une mutilation grave ou la mort sans l'intention de la donner;

3° Bigamie, enlèvement de mineurs, viol, avortement, attentat à la pudeur commis avec violence, attentat à la pudeur commis sans violence sur la personne ou à l'aide de la personne d'un enfant de l'un ou de l'autre sexe, âgé de

(1) V. *Bulletin des lois*, 1878, 1, 525.

moins de treize ans, s'il s'agit d'un individu réclamé par la France, et de moins de douze ans, s'il s'agit d'un individu réclamé par le Danemark; attentat aux mœurs en excitant, facilitant ou favorisant habituellement, pour satisfaire les passions d'autrui, la débauche ou la corruption de mineurs de l'un ou de l'autre sexe;

4° Enlèvement d'enfants et attentat à la liberté individuelle commis par des particuliers;

5° Incendie;

6° Destruction de constructions, machines à vapeur ou appareils télégraphiques;

7° Vol commis sans violence ni menaces et vol commis à l'aide de violence ou menaces;

8° Menaces d'attentat contre les personnes ou les propriétés, dans les cas prévus par les articles 305 à 307 du Code pénal français et le paragraphe 245 du Code pénal danois;

9° Fausse monnaie; comprenant la contrefaçon et l'altération de la monnaie, l'émission et la mise en circulation de la monnaie contrefaite ou altérée; contrefaçon et falsification d'effets publics ou de billets de banque, de titres publics ou privés; émission ou mise en circulation de ces effets; billets ou titres contrefaits ou falsifiés; faux en écriture et usage des documents contrefaits, fabriqués ou falsifiés;

10° Faux témoignage et fausses déclarations d'experts ou d'interprètes;

11° Faux serment;

12° Concussion et détournement commis par des fonctionnaires publics;

13° Banqueroute frauduleuse;

14° Escroquerie, abus de confiance dans les cas prévus simultanément, par la législation des deux pays;

15° Échouement, perte ou destruction volontaire et illégale d'un navire par le capitaine ou les officiers et gens de l'équipage; rébellion ou mutinerie de l'équipage d'un navire;

16° Recèlement des objets obtenus à l'aide d'un des crimes ou délits prévus par la présente convention.

L'extradition pourra aussi avoir lieu pour la tentative

des faits ci-dessus énumérés. Dans tous les cas, l'extradition ne pourra avoir lieu que lorsque le fait incriminé est punissable à la fois d'après la législation des deux pays contractants.

3. Il est expressément stipulé que l'étranger dont l'extradition aura été accordée ne pourra, dans aucun cas, être poursuivi ou puni pour aucun délit politique antérieur à l'extradition, ni pour aucun fait connexe à un semblable délit.

Le même individu ne pourra d'ailleurs pas être poursuivi ou puni pour une infraction autre que celle ayant motivé l'extradition, à moins de son consentement exprès et volontaire communiqué au gouvernement qui l'a livré, ou à moins qu'après avoir subi sa peine ou avoir été acquitté du chef du crime ou délit qui a donné lieu à l'extradition, il n'ait négligé de quitter le pays avant un délai d'un mois ou bien qu'il n'y vienne de nouveau.

Ne sera pas réputé délit politique, ni fait connexe à un semblable délit, l'attentat contre la personne du chef d'un État étranger ou contre celle des membres de sa famille, lorsque cet attentat constituera le fait soit de meurtre, soit d'assassinat, soit d'empoisonnement.

4. La demande d'extradition devra toujours être faite par la voie diplomatique.

5. L'extradition sera accordée sur la production, soit du jugement ou de l'arrêt de condamnation, soit de l'arrêt de la chambre des mises en accusation ou de l'acte de procédure criminelle émané du juge ou de l'autorité compétente, décrétant formellement ou opérant de plein droit le renvoi du prévenu ou de l'accusé devant la juridiction répressive, délivré en original ou en expédition authentique.

Elle sera également accordée sur la production du mandat d'arrêt ou de tout autre acte ayant la même force décerné par l'autorité compétente, pourvu que ces actes renferment l'indication précise du fait pour lequel ils ont été délivrés. Ces pièces seront accompagnées d'une copie du texte de la loi applicable au fait incriminé, et, autant que possible, du signalement de l'individu réclamé.

Dans le cas où il y aurait doute sur la question de savoir si le crime ou délit objet de la poursuite rentre dans les prévisions de la présente convention, des explications seront demandées, et, après examen le gouvernement à qui l'extradition est réclamée statuera sur la suite à donner à la demande.

6. En cas d'urgence, l'arrestation provisoire sera effectuée sur l'avis, transmis par la poste ou par le télégraphe, de l'existence d'un mandat d'arrêt, à la condition, toutefois, que cet avis soit régulièrement donné par voie diplomatique au ministre des Affaires étrangères du pays où l'inculpé s'est réfugié.

L'arrestation de l'étranger aura lieu dans les formes et suivant les règles établies par la législation du gouvernement auquel elle est demandée.

7. L'étranger arrêté provisoirement, aux termes de l'article précédent, sera mis en liberté si, dans le délai d'un mois après son arrestation, le gouvernement requis n'a pas reçu communication de l'un des documents mentionnés dans l'article 5 de la présente convention.

8. Quand il y aura lieu à extradition, tous les objets saisis qui peuvent servir à constater le crime ou le délit, ainsi que les objets provenant de vol, seront, suivant l'appréciation de l'autorité compétente, remis à la puissance réclamante, soit que l'extradition puisse s'effectuer, l'accusé ayant été arrêté, soit qu'il ne puisse y être donné suite, l'accusé ou le coupable s'étant de nouveau évadé ou étant décédé.

Cette remise comprendra aussi tous les objets de la même nature que le prévenu aurait cachés ou déposés dans le pays, et qui seraient découverts ultérieurement ; sont réservés toutefois les droits que des tiers, non impliqués dans la poursuite, auraient pu acquérir sur les objets indiqués dans le présent article.

9. Si l'individu réclamé est poursuivi ou condamné pour une infraction commise dans le pays où il s'est réfugié, son extradition pourra être différée jusqu'à ce qu'il ait été acquitté ou absous, ou jusqu'au moment où il aura subi sa peine.

Dans le cas où il serait poursuivi ou détenu dans le même pays à raison d'obligations par lui contractées envers des particuliers, son extradition aura lieu néanmoins, sauf à la partie lésée à poursuivre ses droits devant l'autorité compétente.

10. L'extradition ne pourra avoir lieu si, depuis les faits imputés, les poursuites ou la condamnation, la prescription de l'action ou de la peine est acquise d'après les lois du pays dans lequel le prévenu ou le condamné s'est réfugié.

11. Les frais d'arrestation, d'entretien ou de transport de l'individu dont l'extradition aura été accordée, ainsi que ceux de consignation et de transport des objets qui, aux termes de l'article 8, doivent être restitués ou remis, resteront à la charge des deux États, dans la limite de leurs territoires respectifs.

Les frais de transport et autres sur le territoire des États intermédiaires seront à la charge de l'État réclamant.

Au cas où le transport par mer serait jugé préférable, l'individu à extrader sera conduit au port de l'État requis que désignera l'agent diplomatique ou consulaire accrédité par le gouvernement réclamant, aux frais duquel il sera embarqué.

12. Il est formellement stipulé que l'extradition, par voie de transit sur les territoires respectifs des États contractants, d'un individu n'appartenant pas au pays de transit, sera accordée sur la simple production, en original ou en expédition authentique, de l'un des actes de procédure mentionnés, selon les cas, dans l'article 5 ci-dessus, pourvu que le fait servant de base à l'extradition soit compris dans la présente convention et ne rentre pas dans les dispositions des articles 3 et 10.

13. Lorsque, dans la poursuite d'une affaire pénale non politique, un des deux gouvernements jugera nécessaire l'audition de témoins domiciliés dans l'autre État ou tout autre acte d'instruction judiciaire, une commission rogatoire sera envoyée, à cet effet, par la voie diplomatique, et il y sera donné suite en observant les lois du pays dans lequel l'audition des témoins ou l'acte d'instruction devra avoir lieu.

Les commissions rogatoires émanées de l'autorité compétente étrangère et tendant à faire opérer soit une visite domiciliaire, soit la saisie du corps du délit ou de pièces à conviction, ne pourront être exécutées que pour un des faits énumérés à l'article 2 et sous la réserve exprimée au dernier paragraphe de l'article 8.

14. En matière pénale non politique, lorsque la notification d'un acte de procédure ou d'un jugement à un Français ou à un Danois paraîtra nécessaire au Gouvernement français, et réciproquement, la pièce transmise diplomatiquement sera signifiée à personne par l'autorité compétente, et l'original constatant la notification, revêtu du visa, sera envoyé par la même voie au gouvernement requérant, sans restitution des frais.

15. Si, dans une cause pénale, la comparution personnelle d'un témoin est nécessaire, le gouvernement du pays où réside le témoin l'engagera à se rendre à l'invitation qui lui sera faite. Ce dernier devra être dédommagé, par l'État intéressé à sa comparution, des frais de voyage et de séjour, ainsi que de sa peine et de la perte de son temps; il pourra lui être fait, sur sa demande, par les soins des magistrats de sa résidence, l'avance de tout ou partie des frais de voyage, qui seront ensuite remboursés par le gouvernement intéressé. Aucun témoin, quelle que soit sa nationalité, qui, cité dans l'un des deux pays, comparaîtra volontairement devant les juges de l'autre pays, ne pourra y être poursuivi ou détenu pour des faits ou condamnations criminels antérieurs, ni sous prétexte de complicité dans les faits objet du procès où il figurera comme témoin.

16. Les stipulations du présent traité sont applicables aux colonies et aux possessions étrangères des deux hautes parties contractantes, où il sera procédé de la manière suivante :

La demande d'extradition du malfaiteur qui s'est réfugié dans une colonie ou possession étrangère de l'une des parties sera faite au gouverneur ou fonctionnaire principal de cette colonie ou possession par le principal agent consulaire de l'autre dans cette colonie ou possession, ou, si le fugitif s'est échappé d'une colonie ou possession étrangère de la partie au nom de laquelle l'extradition est demandée, par le gouverneur ou le fonctionnaire principal de cette colonie ou possession.

Ces demandes seront faites ou accueillies, en suivant toujours aussi exactement que possible les stipulations de ce traité, par les gouverneurs ou premiers fonctionnaires, qui, cependant, auront la faculté ou d'accorder l'extradition ou d'en référer à leur gouvernement.

17. La présente convention sera ratifiée et les ratifications en seront échangées le plus tôt que faire se pourra.

Elle sera exécutoire le trentième jour à partir de l'échange des ratifications et elle demeurera en vigueur jusqu'à l'expiration d'une année à compter du jour où l'une des deux hautes parties contractantes aura déclaré vouloir en faire cesser les effets.

ESPAGNE.

Convention du 14 *décembre* 1877 (1).

ART. 1. Les Gouvernements français et espagnol s'engagent à se livrer réciproquement, sur la demande que l'un des deux gouvernements adressera à l'autre, à la seule exception de leurs nationaux, les individus réfugiés d'Espagne en France et dans les colonies françaises, ou de la France et des colonies françaises en Espagne, et poursuivis, mis en prévention ou en accusation ou condamnés comme auteurs, complices ou recéleurs, par les tribunaux de celui des deux pays où l'infraction a été commise, pour les crimes et délits consommés ou tentés, ou dont l'exécution a échoué, et qui sont énumérés dans l'article ci-après.

Néanmoins, lorsque le crime ou le délit motivant la demande d'extradition aura été commis hors du territoire du gouvernement requérant, il pourra être donné suite à cette demande si la législation du pays requis autorise la poursuite des mêmes infractions commises hors de son territoire.

2. Les crimes et délits pour lesquels il y aura lieu à extradition sont :

1° L'assassinat, l'empoisonnement, le parricide et l'infanticide ;

2° Le meurtre ;

3° Les menaces de mort et d'incendie, lorsqu'elles auront été faites par écrit et sous condition ;

4° Les coups portés et les blessures faites volontairement, soit avec préméditation, soit quand il en est résulté une infirmité ou incapacité permanente de travail personnel, la perte ou la privation de l'usage absolu d'un membre, de l'œil ou

(1) V. *Bulletin des lois*, 1878, 2, 165.

de tout autre organe, une mutilation grave ou la mort sans intention de la donner; l'homicide par imprudence, négligence, maladresse et inobservation des règlements;

5° L'avortement;

6° L'administration volontaire et coupable, quoique sans intention de donner la mort, de substances pouvant la donner ou altérer gravement la santé;

7° L'enlèvement, le recel, la suppression, la substitution ou la supposition d'enfants;

8° L'exposition ou le délaissement d'enfants;

9° L'enlèvement de mineurs;

10° Le viol;

11° L'attentat à la pudeur avec violence;

12° L'attentat à la pudeur, sans violence, sur la personne ou à l'aide de la personne d'un enfant de l'un ou de l'autre sexe âgé de moins de treize ans;

13° L'attentat aux mœurs, en excitant, facilitant ou favorisant habituellement, pour satisfaire les passions d'autrui, la débauche ou la corruption de mineurs de l'un ou de l'autre sexe;

14° Les attentats à la liberté individuelle et à l'inviolabilité du domicile commis par des particuliers;

15° La bigamie;

16° L'association de malfaiteurs;

17° La contrefaçon ou falsification d'effets publics ou de billets de banque, de titres publics ou privés; l'émission ou mise en circulation de ces effets, billets ou titres contrefaits ou falsifiés, le faux en écriture ou dans les dépêches télégraphiques, et l'usage de ces dépêches, effets, billets ou titres contrefaits, fabriqués ou falsifiés;

18° La fausse monnaie, comprenant la contrefaçon et l'altération de la monnaie, l'émission et la mise en circulation de la monnaie contrefaite et altérée;

19° La contrefaçon ou falsification de sceaux, timbres, poinçons et marques; l'usage de sceaux, timbres, poinçons et marques contrefaits ou falsifiés, et l'usage préjudiciable de vrais sceaux, timbres, poinçons et marques;

20° Le faux témoignage, la subornation de témoins, d'experts ou d'interprètes;

21° Le faux serment;

22° La concussion et les détournements commis par des fonctionnaires publics;

23° La corruption de fonctionnaires publics ou d'arbitres;

24° L'incendie volontaire;

25° Le vol;

26° L'extorsion par force, violence ou contrainte;

27° L'escroquerie;

28° L'abus de confiance;

29° Les falsifications de substances ou denrées alimentaires ou médicamenteuses et de boissons destinées à être vendues, lorsque ces falsifications ont été opérées au moyen de mixtions étrangères nuisibles à la santé; la vente ou mise en vente des marchandises ainsi falsifiées;

30° La banqueroute frauduleuse;

31° La destruction ou le dérangement des voies ferrées, et généralement l'emploi de tout moyen quelconque à l'effet d'entraver la marche des convois ou de les faire sortir des rails;

32° La destruction de constructions de machines à vapeur ou d'appareils télégraphiques;

33° La destruction ou la dégradation de tombeaux, de monuments, d'objets d'art, de titres, documents, registres et autres papiers;

34° Les destructions, détériorations ou dégâts de denrées, marchandises ou autres propriétés mobilières;

35° La destruction ou dévastation de récoltes ou plants;

36° La destruction d'instruments d'agriculture, la destruction ou l'empoisonnement de bestiaux ou autres animaux domestiques;

37° L'opposition, par des voies de fait, à la confection ou exécution de travaux autorisés par le pouvoir compétent;

38° Crimes commis en mer:

a) Tout acte de déprédation ou de violence commis par l'équipage d'un navire français ou espagnol contre un autre navire français ou espagnol, ou par l'équipage d'un navire étranger, non pourvu de commission régulière, contre des navires français ou espagnols, leurs équipages ou leurs chargements ;

b) Le fait, par tout individu faisant ou non partie d'un bâtiment de mer, de le livrer aux pirates;

c) Le fait, par tout individu faisant partie ou non de l'équipage d'un navire ou bâtiment de mer, de s'emparer dudit navire ou bâtiment par fraude ou violence ;

d) Destruction, submersion, échouement ou perte d'un navire, dans une intention coupable ;

e) Révolte par deux ou plusieurs personnes, à bord d'un navire en mer, contre l'autorité du capitaine ou du patron.

Sont comprises dans les qualifications précédentes les tentatives, lorsqu'elles sont prévues par les législations des deux pays.

L'extradition aura lieu dans les cas prévus ci-dessus :

1° Pour les condamnés contradictoirement ou par défaut, lorsque le total des peines prononcées sera au moins d'un mois d'emprisonnement ;

2° Pour les prévenus, lorsque le maximum de la peine applicable au fait incriminé sera, d'après la loi du pays réclamant, au moins de deux ans d'emprisonnement ou d'une peine équivalente, ou lorsque le prévenu aura déjà été condamné à une peine criminelle ou à un emprisonnement de plus d'un an; et, en Espagne, pour les faits considérés comme délits moins graves, quand le total des peines imposées dépassera deux ans de privation de liberté;

Dans tous les cas, crimes ou délits, l'extradition ne pourra avoir lieu que lorsque le fait similaire sera punissable d'après la législation du pays à qui la demande a été adressée.

3. Aucune personne accusée ou condamnée ne sera livrée si le délit pour lequel l'extradition est demandée est considéré par la partie requise comme un délit politique ou un fait connexe à un semblable délit.

4. La demande d'extradition devra toujours être faite par la voie diplomatique.

5. L'extradition sera accordée sur la production du mandat d'arrêt décerné contre l'individu réclamé, ou de tout autre acte ayant au moins la même force que ce mandat et indiquant également la nature et la gravité des faits poursuivis, ainsi que la disposition pénale applicable à ces faits.

Ces pièces seront, autant que possible, accompagnées du signalement de l'individu réclamé et d'une copie du texte de la loi pénale applicable au fait incriminé.

6. En cas d'urgence, l'arrestation provisoire sera effectuée sur avis, transmis par la poste ou par le télégraphe, de l'existence d'un mandat d'arrêt, à la condition toutefois que cet avis sera régulièrement donné par voie diplomatique au ministre des Affaires étrangères du pays où l'inculpé s'est réfugié.

L'arrestation de l'étranger aura lieu dans les formes et suivant les règles établies par la législation du gouvernement auquel elle est demandée.

7. L'étranger arrêté provisoirement, aux termes de l'article précédent, sera mis en liberté si, dans le délai d'un mois après son arrestation, il ne reçoit notification de l'un des documents mentionnés dans l'article 5 de la présente convention.

8. Quand il y aura lieu à l'extradition, tous les objets saisis qui peuvent servir à constater le crime ou le délit, ainsi que les objets provenant de vol seront, suivant l'appréciation de l'autorité compétente, remis à la puissance réclamante, soit que l'extradition puisse s'effectuer, l'accusé ayant été arrêté, soit qu'il ne puisse y être donné suite, l'accusé ou le coupable s'étant de nouveau évadé ou étant décédé. Cette remise comprendra aussi tous les objets que le prévenu aurait cachés ou déposés dans le pays et qui seraient découverts ultérieurement. Sont réservés toutefois les droits que les tiers non impliqués dans la poursuite auraient pu acquérir sur les objets indiqués dans le présent article.

9. Si l'individu réclamé est poursuivi ou condamné pour une infraction commise dans le pays où il s'est réfugié, son extradition pourra être différée jusqu'à ce que les poursuites soient abandonnées, jusqu'à ce qu'il ait été acquitté ou absous, ou jusqu'au moment où il aura subi sa peine.

Dans le cas où il serait poursuivi ou détenu, dans le même pays, à raison d'obligations par lui contractées envers des particuliers, son extradition aura lieu néanmoins, sauf à la partie lésée à poursuivre ses droits devant l'autorité compétente.

10. L'individu qui aura été livré ne pourra être poursuivi ou jugé contradictoirement pour aucune infraction autre que celle ayant motivé l'extradition, à moins du consentemen exprès et volontaire donné par l'inculpé et communiqué au gouvernement qui l'a livré.

11. L'extradition pourra être refusée si, depuis les faits imputés, le dernier acte de poursuite ou la condamnation, la prescription de la peine ou de l'action est acquise d'après les lois du pays où le prévenu s'est réfugié, ou si les faits incriminés ont été l'objet d'une amnistie ou d'un indulto.

12. Les frais occasionnés par l'arrestation, la détention, la garde, la nourriture des prévenus et le transport des objets mentionnés dans l'article 8 de la présente convention, au lieu où la remise s'effectuera, seront supportés par celui des deux États sur le territoire duquel les extradés auront été saisis.

13. Lorsque, dans la poursuite d'une affaire pénale non politique, un des deux gouvernements jugera nécessaire l'audition de témoins domiciliés dans l'autre État, une commission rogatoire sera envoyée à cet effet par la voie diplomatique, et il y sera donné suite par les officiers compétents, en observant les lois du pays où l'audition des témoins devra avoir lieu.

Toutefois, les commissions rogatoires tendant à faire opérer soit une visite domiciliaire, soit la saisie du corps du délit ou de pièces à conviction, ne seront exécutées que pour l'un des faits énumérés à l'article 2 du présent traité et sous la réserve exprimée dans le paragraphe 2 de l'article 8 ci-dessus.

Les gouvernements respectifs renoncent à toutes réclamations ayant pour objet la restitution des frais résultant de l'exécution des commissions rogatoires, dans le cas même où il s'agirait d'expertise, pourvu toutefois que cette expertise n'ait pas entraîné plus d'une vacation.

Aucune réclamation ne pourra non plus avoir lieu pour les frais de tous actes judiciaires spontanément faits par les magistrats de chaque pays pour la poursuite ou la constatation des délits commis sur le territoire par un étranger qui serait ensuite poursuivi dans sa patrie conformément aux articles 5 et 6 du Code d'instruction criminelle français ou à la loi espagnole du 15 septembre 1870.

14. Les simples notifications d'actes, jugements ou pièces de procédure réclamés par la justice de l'un des deux pays en matière non politique, seront faites à tout individu résidant sur le territoire de l'autre pays sans engager la responsabilité de l'État, qui se bornera à en assurer l'authenticité.

À cet effet, la pièce transmise diplomatiquement ou directement au ministère public du lieu de la résidence sera signifiée à personne, à sa requête, par les soins d'un officier compétent, et il renverra au magistrat expéditeur, avec son visa, l'original constatant la notification.

15. Si, dans une cause pénale politique, la comparution personnelle d'un témoin est nécessaire, le gouvernement du pays où réside le témoin l'engagera à se rendre à l'invitation qui lui sera faite. Dans ce cas, les frais de voyage et de séjour, calculés depuis sa résidence, lui seront accordés d'après les tarifs et règlements en vigueur dans le pays où l'audition devra avoir lieu; il pourra lui être fait, sur sa demande, par les soins des magistrats de sa résidence, l'avance de tout ou partie des frais de voyage, qui seront ensuite remboursés par le gouvernement intéressé. Aucun témoin, quelle que soit sa nationalité, qui, cité dans l'un des deux pays, comparaîtra volontairement devant les juges de l'autre pays, ne pourra y être poursuivi ou détenu pour des faits ou condamnations criminels antérieurs, ni sous prétexte de complicité dans les faits objet du procès où il figurera comme témoin.

16. Il est formellement stipulé que l'extradition, par voie de transit à travers le territoire de l'une des parties contractantes, d'un individu livré à l'autre partie, sera accordée sur la simple production, en original ou en expédition authentique, de l'un des actes de procédure, mentionnés à l'article 5, pourvu que le fait servant de base à l'extradition soit compris dans le présent traité et ne rentre pas dans les prévisions des articles 3 et 11.

17. Les stipulations du présent traité sont applicables aux colonies et aux possessions des deux hautes parties contractantes, où il sera procédé de la manière suivante :

La demande d'extradition du malfaiteur qui s'est réfugié dans une colonie ou possession étrangère de l'une des parties sera faite au gouverneur ou fonctionnaire principal de cette colonie ou possession par le principal agent consulaire de l'autre en cette colonie ou possession, ou, si le fugitif s'est échappé d'une colonie ou possession étrangère de la partie au nom de laquelle l'extradition est demandée, par le gouverneur ou par le fonctionnaire principal de cette colonie ou possession.

Les demandes seront faites ou accueillies en suivant toujours, aussi exactement que possible, les stipulations de ce traité, et en tenant compte des distances et de l'organisation des pouvoirs locaux, par le gouverneur ou premier fonctionnaire, qui, cependant, aura la faculté ou d'accorder l'extradition ou d'en référer à son gouvernement.

18. La présente convention, remplaçant celle du 26 août 1850, sera exécutoire le trentième jour à partir de l'échange des ratifications.

Elle demeurera en vigueur jusqu'à l'expiration d'une année à compter du jour où l'une des deux parties hautes contractantes aura déclaré vouloir en faire cesser les effets.

Elle sera ratifiée et les ratifications en seront échangées le plus tôt que faire se pourra.

ÉTATS-UNIS.

Convention du 9 novembre 1843 (1).

ART. 1. Il est convenu que les hautes parties contractantes, sur les réquisitions faites en leur nom par l'intermédiaire de leurs agents diplomatiques respectifs, seront tenues de livrer à la justice les individus qui, accusés des crimes énumérés dans l'article suivant, commis dans la juridiction de la partie requérante, chercheront un asile ou seront rencontrés sur le territoire de l'autre, pourvu que cela n'ait lieu que dans le cas où l'existence du crime sera constatée de telle manière que les lois du pays où le fugitif, ou l'individu ainsi accusé, sera rencontré, justifierait sa détention et sa mise en jugement, si le crime y avait été commis.

2. Seront livrés en vertu des dispositions de cette convention, les individus qui seront accusés de l'un des crimes suivants, savoir : meurtre (y compris les crimes qualifiés, dans le Code pénal français, d'assassinat, de parricide, d'infanticide et d'empoisonnement), ou tentative de meurtre, ou viol, ou faux, ou incendie, ou soustractions commises par des dépositaires publics, mais seulement dans le cas où elles seront punies de peines infamantes.

3. L'extradition ne sera effectuée, de la part du Gouvernement français, que sur l'avis du ministre de la Justice, garde des sceaux; et de la part du Gouvernement des États-Unis, l'extradition ne sera effectuée que sur l'ordre du pouvoir exécutif des États-Unis.

4. Les frais de toute détention et extradition opérées en vertu des articles précédents seront supportés et payés par le gouvernement au nom duquel la réquisition aura été faite.

(1) V. *Bulletin des lois*, 1844, 1, 592.

5. Les dispositions de la présente convention ne s'appliqueront en aucune manière aux crimes énumérés dans l'article 2, commis antérieurement à sa date, ni aux crimes ou délits purement politiques.

6. Cette convention continuera d'être en vigueur jusqu'à ce qu'elle soit abrogée par les parties contractantes, ou l'une d'elles; mais elle ne pourra être abrogée que d'un consentement mutuel, à moins que la partie qui désirerait l'abroger ne donne avis, six mois d'avance, de son intention de le faire.

Article additionnel du 24 février 1845 (1).

Le crime de *robbery*, consistant dans l'enlèvement forcé et criminel, effectué sur la personne d'autrui, d'argent ou d'effets d'une valeur quelconque, à l'aide de violence ou d'intimidation, et le crime de *burglary*, consistant dans l'action de s'introduire nuitamment, et avec effraction ou escalade, dans l'habitation d'autrui, avec une intention criminelle, et les crimes correspondants prévus et punis par la loi française, sous la qualification de vols commis avec violence ou menaces, et de vols commis dans une maison habitée, avec les circonstances de la nuit et de l'escalade ou de l'effraction, n'étant pas compris dans l'article 2 de la convention d'extradition conclue entre la France et les États-Unis d'Amérique, le 9 novembre 1843, il est convenu, par le présent article, entre les hautes parties contractantes, que les individus accusés de ces crimes seront respectivement livrés conformément à l'article 1er de ladite convention; et le présent article, lorsqu'il aura été ratifié par les parties, fera partie de ladite convention et aura la même valeur que s'il y avait été originairement inscrit.

(1) V. *Bulletin des lois*, 1845, 2, 481.

Article additionnel du 10 *février* 1858 (1).

Il est convenu entre les hautes parties contractantes que les stipulations des traités entre la France et les États-Unis d'Amérique, du 9 novembre 1843 et du 24 février 1845, pour l'extradition mutuelle des criminels, et actuellement en vigueur entre les deux gouvernements, comprendront non-seulement les personnes accusées des crimes qui y sont mentionnés, mais encore les personnes accusées des crimes suivants, soit comme principales, accessoires ou complices, nommément : de fabriquer ou de passer sciemment ou de mettre en circulation de la fausse monnaie ou de faux billets de banque ou d'autres papiers ayant cours comme monnaie; de détournement des fonds, monnaie ou propriété de toute société ou corporation, par toute personne employée par elle ou remplissant pour elle un emploi de confiance, quand une telle société ou corporation aura été légalement constituée et que la peine légale pour ces crimes est infamante.

(1) V. *Bulletin des lois*, 1859, 1, 199.

HAMBOURG.

Convention du 5 *février* 1848 [1].

Art. 1. Les Gouvernements français et hambourgeois s'engagent, par la présente convention, à se livrer réciproquement, chacun à l'exception de ses nationaux, les individus réfugiés de Hambourg en France ou de France à Hambourg, et poursuivis ou condamnés par les tribunaux compétents pour l'un des crimes ci-après énumérés.

L'extradition aura lieu sur la demande que l'un des deux gouvernements adressera à l'autre par voie diplomatique.

2. Les crimes à raison desquels cette extradition sera accordée sont :

1° Assassinat, empoisonnement, parricide, infanticide, meurtre, viol, attentat à la pudeur consommé ou tenté avec violence ;

2° Incendie ;

3° Faux en écriture authentique ou de commerce et en écriture privée, y compris la contrefaçon des billets de banque et effets publics, mais non compris les faux qui, dans le pays auquel l'extradition est demandée, ne sont point, suivant la législation française, punis de peines afflictives et infamantes ;

4° Fabrication et émission de fausse monnaie ;

5° Contrefaçon des poinçons de l'État servant à marquer les matières d'or et d'argent ;

6° Faux témoignage, dans les cas où il entraîne, suivant la législation française, une peine afflictive et infamante ;

7° Vol, lorsqu'il a été accompagné de circonstances qui entraînent, d'après la législation des deux pays, l'application au moins de la peine de réclusion ;

(1) V. *Bulletin des lois*, 1851, 2, 113.

8° Soustractions commises par les dépositaires publics, mais seulement dans les cas où elles sont punies, suivant la législation française, de peines afflictives et infamantes;

9° Banqueroute frauduleuse;

10° Faits de baraterie, dans tous les cas où ils sont punissables, d'après la loi française, de peines afflictives et infamantes;

11° Crime de sédition parmi l'équipage, dans le cas où des individus faisant partie de l'équipage d'un navire ou bâtiment de mer se seraient emparés dudit bâtiment par fraude ou violence envers le capitaine ou commandant, et aussi dans le cas où ils auraient livré ledit bâtiment ou navire à des pirates.

3. Tous les objets saisis en la possession d'un prévenu, lors de son arrestation, seront livrés au moment où s'effectuera l'extradition, et cette remise ne se bornera pas seulement aux objets volés, mais comprendra tous ceux qui pourraient servir à la preuve du crime.

4. Si l'individu réclamé est poursuivi ou se trouve détenu pour un crime ou délit qu'il a commis dans le pays où il s'est réfugié, son extradition pourra être différée jusqu'à ce qu'il ait subi sa peine.

Dans le cas où il serait poursuivi ou détenu dans le même pays, à raison d'obligations par lui contractées envers des particuliers, son extradition aura lieu néanmoins, sauf à la partie lésée à poursuivre ses droits devant l'autorité compétente.

5. L'extradition ne sera accordée que sur la production soit d'un arrêt de condamnation, soit d'un arrêt de mise en accusation ou autre acte judiciaire équivalent, c'est-à-dire constatant les poursuites dirigées contre l'accusé et faisant connaître la nature du crime qui lui est imputé.

6. Chacun des deux gouvernements contractants pourra, sur l'exhibition d'un mandat d'arrêt décerné par l'autorité compétente, demander à l'autre l'arrestation provisoire du prévenu ou du condamné dont il réclamera l'extradition. Cette arrestation ne sera accordée et n'aura lieu que suivant les règles prescrites par la législation du pays auquel elle sera demandée.

L'étranger ainsi arrêté provisoirement sera remis en liberté si, dans les trois mois, la production des pièces mentionnées dans l'article 5 n'a pas eu lieu de la part du gouvernement qui réclame l'extradition.

7. Si le prévenu ou le condamné n'est pas sujet de celui des deux États contractants qui le réclame, il ne pourra être livré qu'après que son gouvernement aura été consulté et mis en demeure de faire connaître les motifs qu'il pourrait avoir de s'opposer à l'extradition.

Dans tous les cas, le gouvernement saisi de la demande de l'extradition restera libre de donner à cette demande la suite qui lui paraîtra convenable et de livrer le prévenu pour être jugé, soit à son pays natal, soit au pays où le crime aura été commis.

8. Il est expressément stipulé que le prévenu ou le condamné dont l'extradition aura été accordée, ne pourra être, dans aucun cas, poursuivi ou puni pour aucun délit politique antérieur à l'extradition, ou pour aucun fait connexe à un semblable délit, ni pour aucun des crimes ou délits non prévus par la présente convention.

9. L'extradition ne pourra avoir lieu si, depuis les faits imputés, la poursuite ou la condamnation, la prescription de l'action ou de la peine est acquise, d'après les lois du pays où le prévenu est réfugié.

10. Les frais auxquels auront donné lieu l'arrestation, la détention et le transport à la frontière des individus dont l'extradition aura été accordée, seront remboursés, de part et d'autre, d'après les règlements légaux et les tarifs existant dans le pays qui en a fait l'avance.

11. La présente convention ne sera exécutoire que dix jours après sa publication.

12. La présente convention continuera à être en vigueur jusqu'à l'expiration de six mois après la déclaration contraire de la part de l'un des deux gouvernements.

HESSE (GRAND-DUCHÉ DE).

Convention du 26 janvier 1853 (1).

Art. 1. Les Gouvernements français et hessois s'engagent par la présente convention à se livrer réciproquement, chacun à l'exception de ses nationaux, les individus réfugiés de France dans le grand-duché de Hesse, et du grand-duché de Hesse en France, et poursuivis ou condamnés par les tribunaux compétents pour l'un des crimes ci-après énumérés.

L'extradition aura lieu sur la demande que l'un des deux gouvernements adressera à l'autre par la voie diplomatique.

2. Les crimes à raison desquels l'extradition sera accordée sont les suivants :

1° Assassinat, empoisonnement, parricide, infanticide, meurtre, viol, attentat à la pudeur consommé ou tenté avec violence;

2° Coups et blessures volontaires, dans les cas où ces faits sont punissables, suivant la loi française, de peines afflictives et infamantes;

3° Incendie;

4° Faux en écriture authentique ou de commerce, et en écriture privée, y compris la contrefaçon des billets de banque et effets publics, mais non compris les faux qui ne sont point, suivant la loi française, punis de peines afflictives et infamantes;

5° Fabrication et émission de fausse monnaie, contrefaçon ou altération de papier-monnaie ou émission de papier-monnaie contrefait ou altéré;

6° Contrefaçon de poinçons de l'État servant à marquer les matières d'or et d'argent;

(1) V. *Bulletin des lois*, 1853, 1, 409.

7° Faux témoignage en matière criminelle, faux témoignage et faux serment en matière civile;

8° Subornation de témoins;

9° Vol, lorsqu'il a été accompagné de circonstances qui lui donnent le caractère de crime, d'après la législation française, abus de confiance domestique; soustractions et concussions commises par les dépositaires et fonctionnaires publics, mais seulement dans le cas où suivant la législation française, elles sont punies de peines afflictives et infamantes;

10° Banqueroute frauduleuse.

3. Tous les objets saisis en la possession d'un prévenu lors de son arrestation, seront livrés au moment où s'effectuera l'extradition, et cette remise ne se bornera pas seulement aux objets volés, mais comprendra tous ceux qui pourraient servir à la preuve du crime.

4. Si l'individu réclamé est poursuivi ou se trouve détenu pour un crime ou délit qu'il a commis dans le pays où il s'est réfugié, son extradition pourra être différée jusqu'à ce qu'il ait subi sa peine.

Dans le cas où il serait poursuivi ou détenu dans le même pays, à raison d'obligations par lui contractées envers des particuliers, son extradition aura lieu néanmoins, sauf à la partie lésée à poursuivre ses droits devant l'autorité compétente.

5. L'extradition ne sera accordée que sur la production, soit d'un arrêt de condamnation, soit d'un arrêt de mise en accusation, soit enfin d'un mandat d'arrêt expédié dans les formes prescrites par la législation du pays qui réclame l'extradition, ou de tout autre acte ayant au moins la même force que ce mandat, et indiquant également la nature et la gravité des faits poursuivis, ainsi que la disposition pénale applicable à ces faits.

6. Si le prévenu ou condamné n'est pas sujet de celui des deux États contractants qui le réclame, il ne pourra être livré qu'après que son gouvernement aura été consulté et mis en demeure de faire connaître les motifs qu'il pourrait avoir de s'opposer à l'extradition.

Dans tous les cas, le gouvernement saisi de la demande d'extradition restera libre de donner à cette demande la suite qui lui paraîtra convenable, et de livrer le prévenu pour être jugé, soit à son propre pays, soit au pays où le crime aura été commis.

7. Il est espressément stipulé que le prévenu ou le condamné dont l'extradition aura été accordée ne pourra, dans aucun cas, être poursuivi ou puni pour aucun délit politique antérieur à l'extradition, ni pour aucun des crimes ou délits non prévus par la présente convention.

8. L'extradition ne pourra avoir lieu, si, depuis les faits imputés, la poursuite ou la condamnation, la prescription de la peine ou de l'action est acquise d'après les lois du pays où le prévenu s'est réfugié.

9. Les frais d'arrestation, d'entretien et de transport de l'individu dont l'extradition aura été accordée, resteront à la charge des deux gouvernements, dans les limites de leurs territoires respectifs.

Les frais d'entretien et de passage sur le territoire des États intermédiaires sont à la charge de l'État qui réclame l'extradition.

10. Lorsque, dans la poursuite d'une affaire pénale, un des deux gouvernements jugera nécessaire l'audition de témoins domiciliés dans l'autre État, une commission rogatoire sera envoyée, à cet effet, par la voie diplomatique, et il y sera donné suite en observant les lois du pays où les témoins sont invités à comparaître. Les gouvernements respectifs renonceront à toute réclamation ayant pour objet la restitution des frais résultant de l'exécution de la commission rogatoire.

11. Si, dans une cause pénale, la comparution personnelle d'un témoin est nécessaire, le gouvernement du pays auquel appartient le témoin l'engagera à se rendre à l'invitation qui lui sera faite, et, en cas de consentement, il lui sera accordé des frais de voyage et de séjour d'après les tarifs et règlements en vigueur dans le pays où l'audition devra avoir lieu.

12. Lorsque, dans une cause pénale instruite dans l'un

des deux pays la confrontation de criminels détenus dans l'autre, ou la production de pièces de conviction ou documents judiciaires sera jugée utile, la demande en sera faite par la voie diplomatique, et l'on y donnera suite, à moins que des considérations particulières ne s'y opposent, et sous l'obligation de renvoyer les criminels et les pièces.

Les gouvernements respectifs renoncent, de part et d'autre, à toute réclamation de frais résultant du transport et du renvoi dans les limites de leur territoire respectif, de criminels à confronter, et de l'envoi ainsi que de la restitution des pièces de conviction et documents.

13. La présente convention ne sera exécutoire que dix jours après sa publication.

14. La présente convention continuera à être en vigueur jusqu'à l'expiration de six mois après déclaration contraire de la part de l'un des deux gouvernements.

Déclaration du 10 *avril* 1869 (1).

1° L'individu poursuivi, soit en France, soit dans le grand-duché de Hesse, pour l'un des faits mentionnés dans l'article 2 de la convention d'extradition du 26 janvier 1853, devra être arrêté provisoirement sur l'exhibition d'un mandat d'arrêt décerné par l'autorité compétente et produit par voie diplomatique.

2° L'arrestation provisoire devra également être effectuée sur avis, transmis par la poste ou par télégraphe, de l'existence d'un mandat d'arrêt, à la condition, toutefois, que cet avis sera régulièrement donné par voie diplomatique au ministre des Affaires étrangères du pays sur le territoire duquel l'inculpé se sera réfugié.

3° L'arrestation sera facultative, si la demande est directement adressée à une autorité judiciaire ou administrative de l'un des deux États; mais cette autorité devra procéder

(1) V. *Bulletin des lois*, 1869, 1, 313.

sans délai à tous interrogatoires et investigations de nature à vérifier l'identité ou les preuves du fait incriminé, et, en cas de difficulté, rendre compte au ministère des Affaires étrangères des motifs qui l'auraient portée à surseoir à l'arrestation réclamée.

4° L'arrestation provisoire aura lieu dans les formes et suivant les règles voulues par la législation du gouvernement requis ; elle cessera d'être maintenue si dans les quinze jours, à partir du moment où elle a été effectuée, le gouvernement n'est pas régulièrement saisi de la demande d'extradition du détenu.

La présente déclaration aura la même durée que la convention du 26 janvier 1853, à laquelle elle se rapporte.

ITALIE.

Convention du 12 *mai* 1870 (1).

Art. **1**. Le Gouvernement de Sa Majesté l'Empereur des Français et le Gouvernement de Sa Majesté le Roi d'Italie s'engagent à se livrer réciproquement, sur la demande que l'un des deux gouvernements adressera à l'autre, à la seule exception de leurs nationaux, les individus réfugiés de France ou des colonies françaises en Italie, ou d'Italie en France et dans les colonies françaises, et poursuivis ou condamnés comme auteurs ou complices par les tribunaux compétents, pour les crimes et délits énumérés dans l'article ci-après :

2. 1° Assassinat;

2° Parricide ;

3° Infanticide ;

4° Empoisonnement;

5° Meurtre;

6° Avortement ;

7° Viol ;

8° Attentat à la pudeur consommé ou tenté avec ou sans violence ;

9° Attentat aux mœurs en excitant, favorisant ou facilitant habituellement la débauche ou la corruption de la jeunesse de l'un ou de l'autre sexe au-dessous de l'âge de vingt et un ans ;

10° Enlèvement de mineurs ;

11° Exposition d'enfants (2) ;

12° Bigamie ;

(1) V. *Bulletin des lois*, 1870, 1, 667.

(2) La suppression d'enfant n'est pas visée dans cette convention ; en conséquence, la Chancellerie décide qu'il n'y a pas lieu d'accorder à l'Italie d'extradition, à raison de ce fait, tant qu'une déclaration de réciprocité ne sera pas intervenue.

13° Coups et blessures volontaires ayant occasionné soit la mort, soit une maladie ou incapacité de travail personnel pendant plus de vingt jours, ou ayant été suivis de mutilation, amputation ou privation de l'usage de membre, cécité, perte d'un œil ou autres infirmités permanentes ;

14° Castration ;

15° Coups et blessures envers des magistrats dans l'exercice de leurs fonctions ;

16° Association de malfaiteurs ;

17° Menaces d'attentat contre les personnes ou les propriétés, avec ordre de déposer une somme d'argent ou de remplir toute autre condition ;

18° Extorsions ;

19° Séquestration ou détention illégale de personnes ;

20° Incendie volontaire ;

21° Vol ;

22° Escroquerie ;

23° Abus de confiance, soustractions, concussions et corruption de fonctionnaires publics (1) ;

24° Falsification de monnaie, introduction et émission frauduleuse de fausse monnaie ; falsification frauduleuse de papier-monnaie ayant cours légal ;

Contrefaçon ou falsification d'effets publics ou de billets de banque, de titres publics ou privés ; émission, mise en circulation ou usage de ces effets, billets ou titres contrefaits ou falsifiés ;

Contrefaçon ou falsification d'actes émanant du pouvoir souverain ;

Contrefaçon ou falsification des sceaux de l'État et de tous timbres et poinçons autorisés par les gouvernements respectifs, alors même que la fabrication, contrefaçon ou falsification aurait eu lieu en dehors de l'État qui réclamerait l'extradition ;

25° Faux en écriture publique ou authentique ou de commerce, ou en écriture privée ;

(1) Voir déclaration du 16 juillet 1873 dont le texte est reproduit ci-après.

26° Usage des divers faux;

27° Faux témoignage et fausse expertise;

28° Subornation de témoins, d'experts et d'interprètes;

29° Dénonciation calomnieuse;

30° Banqueroute frauduleuse;

31° Destruction ou dérangement, dans une intention coupable, d'une voie ferrée ou de communications télégraphiques;

32° Toute destruction, dégradation ou dommage de la propriété mobilière ou immobilière;

33° Baraterie;

34° La piraterie et les faits assimilés à la piraterie, à moins que l'État requis ne soit compétent pour la répression et ne préfère se la réserver;

35° Insurrection de l'équipage d'un navire.

Sont comprises dans les qualifications précédentes les tentatives de tous les faits punis comme crimes par la législation du pays réclamant et celles des délits de vol, escroquerie et extorsion.

En matière correctionnelle ou de délits, l'extradition aura lieu dans les cas prévus ci-dessus : 1° pour les condamnés contradictoirement ou par défaut lorsque la peine prononcée sera au moins de deux mois d'emprisonnement; 2° pour les prévenus ou accusés, lorsque le maximum de la peine applicable au fait incriminé sera, d'après la loi du pays réclamant, au moins de deux ans ou d'une peine équivalente.

Dans tous les cas, crimes ou délits, l'extradition ne pourra avoir lieu que lorsque le fait similaire sera punissable d'après la législation du pays à qui la demande est adressée.

3. Les crimes et délits politiques sont exceptés de la présente convention.

4. La demande d'extradition devra toujours être faite par la voie diplomatique.

5. L'individu poursuivi pour l'un des faits prévus par l'article 2 de la présente convention, devra être arrêté préventivement sur l'exhibition d'un mandat d'arrêt ou autre acte ayant la même force, décerné par l'autorité compétente et produit par voie diplomatique.

L'arrestation provisoire devra également être effectuée sur avis transmis par la poste ou par télégraphe de l'existence d'un mandat d'arrêt, à la condition toutefois que cet avis sera régulièrement donné par voie diplomatique au ministre des Affaires étrangères du pays où l'inculpé s'est réfugié.

L'arrestation sera facultative, si la demande est directement parvenue à une autorité judiciaire ou administrative de l'un des deux États; mais cette autorité devra procéder sans délai à tous les interrogatoires et investigations de nature à vérifier l'identité ou les preuves du fait incriminé, et, en cas de difficulté, rendre compte au ministre des Affaires étrangères des motifs qui l'auraient portée à surseoir à l'arrestation réclamée.

L'arrestation provisoire aura lieu dans les formes et suivant les règles établies par la législation du gouvernement requis; elle cessera d'être maintenue si, dans les vingt jours, à partir du moment où elle a été effectuée, ce gouvernement n'est pas saisi, conformément à l'article 4, de la demande de livrer le détenu.

6. Quand il y aura lieu à extradition, tous les objets saisis qui peuvent servir à constater le crime ou le délit, ainsi que les objets provenant de vol, seront, autant que possible, remis à la puissance réclamante, soit que l'extradition puisse s'effectuer, l'accusé ayant été arrêté, soit qu'il ne puisse y être donné suite, l'accusé ou le coupable s'étant de nouveau évadé ou étant décédé. Cette remise comprendra aussi tous les objets que le prévenu aurait cachés ou déposés dans le pays et qui seraient découverts ultérieurement. Sont réservés, toutefois, les droits que des tiers non impliqués dans la poursuite auraient pu acquérir sur les objets indiqués dans le présent article.

7. L'extradition ne sera accordée que sur la production soit d'un arrêt ou jugement de condamnation, soit d'un mandat d'arrêt décerné contre l'accusé et expédié dans les formes prescrites par la législation du pays qui demande l'extradition, soit de tout autre acte ayant au moins la même force que ce mandat, et indiquant également la nature et la gravité des faits poursuivis, leur date ainsi que la pénalité applicable à ces faits.

Les pièces seront, autant que possible, accompagnées du signalement de l'individu réclamé et d'une copie du texte de la loi pénale applicable au fait incriminé.

Dans le cas où il y aurait doute sur la question de savoir si le crime ou le délit objet de la poursuite rentre dans les prévisions du traité, des explications seront demandées, et, après examen, le gouvernement à qui l'extradition est réclamée statuera sur la suite à donner à la requête.

8. Si l'individu réclamé est poursuivi ou condamné pour une infraction commise dans le pays où il s'est réfugié, son extradition pourra être différée jusqu'à ce qu'il ait été acquitté ou jusqu'au moment où il aura subi sa peine, s'il est condamné. Dans le cas où il serait poursuivi ou détenu dans le même pays à raison d'obligations par lui contractées envers des particuliers, son extradition aura lieu néanmoins, sauf à la partie lésée à poursuivre ses droits devant l'autorité compétente.

Dans le cas de réclamation du même individu de la part de deux États pour crimes distincts, le gouvernement requis statuera en prenant pour base la gravité du fait poursuivi ou les facilités accordées pour que l'inculpé soit restitué, s'il y a lieu, d'un pays à l'autre, pour purger successivement les accusations.

9. L'extradition ne pourra avoir lieu que pour la poursuite et la punition des crimes ou délits prévus à l'article 2. Toutefois, elle autorisera l'examen et, par suite, la répression des délits poursuivis en même temps comme connexes du fait incriminé et constituant, soit une circonstance aggravante, soit une dégénérescence de l'accusation principale.

En dehors de ces deux cas, l'individu qui aura été livré ne pourra pas être poursuivi ou jugé contradictoirement pour aucune infraction autre que celle ayant motivé l'extradition, à moins du consentement exprès et volontaire donné par l'inculpé et communiqué au gouvernement qui l'a livré, ou s'il n'y a pas consentement, à moins que l'infraction ne soit comprise dans la convention et qu'on n'ait obtenu préalablement l'adhésion du gouvernement qui aura accordé l'extradition.

10. L'extradition pourra être refusée, si la prescription de la peine ou de l'action est acquise, d'après les lois du pays où le prévenu s'est réfugié.

11. Les frais occasionnés par l'arrestation, la détention, la garde, la nourriture des prévenus et le transport des objets mentionnés dans l'article 6 de la présente convention, au lieu où la remise s'effectuera, seront supportés par celui des deux États sur le territoire duquel les extradés auront été saisis. Lorsque l'emploi de la voie ferrée sera réclamé, le transport se fera par cette voie; l'État requérant remboursera seulement les frais de transport payés aux compagnies par le gouvernement requis, d'après le tarif dont il jouit et sur la production des pièces justificatives.

12. Lorsque, dans la poursuite d'une affaire pénale, un des deux gouvernements jugera nécessaire l'audition de témoins domiciliés dans l'autre État ou tous autres actes d'instruction, une commission rogatoire sera envoyée, à cet effet, par la voie diplomatique, sans autre formalité que la signature du magistrat instructeur compétent, et il y sera donné suite d'urgence, à la requête du ministère public et sous sa surveillance.

Les gouvernements respectifs renoncent à toute réclamation ayant pour objet la restitution des frais résultant de l'exécution de la commission rogatoire, à moins qu'il ne s'agisse d'expertises criminelles, commerciales ou médico-légales.

13. En matière pénale, lorsque la notification d'un acte de procédure ou d'un jugement à un Français réfugié ou à un Italien paraîtra nécessaire au Gouvernement français et réciproquement, la pièce transmise diplomatiquement ou directement au ministère public du lieu de la résidence sera signifiée à personne, à sa requête, par les soins d'un officier compétent, et il renverra au magistrat expéditeur, avec son visa, l'original constatant la notification, dont les effets seront les mêmes que si elle avait eu lieu dans le pays d'où émane l'acte ou le jugement.

14. Si, dans une cause pénale, la comparution personnelle d'un témoin est nécessaire, le gouvernement du pays auquel appartient le témoin l'engagera à se rendre à l'invitation qui lui sera faite; dans ce cas, des frais de voyage et de séjour lui seront accordés, d'après les tarifs et règlements en vigueur dans le pays où l'audition devra avoir lieu (1).

Les personnes résidant en France et en Italie, appelées en témoignage devant les tribunaux de l'un ou de l'autre pays, ne pourront être poursuivies ni détenues pour des faits ou condamnations antérieurs, civils ou criminels, ni sous prétexte de complicité dans les faits objet du procès où elles figureront comme témoins.

Lorsque, dans une cause pénale instruite dans l'un des deux pays, la confrontation de criminels détenus dans l'autre ou la production des pièces de conviction ou documents judiciaires sera jugée utile, la demande en sera faite par la voie diplomatique, et l'on y donnera suite, à moins que des considérations particulières ne s'y opposent, et sous l'obligation de renvoyer les criminels et les pièces.

Les gouvernements contractants renoncent à toute réclamation de frais résultant du transport et du renvoi, dans les limites de leurs territoires respectifs, de criminels à confronter, et de l'envoi et de la restitution des pièces de conviction et documents.

15. L'extradition par voie de transit sur le territoire français ou italien, ou par les bâtiments des services maritimes des deux États, d'un individu n'appartenant pas au pays de transit et livré par un autre gouvernement, sera autorisée, sur simple demande par voie diplomatique, appuyée des pièces nécessaires pour établir qu'il ne s'agit pas d'un délit politique ou purement militaire.

Le transport s'effectuera par les voies les plus rapides, sous

(1) Voir déclaration du 16 juillet 1873.

la conduite d'agents du pays requis, et aux frais du gouvernement réclamant.

16. La présente convention est conclue pour cinq années. Dans le cas où, six mois avant l'expiration de ce terme, aucun des deux gouvernements n'aurait déclaré y renoncer, elle sera valable pour cinq autres années, et ainsi de suite, de cinq ans en cinq ans. Elle sera ratifiée; et les ratifications en seront échangées dans l'espace de trois mois, ou plus tôt si faire se peut.

L'époque de la mise en vigueur de la présente convention sera fixée dans le procès-verbal d'échange des ratifications.

Déclaration du 16 *juillet* 1873 (1).

Le Gouvernement de la République française et le Gouvernement de Sa Majesté le Roi d'Italie, voulant fixer le sens de l'article 1er, paragraphe 23, du traité d'extradition du 12 mai 1870, sont, par la présente déclaration, convenus de ce qui suit :

L'article 1er, paragraphe 23, du traité du 12 mai 1870, autorisant l'extradition pour « abus de confiance, soustraction, concussion et corruption de fonctionnaires publics, » doit être entendu comme s'appliquant au délit ou au crime d'abus de confiance, d'une manière générale, et non au cas seulement où le fait serait imputable à un fonctionnaire public.

La présente déclaration aura la même durée que la convention du 12 mai 1870, à laquelle elle se rapporte.

Déclaration du 16 *juillet* 1873 (2).

Le Gouvernement de la République française et le Gouvernement de Sa Majesté le Roi d'Italie, voulant faciliter l'audition des témoins appelés d'un pays dans l'autre, sont,

(1) V. *Bulletin des lois*, 1873, 2, 39.
(2) *Loc. cit.*

par la présente déclaration, convenus de substituer au § 1er de l'article 14 de la convention d'extradition du 12 mai 1870, les stipulations suivantes :

1° Si, dans une cause pénale, la comparution personnelle d'un témoin est nécessaire, le gouvernement du pays auquel appartient le témoin l'engagera à se rendre à l'invitation qui lui sera faite. Si le témoin requis consent à partir, une indemnité de voyage et de séjour lui sera accordée et payée d'avance par l'État requérant, conformément aux dispositions suivantes :

a) Il sera alloué au témoin 2 francs pour chaque jour pendant lequel il aura été détourné de son travail ou de ses affaires.

b) Les témoins du sexe féminin et les enfants de l'un ou de l'autre sexe, au-dessous de l'âge de quinze ans, recevront pour chaque jour 1 franc 50 centimes.

c) Si les témoins sont obligés de se transporter hors du lieu de leur résidence, il leur sera alloué des frais de voyage et de séjour. Cette indemnité est fixée pour chaque myriamètre parcouru, en allant et en venant, à 2 francs. Lorsque la distance sera égale ou supérieure au demi-myriamètre (5 kilomètres, il sera accordé au témoin le montant entier de l'indemnité fixée pour le myriamètre; si la fraction est au-dessous du demi-myriamètre, il n'en sera pas tenu compte. L'indemnité de 2 francs sera portée à 2 francs 50 centimes pendant les mois de novembre, décembre, janvier et février.

d) Lorsque les témoins seront arrêtés dans le cours du voyage par force majeure, ils recevront en indemnité, pour chaque jour de séjour forcé, 3 francs. Ils seront tenus de faire constater par le maire, ou, à son défaut, par un autre magistrat donnant les garanties voulues, la cause forcée du séjour en route, et d'en représenter le certificat à l'appui de leur demande en taxe.

e) Si les témoins sont obligés de prolonger leur séjour dans la ville où se fera l'instruction de la procédure et qui ne sera point celle de leur résidence, il leur sera alloué pour chaque jour une indemnité de 3 francs 50 centimes.

f) La taxe des indemnités de voyage et de séjour sera double pour les enfants mâles au-dessous de quinze ans et pour les filles au-dessous de l'âge de trente ans, lorsqu'ils seront appelés en témoignage et qu'ils seront accompagnés dans leur route ou séjour par leur père, mère, tuteur ou curateur, à la charge, par ceux-ci, de justifier leur qualité.

L'indemnité mentionnée aux lettres *a* et *b* sera due en tout état de cause et cumulativement avec celles que stipulent les alinéas *c*, *d*, *e*, *f*.

2° Le gouvernement auquel appartient le témoin lui fera, si ce témoin le demande, l'avance des émoluments qui lui sont alloués par le tarif convenu, pour son voyage au lieu où il est appelé, sous réserve de restitution de la part du gouvernement requérant. Les indemnités qui lui seront dues, au contraire, pour son séjour dans le lieu où il est appelé à déposer et pour son retour, lui seront acquittées par les soins du gouvernement requérant.

3° Pour l'exécution de la clause précédente, le gouvernement requis fera mentionner sur une feuille de route régulière, ou sur la citation, le montant de l'avance qu'il aura faite et l'indication en myriamètres de la distance du lieu du domicile du témoin à la frontière de l'État requérant.

4° La présente déclaration aura la même durée que la convention du 12 mai 1870, à laquelle elle se rapporte.

LIPPE.

Convention du 11 *avril* 1854 (1).

Art. 1. Les Gouvernements de France et de Lippe s'engagent, par la présente convention, à se livrer réciproquement, chacun à l'exception de ses nationaux, les individus réfugiés de France dans la principauté de Lippe et de la principauté de Lippe en France, et poursuivis ou condamnés par les tribunaux compétents pour l'un des crimes ci-après énumérés.

L'extradition aura lieu sur la demande que l'un des deux gouvernements adressera à l'autre par la voie diplomatique.

2. Les crimes à raison desquels l'extradition sera accordée sont les suivants :

1° Assassinat, empoisonnement, parricide, infanticide, meurtre, viol, castration, avortement, attentat à la pudeur consommé ou tenté avec violence, ou sans violence lorsqu'il l'aura été sur un enfant de l'un ou de l'autre sexe, âgé de moins de onze ans; association de malfaiteurs; menaces d'attentat contre les personnes ou les propriétés; extorsion de titres et de signatures; séquestration de personnes;

2° Coups et blessures volontaires, dans le cas où ces faits sont punissables, suivant la loi française, de peines afflictives et infamantes;

3° Incendie;

4° Faux en écriture publique ou authentique et de com merce ou de banque, et faux en écriture privée, y compris la contrefaçon des billets de banque et effets publics, mais non compris les faux qui ne sont point, suivant la loi française, punis de peines afflictives et infamantes;

5° Fabrication, introduction, émission de fausse monnaie;

(1) V. *Bulletin des lois*, 1854, 1, 1771.

contrefaçon ou altération de papier-monnaie, ou émission de papier-monnaie contrefait ou altéré;

6° Contrefaçon de poinçons de l'État servant à marquer les matières d'or et d'argent; contrefaçon du sceau de l'État et des timbres nationaux;

7° Faux témoignage en matière criminelle; faux témoignage et faux serment en matière civile;

8° Subornation de témoins;

9° Vol, lorsqu'il a été accompagné de circonstances qui lui donnent le caractère de crime, d'après la législation française; abus de confiance domestique; soustractions et concussions commises par les dépositaires et fonctionnaires publics, mais seulement dans le cas où, suivant la législation française, elles sont punies de peines afflictives et infamantes;

10° Banqueroute frauduleuse.

3. Tous les objets saisis en la possession d'un prévenu, lors de son arrestation, seront livrés au moment où s'effectuera l'extradition; et cette remise ne se bornera pas seulement aux objets volés, mais comprendra tous ceux qui pourraient servir à la preuve du crime.

4. Chacun des deux gouvernements contractants pourra, dès avant la production du mandat d'arrêt, demander l'arrestation immédiate et provisoire de l'accusé ou du condamné, laquelle demeurera néanmoins facultative pour l'autre gouvernement.

Lorsque l'arrestation provisoire aura été accordée, le mandat d'arrêt devra être transmis dans le délai de deux mois.

5. L'extradition ne sera accordée que sur la production, soit d'un arrêt de condamnation, soit d'un arrêt de mise en accusation, soit enfin d'un mandat d'arrêt expédié dans les formes prescrites par la législation du pays qui réclame l'extradition, ou de tout autre acte ayant au moins la même force que ce mandat et indiquant également la nature et la gravité des faits poursuivis, ainsi que la disposition pénale applicable à ces faits.

6. Si l'individu réclamé est poursuivi ou se trouve détenu pour un crime ou délit qu'il a commis dans le pays où il s'est réfugié, son extradition pourra être différée jusqu'à ce qu'il ait subi sa peine.

7. Si le prévenu ou le condamné n'est pas sujet de celui des deux États contractants qui le réclame, l'extradition pourra être suspendue jusqu'à ce que son gouvernement ait été, s'il y a lieu, consulté et invité à faire connaître les motifs qu'il pourrait avoir de s'opposer à l'extradition.

Dans tous les cas, le gouvernement saisi de la demande d'extradition restera libre de donner à cette demande la suite qui lui paraîtra convenable, et de livrer le prévenu pour être jugé, soit à son propre pays, soit au pays où le crime aura été commis.

8. Il est expressément stipulé que le prévenu ou le condamné dont l'extradition aura été accordée ne pourra, dans aucun cas, être poursuivi ou puni pour un délit politique antérieur à l'extradition, ni pour un des crimes ou délits non prévus par la présente convention.

9. L'extradition ne pourra avoir lieu si, depuis les faits imputés, la poursuite ou la condamnation, la prescription de la peine ou de l'action est acquise d'après les lois du pays où le prévenu s'est réfugié.

10. Les gouvernements respectifs renoncent à réclamer la restitution des frais d'entretien, de transport, d'arrestation provisoire ou autres, qui résulteraient de l'extradition d'accusés ou de condamnés, et ils consentent à prendre réciproquement ces frais à leur charge.

11. Lorsque, dans la poursuite d'une affaire pénale, un des deux gouvernements jugera nécessaire l'audition de témoins domiciliés dans l'autre État, une commission rogatoire sera envoyée, à cet effet, par la voie diplomatique, et il y sera donné suite en observant les lois du pays où les témoins sont invités à comparaître.

Les gouvernements renoncent à toute réclamation ayant pour objet la restitution des frais résultant de l'exécution de la commission rogatoire.

12. Si, dans une cause pénale, la comparution d'un témoin est nécessaire, le gouvernement du pays auquel appartient ce témoin l'engagera à se rendre à l'invitation qui lui sera faite et, en cas de consentement, il lui sera accordé des frais de voyage et de séjour d'après les tarifs et règlements en vigueur dans le pays où l'audition doit avoir lieu.

13. Lorsque, dans une cause pénale instruite dans l'un des deux pays, la confrontation de criminels détenus dans l'autre, ou la production de pièces de conviction ou documents judiciaires sera jugée utile, la demande en sera faite par la voie diplomatique, et l'on y donnera suite, à moins que des considérations particulières ne s'y opposent, et sous l'obligation de renvoyer les criminels et les pièces.

Les gouvernements respectifs renoncent, de part et d'autre, à toute réclamation de frais résultant du transport et du renvoi, dans les limites de leurs territoires respectifs, de criminels à confronter, et de l'envoi ainsi que de la restitution des pièces de conviction et documents.

14. La présente convention continuera à être en vigueur jusqu'à l'expiration de six mois après déclaration contraire de la part de l'un des deux gouvernements.

LUBECK.

Convention du 31 *août* 1847 (1).

Art. 1. Les Gouvernements français et lubeckois s'engagent, par la présente convention, à se livrer réciproquement chacun, à l'exception de ses nationaux et habitants, les individus réfugiés de Lubeck en France, ou de France à Lubeck, et poursuivis ou condamnés par les tribunaux compétents pour l'un des crimes ci-après énumérés.

L'extradition aura lieu sur la demande que l'un des deux gouvernements adressera à l'autre par voie diplomatique.

2. Les crimes à raison desquels cette extradition sera accordée sont :

1° Assassinat, empoisonnement, parricide, infanticide, meurtre, viol, attentat à la pudeur consommé ou tenté avec violence;

2° Incendie;

3° Faux en écriture authentique ou de commerce et en écriture privée, y compris la contrefaçon des billets de banque et effets publics, mais non compris les faux qui, dans le pays auquel l'extradition est demandée, ne sont point punis des peines désignées dans le Code pénal français sous la qualification de peines afflictives et infamantes;

4° Fabrication et émission de fausse monnaie;

5° Contrefaçon des poinçons de l'État servant à marquer les matières d'or et d'argent;

6° Faux témoignage, dans le cas où il entraîne peine désignée dans le Code pénal français sous la qualification de peine afflictive et infamante;

7° Vol, lorsqu'il a été accompagné de circonstances qui

(1) V. *Bulletin des lois*, 1847, 2, 769.

entraînent, d'après la législation des deux pays, l'application au moins de la peine de la réclusion;

8° Soustractions commises par les dépositaires publics; mais seulement dans les cas où elles sont punies de peines désignées dans le Code pénal français sous la qualification de peines afflictives et infamantes;

9° Banqueroute frauduleuse;

3. Tous les objets saisis en la possession d'un prévenu, lors de son arrestation, seront livrés, au moment où s'effectuera l'extradition, et cette remise ne se bornera pas seulement aux objets volés, mais comprendra tous ceux qui pourraient servir à la preuve du crime.

4. Si l'individu réclamé est poursuivi ou se trouve détenu pour un crime ou délit qu'il a commis dans le pays où il s'est réfugié, son extradition pourra être différée jusqu'à ce qu'il ait subi sa peine.

Dans les cas où il serait poursuivi ou détenu dans le même pays, à raison d'obligations par lui contractées envers des particuliers, son extradition aura lieu néanmoins, sauf à la la partie lésée à poursuivre ses droits devant l'autorité compétente.

5. L'extradition ne sera accordée que sur la production, soit d'un arrêt de condamnation, soit d'un arrêt de mise en accusation ou autre acte judiciaire équivalent, c'est-à-dire constatant les poursuites et faisant connaître la nature du crime qui lui est imputé.

6. Chacun des deux gouvernements contractants pourra, sur l'exhibition d'un mandat d'arrêt décerné par l'autorité compétente, demander à l'autre l'arrestation provisoire du prévenu ou du condamné dont il réclamera l'extradition. Cette arrestation ne sera accordée et n'aura lieu que suivant les règles prescrites par la législation du pays auquel elle sera demandée.

L'étranger ainsi arrêté provisoirement sera remis en liberté si, dans les trois mois, la production des pièces mentionnées dans l'article 5 n'a pas eu lieu de la part du gouvernement qui réclame l'extradition.

7. Si le prévenu ou le condamné n'est pas sujet de celui des deux États contractants qui le réclame, il ne pourra être livré qu'après que son gouvernement aura été consulté et mis en demeure de faire connaître les motifs qu'il pourrait avoir de s'opposer à l'extradition.

Dans tous les cas, le gouvernement saisi de la demande d'extradition restera libre de donner à cette demande la suite qui lui paraîtra convenable, et de livrer le prévenu pour être jugé, soit à son pays natal, soit au pays où le crime aura été commis.

8. Il est expressément stipulé que le prévenu ou le condamné dont l'extradition aura été accordée ne pourra être, dans aucun cas, poursuivi ou puni pour aucun délit politique antérieur à l'extradition ou pour aucun fait connexe à un semblable délit, ni pour aucun des crimes ou délits non prévus par la présente convention.

9. L'extradition ne pourra avoir lieu si, depuis les faits imputés, la poursuite ou la condamnation, la prescription de l'action ou de la peine est acquise d'après les lois du pays où le prévenu s'est réfugié.

10. Les frais auxquels auront donné lieu l'arrestation, la détention et le transport à la frontière des individus dont l'extradition aura été accordée, seront remboursés, de part et d'autre, d'après les règlements légaux et les tarifs existant dans le pays qui en a fait l'avance.

11. La présente convention ne sera exécutoire que dix jours après sa publication.

12. La présente convention continuera à être en vigueur jusqu'à l'expiration de six mois après déclaration contraire de la part de l'un des deux gouvernements.

LUXEMBOURG.

Convention du 12 *septembre* 1875 (1).

Art. 1. Les Gouvernements français et luxembourgeois s'engagent à se livrer réciproquement, sur la demande que l'un des deux gouvernements adressera à l'autre, à la seule exception de leurs nationaux, les individus réfugiés du Grand-Duché de Luxembourg en France et dans les colonies françaises ou de France et des colonies françaises dans le Grand-Duché de Luxembourg, et mis en prévention ou en accusation, ou condamnés comme auteurs ou complices par les tribunaux de celui des deux pays où l'infraction a été commise, pour les crimes et délits énumérés dans l'article ci-après.

2. Les crimes et délits sont :

1° L'assassinat, l'empoisonnement, le parricide et l'infanticide ;

2° Le meutre ;

3° Les menaces d'un attentat contre les personnes, punissables de peines criminelles;

4° Les coups portés et les blessures faites volontairement, soit avec préméditation, soit quand il en est résulté une incapacité permanente de travail personnel ou de plus de vingt jours, ou la mort sans intention de la donner;

5° L'avortement ;

6° L'enlèvement, le recel, la suppression, la substitution ou la supposition d'enfant ;

7° L'exposition ou le délaissement d'enfant;

8° L'enlèvement de mineur;

9° Le viol ;

10° L'attentat à la pudeur avec violence ;

(1) V. *Bulletin des lois*, 1876, 1, 1.

11° L'attentat à la pudeur sans violence, sur la personne ou à l'aide de la personne d'un enfant de l'un ou l'autre sexe âgé de moins de quatorze ans ;

12° L'attentat aux mœurs en excitant, facilitant ou favorisant habituellement, pour satisfaire les passions d'autrui, la débauche ou la corruption de mineurs de l'un ou de l'autre sexe ;

13° Les attentats à la liberté individuelle ;

14° La bigamie ;

15° L'association de malfaiteurs ;

16° La contrefaçon ou la falsification d'effets publics ou de billets de banque, de titres publics ou privés, l'usage, l'émission ou mise en circulation de ces effets, billets ou titres contrefaits ou falsifiés, le faux en écriture et l'usage d'écritures falsifiées ;

17° La fausse monnaie, comprenant la contrefaçon et l'altération de la monnaie, l'émission et la mise en circulation de la monnaie contrefaite ou altérée ;

18° La contrefaçon ou falsification de sceaux, timbres, poinçoins et marques, l'usage de sceaux, timbres, poinçons et marques contrefaits ou falsifiés, et l'usage préjudiciable de vrais sceaux, timbres, poinçons et marques ;

19° Le faux témoignage et la subornation des témoins ;

20° Le faux serment ;

21° La concussion et les détournements commis par des fonctionnaires publics ;

22° La corruption de fonctionnaires publics ;

23° L'incendie ;

24° Le vol ;

25° L'extorsion dans le cas prévu par l'article 400, paragraphe 1er, du Code pénal français, et par l'article 400 du Code pénal de 1810 ;

26° L'escroquerie ;

27° L'abus de confiance ;

28° La tromperie en matière de vente de marchandises, prévue par l'article 423 du Code pénal ;

29° La banqueroute frauduleuse ;

30° Les actes attentatoires à la libre circulation sur les chemins de fer, prévus à la fois par les articles 16 et 17 de la loi française du 15 juillet 1845 et par les articles 16 et 17 de la loi luxembourgeoise du 17 décembre 1859;

31° La destruction de constructions;

32° La dégradation de monuments, la destruction des registres, titres, billets, documents ou autres papiers;

33° Les pillages ou dégâts de denrées ou marchandises, effets et propriétés mobilières commis à bande ou force ouverte;

34° La destruction ou dévastation des récoltes, plants, arbres ou greffes;

35° La destruction d'instruments d'agriculture ou l'empoisonnement de bestiaux ou autres animaux;

36° L'opposition à l'exécution de travaux publics;

37° Le recèlement des objets obtenus à l'aide d'un des crimes prévus dans l'énumération qui précède : sont comprises dans les qualifications précédentes les tentatives, lorsqu'elles sont prévues par les législations des deux pays.

En matière correctionnelle ou de délits, l'extradition aura lieu dans les cas prévus ci-dessus :

1° Pour les condamnés contradictoirement ou par défaut, lorsque le total des peines prononcées sera au moins d'un mois d'emprisonnement;

2° Pour les prévenus, lorsque le maximum de la peine applicable au fait incriminé sera, d'après la loi du pays réclamant, au moins de deux ans d'emprisonnement ou d'une peine équivalente, ou lorsque le prévenu aura déjà été condamné à une peine criminelle ou à un emprisonnement de plus d'un an.

Dans tous les cas, crimes ou délits, l'extradition ne peut avoir lieu que lorsque le fait similaire sera punissable d'après la législation du pays à qui la demande est adressée.

3. Il est expressément stipulé que l'étranger dont l'extradition aura été accordée ne pourra, dans aucun cas, être poursuivi ou puni pour aucun délit politique antérieur à l'extradition, ni pour aucun fait connexe à un semblable délit, ni pour aucun des crimes ou délits non prévus par la présente convention.

Ne sera pas réputé délit politique, ni fait connexe à un semblable délit, l'attentat contre la personne du chef d'un État étranger ni contre celle d'un des membres de sa famille, lorsque cet attentat constituera le fait soit de meurtre, soit d'assassinat, soit d'empoisonnement.

4. La demande d'extradition devra toujours être faite par la voie diplomatique.

5. L'extradition sera accordée sur la production soit du jugement ou de l'arrêt de condamnation, soit de l'ordonnance de la chambre du conseil, de l'arrêt de la chambre des mises en accusation ou de l'acte de procédure criminelle émané du juge ou de l'autorité compétente, décrétant formellement ou opérant de plein droit le renvoi du prévenu ou de l'accusé devant la juridiction répressive, délivrés en original ou en expédition authentique.

6. L'étranger pourra être arrêté provisoirement dans les deux pays pour l'un des faits mentionnés à l'article 2, sur la production, par voie diplomatique, d'un mandat d'arrêt décerné par l'autorité étrangère compétente et expédié dans les formes prescrites par les lois du gouvernement réclamant.

Cette arrestation aura lieu dans les formes et suivant les règles établies par la législation du gouvernement auquel elle est demandée.

7. En cas d'urgence, l'arrestation provisoire devra également être effectuée sur avis, transmis par la poste ou par le télégraphe, de l'existence d'un mandat d'arrêt, à la condition que cet avis sera régulièrement donné par voie diplomatique au gouvernement du pays où l'inculpé s'est réfugié.

L'arrestation sera facultative si la demande d'arrestation provisoire est directement parvenue à une autorité judiciaire ou administrative de l'un des deux États; mais cette autorité devra procéder sans délai à tous interrogatoires et investigations de nature à vérifier l'identité ou les preuves du fait incriminé, et, en cas de difficulté, rendre compte au ministre des Affaires étrangères des motifs qui l'auraient portée à surseoir à l'arrestation réclamée.

Toutefois, dans ces cas, l'étranger ne sera maintenu en état d'arrestation que si, dans le délai de quinze jours, il reçoit communication du mandat d'arrêt délivré par l'autorité étrangère compétente.

8. L'étranger arrêté provisoirement, aux termes de l'article 6, ou maintenu en état d'arrestation, suivant le paragraphe 3 de l'article 7, sera mis en liberté si, dans les deux mois de son arrestation, il ne reçoit notification soit d'un jugement ou arrêt de condamnation, soit d'une ordonnance de la chambre du conseil, ou d'un arrêt de la chambre des mises en accusation, ou d'un acte de procédure criminelle, émané du juge compétent, décrétant formellement ou opérant de plein droit le renvoi du prévenu ou de l'accusé devant la juridiction répressive.

9. Les objets volés ou saisis en la possession de l'individu dont l'extradition est réclamée, les instruments ou outils dont il se serait servi pour commettre le crime ou le délit qui lui est imputé, ainsi que toutes les pièces de conviction, seront livrés à l'État requérant, si l'autorité compétente de l'État requis en a ordonné la remise.

10. Si l'individu réclamé est poursuivi ou condamné pour une infraction commise dans le pays où il s'est réfugié, son extradition pourra être différée jusqu'à ce que les poursuites soient abandonnées, jusqu'à ce qu'il ait été acquitté ou absous, ou jusqu'au moment où il aura subi sa peine.

11. L'extradition sera accordée lors même que l'accusé ou le prévenu viendrait, par ce fait, à être empêché de remplir des engagements contractés envers les particuliers, lesquels pourront toujours faire valoir leurs droits auprès des autorités judiciaires compétentes.

12. L'extradition pourra être refusée si, depuis les faits imputés, le dernier acte de poursuite ou la condamnation, la prescription de la peine ou de l'action est acquise d'après les lois du pays où le prévenu s'est réfugié.

13. Les gouvernements respectifs renoncent de part et

d'autre à toute réclamation relative à la restitution des frais auxquels auront donné lieu la recherche, l'arrestation, la détention et le transport à la frontière des individus dont l'extradition aura été accordée, et ils consentent réciproquement à les prendre à leur charge.

14. Lorsque, dans la poursuite d'une affaire pénale, un des deux gouvernements jugera nécessaire l'audition de témoins domiciliés dans l'autre État, une commission rogatoire sera envoyée à cet effet, par la voie diplomatique ou directement, et il y sera donné suite par les officiers compétents, en observant les lois du pays où l'audition des témoins devra avoir lieu.

Toutefois, les commissions rogatoires tendant à faire opérer soit une visite domiciliaire, soit la saisie du corps du délit ou de pièces à conviction, ne seront exécutées que pour l'un des faits énumérés à l'article 2 du présent traité.

Les gouvernements respectifs renoncent à toute réclamation ayant pour objet la restitution des frais résultant de l'exécution des commissions rogatoires, dans le cas même où il s'agirait d'expertise, pourvu toutefois que cette expertise n'ait pas entraîné plus d'une vacation.

Aucune réclamation ne pourra non plus avoir lieu pour les frais de tous actes judiciaires spontanément faits par les magistrats de chaque pays pour la poursuite ou la constatation de délits commis sur le territoire par un étranger qui serait ensuite poursuivi dans sa patrie, conformément aux articles 5 et 6 du Code d'instruction criminelle.

15. Les simples notifications d'actes, jugements ou pièces de procédure réclamées par la justice de l'un des deux pays, seront faites à tout individu résidant sur le territoire de l'autre pays sans engager la responsabilité de l'État, qui se bornera à en assurer l'authenticité.

À cet effet, la pièce transmise diplomatiquement ou directement au ministère public du lieu de la résidence sera signifiée à personne, à sa requête, par les soins d'un officier compétent, et il renverra au magistrat expéditeur, avec son visa, l'original constatant la notification.

16. Si, dans une cause pénale, la comparution personnelle d'un témoin est nécessaire, le gouvernement du pays où réside le témoin l'engagera à se rendre à l'invitation qui lui sera faite. Dans ce cas, des frais de voyage et de séjour calculés depuis sa résidence lui seront accordés d'après les tarifs et règlements en vigueur dans le pays où l'audition devra avoir lieu; il pourra lui être fait, sur sa demande, par les soins des magistrats de sa résidence, l'avance de tout ou partie des frais de voyage, qui seront ensuite remboursés par le gouvernement intéressé. Aucun témoin, quelle que soit sa nationalité, qui, cité dans l'un des deux pays, comparaîtra volontairement devant les juges de l'autre pays, ne pourra y être poursuivi ou détenu pour des faits ou condamnations criminels antérieurs, ni sous prétexte de complicité dans les faits objet du procès où il figurera comme témoin.

Lorsque, dans une cause pénale instruite dans l'un des deux pays, la confrontation de criminels détenus dans l'autre, ou la production des pièces de conviction ou documents judiciaires, sera jugée utile, la demande en sera faite par la voie diplomatique, ou directement, s'il s'agit de pièces à conviction ou de documents judiciaires, et l'on y donnera suite, à moins que des considérations particulières ne s'y opposent, et sous l'obligation de renvoyer les criminels et les pièces.

Les gouvernements contractants renoncent à toute réclamation de frais résultant du transport et du renvoi, dans les limites de leurs territoires respectifs, de criminels à confronter et de l'envoi et de la restitution des pièces de conviction et documents.

17. Il est formellement stipulé que l'extradition, par voie de transit à travers le territoire de l'une des parties contractantes, d'un individu livré à l'autre partie, sera accordée sur la simple production, en original ou en expédition authentique, de l'un des actes de procédure mentionnés à l'article 5 ci-dessus, lorsqu'elle sera requise par l'un des États contractants au profit d'un État étranger ou par un État étranger au profit de l'un desdits États, liés l'un et l'autre avec l'État requis par un traité comprenant l'infraction qui donne lieu à la demande d'extradition, et lorsqu'elle ne sera pas interdite par les articles 3 et 12 de la présente convention.

18. Les parties contractantes s'obligent à se communiquer réciproquement les condamnations pour crimes ou délits prononcées dans un pays à charge des nationaux de l'autre.

19. La présente convention, remplaçant celle du 26 septembre 1844, ne sera exécutoire que dix jours après sa publication dans les formes prescrites par les lois des deux pays.

Elle demeurera en vigueur jusqu'à l'expiration d'une année à compter du jour où l'une des deux hautes parties contractantes aura déclaré vouloir en faire cesser les effets.

Elle sera ratifiée, et les ratifications en seront échangées le plus tôt que faire se pourra.

MECKLEMBOURG-SCHWÉRIN.

Convention du 26 *janvier* 1847 (1).

Art. 1. Les Gouvernements français et de Mecklembourg-Schwérin, s'engagent, par la présente convention, à se livrer réciproquement chacun, à l'exception de ses citoyens et habitants, les individus réfugiés du Grand-Duché de Mecklembourg-Schwérin en France, ou de France dans le Grand-Duché de Mecklembourg-Schwérin, et poursuivis ou condamnés par les tribunaux compétents pour l'un des crimes ci-après énumérés.

L'extradition aura lieu sur la demande que l'un des deux gouvernements adressera à l'autre par voie diplomatique.

2. Les crimes à raison desquels cette extradition sera accordée sont :

1° Assassinat; empoisonnement, parricide, infanticide, meurtre, viol, attentat à la pudeur consommé ou tenté avec violence;

2° Incendie;

3° Faux en écriture authentique ou de commerce et en écriture privée, y compris la contrefaçon des billets de banque et effets publics, mais non compris les faux qui, dans le pays auquel l'extradition est demandée, ne sont point punis de peines afflictives et infamantes;

4° Fabrication et émission de fausse monnaie;

5° Contrefaçon des poinçons de l'État servant à marquer les matières d'or et d'argent;

6° Faux témoignage, dans les cas où il entraîne peine afflictive et infamante;

7° Vol, lorsqu'il a été accompagné de circonstances qui

(1) V. *Bulletin des lois*, 1847, 1, 317.

lui impriment le caractère de crime devant la législation des deux pays ;

8° Soustractions commises par les dépositaires publics, mais seulement dans les cas où elles sont punies de peines afflictives et infamantes ;

9° Banqueroute frauduleuse.

3. Tous les objets saisis en la possession d'un prévenu, lors de son arrestation, seront livrés au moment où s'effectuera l'extradition ; et cette remise ne se bornera pas seulement aux objets volés, mais comprendra tous ceux qui pourraient servir à la preuve du délit.

4. Si l'individu réclamé est poursuivi ou se trouve détenu pour un crime ou délit qu'il a commis dans le pays où il s'est réfugié, son extradition pourra être différée jusqu'à ce qu'il ait subi sa peine.

Dans le cas où il serait poursuivi ou détenu dans le même pays à raison d'obligations par lui contractées envers des particuliers, son extradition aura lieu néanmoins, sauf à la partie lésée à poursuivre ses droits devant l'autorité compétente.

5. L'extradition ne sera accordée que sur la production d'un arrêt de condamnation ou de renvoi à l'audience publique d'une cour, ou de mise en accusation, délivré en original ou en expédition authentique par les tribunaux compétents, dans les formes prescrites par la législation du gouvernement qui fait la demande.

6. Chacun des deux gouvernements contractants pourra, sur l'exhibition d'un mandat d'arrêt décerné par l'autorité compétente, demander à l'autre l'arrestation provisoire du prévenu ou du condamné dont il réclamera l'extradition. Cette arrestation ne sera accordée et n'aura lieu que suivant les règles prescrites par la législation du pays auquel elle sera demandée. L'étranger ainsi arrêté provisoirement sera remis en liberté si, dans les trois mois, la production des pièces mentionnées dans l'article 5 n'a pas eu lieu de la part du gouvernement qui réclame l'extradition.

7. Si le prévenu ou le condamné n'est pas sujet de celui

des deux États contractants qui le réclame, il ne pourra être livré qu'après que son gouvernement aura été consulté et mis en demeure de faire connaître les motifs qu'il pourrait avoir de s'opposer à l'extradition.

8. Il est expressément stipulé que le prévenu ou le condamné dont l'extradition aura été accordée ne pourra être, dans aucun cas, poursuivi ou puni pour aucun délit politique antérieur à l'extradition, ou pour aucun fait connexe à un semblable délit, ni pour aucun des crimes ou délits non prévus par la présente convention.

9. L'extradition ne pourra avoir lieu si, depuis les faits imputés, la poursuite ou la condamnation, la prescription de l'action ou de la peine est acquise, d'après les lois du pays où le prévenu s'est réfugié.

10. Les frais auxquels auront donné lieu l'arrestation, la détention et le transport à la frontière des individus dont l'extradition aura été accordée, seront remboursés, de part et d'autre, d'après les règlements légaux et les tarifs existant dans le pays qui en fait l'avance.

11. La présente convention ne sera exécutoire que dix jours après sa publication.

12. La présente convention continuera à être en vigueur, jusqu'à l'expiration de six mois après déclaration contraire de la part de l'un des deux gouvernements.

MECKLEMBOURG-STRÉLITZ.

Convention du 10 *février* 1847 (1).

Art. 1. Les Gouvernements français et de Mecklembourg-Strélitz s'engagent, par la présente convention, à se livrer réciproquement chacun, à l'exception de ses citoyens et habitants, les individus réfugiés du Grand-Duché de Mecklembourg-Strélitz en France, ou de France dans le Grand-Duché de Mecklembourg-Strélitz, et poursuivis ou condamnés par les tribunaux compétents pour l'un des crimes ci-après énumérés.

L'extradition aura lieu sur la demande que l'un des deux gouvernements adressera à l'autre par voie diplomatique.

2. Les crimes à raison desquels cette extradition sera accordée sont :

1° Assassinat, empoisonnement, parricide, infanticide, meurtre, viol, attentat à la pudeur consommé ou tenté avec violence;

2° Incendie;

3° Faux en écriture authentique ou de commerce et en écriture privée, y compris la contrefaçon des billets de banque et effets publics, mais non compris les faux qui, dans le pays auquel l'extradition est demandée, ne sont point punis de peines afflictives et infamantes;

4° Fabrication et émission de fausse monnaie;

5° Contrefaçon des poinçons de l'État servant à marquer les matières d'or et d'argent;

6° Faux témoignage, dans le cas où il entraîne peine afflictive et infamante;

7° Vol, lorsqu'il a été accompagné de circonstances qui lui

(1) V. *Bulletin des lois*, 1847, 1, 375.

impriment le caractère de crime suivant la législation des deux pays;

8° Soustractions commises par les dépositaires publics, mais seulement dans les cas où elles sont punies de peines afflictives et infamantes ;

9° Banqueroute frauduleuse.

3. Tous les objets saisis en la possession d'un prévenu, lors de son arrestation, seront livrés au moment où s'effectuera l'extradition; et cette remise ne se bornera pas seulement aux objets volés, mais comprendra tous ceux qui pourraient servir à la preuve du délit.

4. Si l'individu réclamé est poursuivi ou se trouve détenu pour un crime ou délit qu'il a commis dans le pays où il s'est réfugié, son extradition pourra être différée jusqu'à ce qu'il ait subi sa peine.

Dans le cas où il serait poursuivi ou détenu dans le même pays à raison d'obligations par lui contractées envers des particuliers, son extradition aura lieu néanmoins, sauf à la partie lésée à poursuivre ses droits devant l'autorité compétente.

5. L'extradition ne sera accordée que sur la production d'un arrêt de condamnation ou de renvoi à l'audience publique d'une cour, ou de mise en accusation, délivré en original ou en expédition authentique par les tribunaux compétents, dans les formes prescrites par la législation du gouvernement qui fait la demande.

6. Chacun des deux gouvernements contractants pourra, sur l'exhibition d'un mandat d'arrêt décerné par l'autorité compétente, demander à l'autre l'arrestation provisoire du prévenu ou du condamné dont il réclamera l'extradition. Cette arrestation ne sera accordée et n'aura lieu que suivant les règles prescrites par la législation du pays auquel elle sera demandée. L'étranger ainsi arrêté provisoirement sera remis en liberté si, dans les trois mois, la production des pièces mentionnées dans l'article 5 n'a pas eu lieu de la part du gouvernement qui réclame l'extradition.

7. Si le prévenu ou le condamné n'est pas sujet de celui

des deux États contractants qui le réclame, il ne pourra être livré qu'après que son gouvernement aura été consulté et mis en demeure de faire connaître les motifs qu'il pourrait avoir de s'opposer à l'extradition.

8. Il est expressément stipulé que le prévenu ou le condamné dont l'extradition aura été accordée ne pourra être, dans aucun cas, poursuivi ou puni pour aucun délit politique antérieur à l'extradition, ou pour aucun fait connexe à un semblable délit, ni pour aucun des crimes ou délits non prévus par la présente convention.

9. L'extradition ne pourra avoir lieu si, depuis les faits imputés, la poursuite ou la condamnation, la prescription de l'action ou de la peine est acquise, d'après les lois du pays où le prévenu s'est réfugié.

10. Les frais auxquels auront donné lieu l'arrestation, la détention et le transport à la frontière des individus dont l'extradition aura été accordée, seront remboursés, de part et d'autre, d'après les règlements légaux et les tarifs existant dans le pays qui en a fait l'avance.

11. La présente convention ne sera exécutoire que dix jours après sa publication.

12. La présente convention continuera à être en vigueur, jusqu'à l'expiration de six mois après déclaration contraire de la part de l'un des deux gouvernements.

MONACO (PRINCIPAUTÉ DE).

Convention du 8 *juillet* 1876 (1).

ART. 1. Les Gouvernements français et monégasque s'engagent à se livrer réciproquement, suivant les règles déterminées par les articles suivants, à l'exception de leurs nationaux, les individus condamnés, poursuivis, mis en prévention ou en accusation, comme auteurs ou complices, pour un des crimes ou délits ci-après énumérés.

2. Ces crimes et délits sont :

1° L'assassinat, l'empoisonnement, le parricide et l'infanticide ;

2° Le meurtre ;

3° Les menaces d'un attentat contre les personnes ou les propriétés punissable de peines criminelles ;

4° Les coups portés et les blessures faites volontairement, soit avec préméditation, soit quand il en est résulté une infirmité ou incapacité permanente de travail personnel, la perte ou la privation de l'usage absolu d'un membre, de l'œil ou de tout autre organe, une mutilation grave, ou la mort sans intention de la donner ;

5° L'avortement ;

6° L'administration volontaire et coupable, quoique sans intention de donner la mort, de subtances pouvant la donner ou altérer gravement la santé ;

7° L'enlèvement, le recel, la suppression, la substitution ou la supposition d'enfant ;

8° L'exposition ou le délaissement d'enfant ;

9° L'enlèvement de mineurs ;

10° Le viol ;

(1) V. *Bulletin des lois*, 1877, 1, 49.

11° L'attentat à la pudeur avec violence;

12° L'attentat à la pudeur, sans violence, sur la personne ou à l'aide de la personne d'un enfant de l'un ou de l'autre sexe âgé de moins de treize ans;

13° L'attentat aux mœurs, en excitant, facilitant ou favorisant habituellement, pour satisfaire les passions d'autrui, la débauche ou la corruption de mineurs de l'un ou de l'autre sexe;

14° Les attentats à la liberté individuelle et à l'inviolabilité du domicile commis par des particuliers;

15° La bigamie;

16° L'association de malfaiteurs;

17° La contrefaçon ou falsification d'effets publics ou de billets de banque, de titres publics ou privés, l'émission ou mise en circulation de ces effets, billets ou titres contrefaits ou falsifiés; le faux en écriture ou dans les dépêches télégraphiques, et l'usage de ces dépêches, effets, billets ou titres contrefaits, fabriqués ou falsifiés;

18° La fausse monnaie, comprenant la contrefaçon et l'altération de la monnaie, l'émission et la mise en circulation de la monnaie contrefaite ou altérée;

19° La contrefaçon ou falsification de sceaux, timbres, poinçons et marques; l'usage de sceaux, timbres, poinçons et marques contrefaits ou falsifiés, et l'usage préjudiciable de vrais sceaux, timbres, poinçons et marques;

20° Le faux témoignage et la subornation de témoins;

21° Le faux serment;

22° La concussion et les détournements commis par des fonctionnaires publics;

23° La corruption de fonctionnaires publics ou d'arbitres;

24° L'incendie;

25° Le vol;

26° L'extorsion, dans les cas prévus par l'article 400, paragraphe 1er du Code pénal français;

27° L'escroquerie;

28° L'abus de confiance;

29° Les tromperies en matière de marchandises, prévues en

France par l'article 423 du Code pénal et les lois des 27 mars 1851, 5 mai 1855 et 27 juillet 1867;

30° La banqueroute frauduleuse et les fraudes dans les faillites, prévues par les articles 591, 593, n°s 1 et 2, et 597 du Code de commerce français;

31° Les actes attentatoires à la libre circulation sur les chemins de fer, prévus par les articles 16 et 17 de la loi française du 15 juillet 1845;

32° La destruction de constructions, de machines à vapeur ou appareils télégraphiques;

33° La destruction ou la dégradation de tombeaux, de monuments, d'objets d'art, de titres, documents, registres et autres papiers;

34° Les destructions, détériorations ou dégâts de denrées, marchandises ou autres propriétés mobilières;

35° La destruction ou dévastation de récoltes, plants, arbres ou greffes;

36° La destruction d'instruments d'agriculture, la destruction ou l'empoisonnement de bestiaux ou autres animaux;

37° L'opposition à la confection ou exécution de travaux autorisés par le pouvoir compétent;

38° Les crimes et délits maritimes prévus par les lois françaises du 10 avril 1825 et du 24 mars 1852;

39° Le recèlement des objets obtenus à l'aide d'un des crimes ou délits prévus dans l'énumération qui précède.

Sont comprises dans les qualifications précédentes les tentatives lorsqu'elles sont prévues par les législations des deux pays.

En matière correctionnelle ou de délits, l'extradition aura lieu, dans les cas prévus ci-dessus :

1° Pour les condamnés contradictoirement ou par défaut, lorsque le total des peines prononcées sera au moins d'un mois d'emprisonnement;

2° Pour les prévenus, lorsque le maximum de la peine applicable au fait incriminé sera, d'après la loi du pays réclamant, au moins de deux ans d'emprisonnement ou d'une peine équivalente, ou lorsque le prévenu aura déjà été condamné à une peine criminelle ou à un emprisonnement de plus d'un an.

Dans tous les cas, crimes ou délits, l'extradition ne pourra avoir lieu que lorsque le fait similaire sera punissable d'après la législation du pays à qui la demande a été adressée.

3. Il est expressément stipulé que l'étranger dont l'extradition aura été accordée ne pourra, dans aucun cas, être poursuivi ou puni pour aucun délit politique antérieur à l'extradition, ni pour aucun fait connexe à un semblable délit.

Ne sera pas réputé délit politique ni fait connexe à un semblable délit l'attentat contre la personne du chef de l'État étranger ou contre celle des membres de sa famille, lorsque cet attentat constituera le fait soit de meurtre, soit d'assassinat, soit d'empoisonnement.

4. La demande d'extradition devra toujours être faite par la voie diplomatique.

5. L'extradition sera accordée sur la production soit du jugement ou de l'arrêt de condamnation, soit de l'ordonnance de la chambre du conseil, de l'arrêt de la chambre des mises en accusation ou de l'acte de procédure criminelle émané du juge ou de l'autorité compétente, décrétant formellement ou opérant de plein droit le renvoi du prévenu ou de l'accusé devant la juridiction répressive, délivré en original ou en expédition authentique.

Elle sera également accordée sur la production du mandat d'arrêt ou de tout autre acte ayant la même force, décerné par l'autorité compétente, pourvu que ces actes renferment l'indication précise du fait pour lequel ils ont été délivrés.

Ces pièces seront accompagnées d'une copie du texte de la loi applicable au fait incriminé, et, autant que possible, du signalement de l'individu réclamé.

Dans le cas où il y aurait doute sur la question de savoir si le crime ou délit objet de la poursuite rentre dans les prévisions de la présente convention, des explications seront demandées, et, après examen, le gouvernement à qui l'extradition est réclamée statuera sur la suite à donner à la demande.

6. En cas d'urgence, l'arrestation provisoire sera effectuée sur avis, transmis par la poste ou par le télégraphe, de l'existence d'un mandat d'arrêt, à la condition, toutefois, que cet avis sera régulièrement donné, par voie diplomatique, au ministre des Affaires étrangères du pays où l'inculpé s'est réfugié.

L'arrestation de l'étranger aura lieu dans les formes et suivant les règles établies par la législation du Gouvernement auquel elle est demandée.

7. L'étranger arrêté provisoirement, aux termes de l'article précédent, sera mis en liberté si, dans le délai de quinze jours après son arrestation, le gouvernement requis n'a été saisi de l'un des documents mentionnés dans l'article 5 de la présente convention.

8. Quand il y aura lieu à l'extradition, tous les objets saisis qui peuvent servir à constater le crime ou le délit, ainsi que les objets provenant de vol, seront, suivant l'appréciation de l'autorité compétente, remis à la puissance réclamante, soit que l'extradition puisse s'effectuer, l'accusé ayant été arrêté, soit qu'il ne puisse y être donné suite, l'accusé ou le coupable s'étant de nouveau évadé ou étant décédé. Cette remise comprendra aussi tous les objets que le prévenu aurait cachés ou déposés dans le pays, et qui seraient découverts ultérieurement.

Sont réservés, toutefois, les droits que des tiers non impliqués dans la poursuite auraient pu acquérir sur les objets indiqués dans le présent article.

9. Si l'individu réclamé est poursuivi ou condamné pour une infraction commise dans le pays où il s'est réfugié, son extradition pourra être différée jusqu'à ce que les poursuites soient abandonnées, jusqu'à ce qu'il ait été acquitté ou absous, ou jusqu'au moment où il aura subi sa peine.

Dans le cas où il serait poursuivi ou détenu dans le même pays à raison d'obligations par lui contractées envers des particuliers, son extradition aura lieu néanmoins, sauf à la partie lésée à poursuivre ses droits devant l'autorité compétente.

10. L'individu qui aura été livré ne pourra être poursuivi ou jugé contradictoirement pour aucune infraction autre que celle ayant motivé l'extradition, à moins du consentement exprès et volontaire donné par l'inculpé et communiqué au gouvernement qui l'a livré.

11. L'extradition pourra être refusée si, depuis les faits imputés, le dernier acte de poursuite ou la condamnation, la prescription de la peine ou de l'action est acquise d'après les lois du pays où le prévenu s'est réfugié.

12. Les frais occasionnés par l'arrestation, la détention, la garde, la nourriture, le transfèrement des prévenus et le transport des objets mentionnés dans l'article 8 de la présente convention, au lieu où la remise s'effectuera, seront supportés par celui des deux États sur le territoire duquel les extradés auront été saisis.

13. Lorsque, dans la poursuite d'une affaire pénale, un des deux gouvernements jugera nécessaire l'audition de témoins domiciliés dans l'autre État, une commission rogatoire sera envoyée à cet effet par la voie diplomatique, et il y sera donné suite par les officiers compétents, en observant les lois du pays où l'audition des témoins devra avoir lieu.

Toutefois, les commissions rogatoires tendant à faire opérer soit une visite domiciliaire, soit la saisie du corps du délit ou de pièces à conviction, ne seront exécutées que pour l'un des faits énumérés à l'article 2 du présent traité et sous la réserve exprimée dans le paragraphe 2 de l'article 8 ci-dessus. Les gouvernements respectifs renoncent à toute réclamation ayant pour objet la restitution des frais résultant de l'exécution des commissions rogatoires, dans le cas même où il s'agirait d'expertise, pourvu, toutefois, que cette expertise n'ait pas entraîné plus d'une vacation.

Aucune réclamation ne pourra non plus avoir lieu pour les frais de tous actes judiciaires spontanément faits par les magistrats de chaque pays pour la poursuite ou la constatation de délits commis sur le territoire par un étranger qui serait ensuite poursuivi dans sa patrie, conformément aux articles 5 et 6 du Code d'instruction criminelle français.

14. Les simples notifications d'actes, jugements ou pièces de procédure, réclamées par la justice de l'un des deux pays, seront faites à tout individu résidant sur le territoire de l'autre pays, sans engager la responsabilité de l'État, qui se borne à en assurer l'authenticité.

A cet effet, la pièce transmise diplomatiquement ou directement au ministère public du lieu de la résidence sera signifiée à la personne, à sa requête, par les soins d'un officier compétent, et il renverra au magistrat expéditeur, avec son visa, l'original constatant la notification.

15. Si, dans une cause pénale, la comparution personnelle d'un témoin est nécessaire, le gouvernement du pays où réside le témoin l'engagera à se rendre à l'invitation qui lui sera faite. Dans ce cas, des frais de voyage et de séjour, calculés depuis sa résidence, lui seront accordés d'après les tarifs et règlements en vigueur dans le pays où l'audition devra avoir lieu; il pourra lui être fait, sur sa demande, par les soins des magistrats de sa résidence, l'avance de tout ou partie des frais de voyage, qui seront ensuite remboursés par le gouvernement intéressé. Aucun témoin, quelle que soit sa nationalité qui, cité dans l'un des deux pays, comparaîtra volontairement devant les juges de l'autre pays, ne pourra y être poursuivi ou détenu pour des faits ou condamnations criminels antérieurs, ni sous prétexe de complicité dans les faits objet du procès où il figurera comme témoin.

16. Il est formellement stipulé que l'extradition, par voie de transit à travers le territoire de l'une des parties contractantes, d'un individu livré à l'autre partie sera accordée sur la simple production, en original ou en expédition authentique, de l'un des actes de procédure mentionnés à l'article 5, pourvu que le fait servant de base à l'extradition soit compris dans le présent traité et ne rentre pas dans les prévisions des articles 13 et 14.

17. La présente convention sera exécutoire dix jours après la publication qui en sera faite dans les formes prescrites par les lois des deux pays.

Elle demeurera en vigueur jusqu'à l'expiration d'une année à compter du jour où l'une des hautes parties contractantes aura déclaré vouloir en faire cesser les effets.

Elle sera ratifiée et les ratifications en seront échangées le plus tôt que faire se pourra.

Est abrogé l'article 18 de la convention relative à l'Union douanière et aux rapports de voisinage entre la France et la Principauté de Monaco, conclue le 9 novembre 1865.

NOUVELLE-GRENADE.

Convention du 9 *avril* 1850 (1).

Art. 1. Le Gouvernement français et le Gouvernement grenadin s'engagent à se livrer réciproquement, à l'exception de leurs nationaux, tous les individus fugitifs de France réfugiés dans la Nouvelle-Grenade, ou les fugitifs de la Nouvelle-Grenade réfugiés en France, poursuivis ou condamnés par les tribunaux compétents comme auteurs ou complices de l'un des crimes énumérés dans l'article 2 de la présente convention, et l'extradition aura lieu sur la demande que l'un des deux gouvernements adressera à l'autre par la voie diplomatique.

2. Les crimes pour lesquels l'extradition devra être réciproquement accordée sont les suivants :

1° Assassinat, empoisonnement, parricide, infanticide, meurtre;

2° Castration, viol, attentat à la pudeur tenté ou consommé avec violence;

3° Incendie;

4° Vol, lorsqu'il a été accompagné de circonstances qui lui impriment le caractère de crime, d'après la législation des deux pays ;

5° Faux en écriture publique ou authentique;

6° Faux en écriture privée ou de commerce, quand le fait est puni de peines afflictives ou infamantes, suivant les lois des deux pays;

7° Fabrication, émission de fausse monnaie;

8° Fabrication, émission de faux papier-monnaie; altération de papier-monnaie:

9° Soustraction de fonds, effets ou documents de quelque

(1) V. *Bulletin des lois*, 1851, 2, 109.

espèce qu'ils soient, appartenant à l'État, commise par des employés ou dépositaires publics ou par des particuliers, lorsque cette soustraction est punie par les lois des deux pays de peines afflictives et infamantes ;

10° Banqueroute frauduleuse au préjudice du trésor public ou des particuliers ;

11° Faux témoignage, subornation de témoins.

3. Les pièces qui devront être produites à l'appui des demandes d'extradition sont le mandat d'arrêt décerné contre les prévenus, conformément aux lois du pays dont le gouvernement demande l'extradition, ou toutes autres pièces ayant au moins la même force que ce mandat, et indiquant également la nature et la gravité des faits poursuivis, ainsi que la disposition pénale applicable à ces faits.

4. Quand il y a lieu à l'extradition, tous les objets saisis qui peuvent servir à constater le délit ou les délits, ainsi que les objets provenant de vol, seront remis à la puissance réclamante, soit que l'extradition puisse avoir lieu, l'accusé ayant été arrêté, ou soit qu'elle ne puisse avoir son effet, l'accusé ou le coupable s'étant de nouveau échappé. La remise des objets provenant de vols, et des pièces qui pourront servir à prouver le délit ou les délits, aura lieu de même, bien que, pour cause de mort, l'extradition ne puisse avoir lieu.

5. Si des individus étrangers à la France ou à la Nouvelle-Grenade venaient à se réfugier d'un pays dans l'autre, après avoir commis l'un des crimes énumérés dans l'article 2, l'extradition ne sera accordée qu'après que le gouvernement du pays auquel appartient l'étranger réclamé, ou son représentant, aura été consulté et mis en demeure de faire connaître les motifs qu'il pourrait avoir de s'opposer à l'extradition.

Cette disposition sera également observée par le Gouvernement français à l'égard des Grenadins, et par le Gouvernement grenadin à l'égard des Français, dont l'extradition leur serait demandée par d'autres gouvernements.

6. Si l'individu dont l'extradition est demandée était poursuivi ou avait été condamné dans le pays où il s'est réfugié, pour crimes ou délits commis dans ce même pays, il ne pourra être livré qu'après avoir été jugé, acquitté ou gracié, et, dans le cas de condamnation, qu'après avoir subi la peine prononcée contre lui.

7. La demande d'extradition ne sera pas admise si, depuis les faits imputés, les poursuites ou la condamnation, la prescription de l'action ou de la peine est acquise d'après les lois du pays dans lequel se trouve l'étranger.

8. Si l'individu réclamé a contracté envers des particuliers des obligations que son extradition l'empêche de remplir, il n'en sera pas moins extradé, et la partie lésée sera libre de poursuivre ses droits par-devant l'autorité compétente.

9. Les frais occasionnés par l'arrestation, la détention et le transport des extradés au lieu où la remise s'effectuera, seront à la charge de celui des deux États dans lequel l'accusé ou le coupable aura été saisi, et ils seront remboursés par la partie réclamante.

10. Les crimes et délits politiques sont exceptés de la présente convention. Il est expressément stipulé que l'individu dont l'extradition aura été accordée ne pourra être, dans aucun cas, poursuivi ou puni pour aucun délit politique antérieur à l'extradition, l'extradition ne pouvant avoir lieu que pour poursuivre et châtier les crimes communs spécifiés dans l'article 2. Il est également stipulé que l'application de la présente convention aura pour point de départ la date de la signature, et que les faits antérieurs à cette date ne pourront être l'objet d'une demande d'extradition.

11. La présente convention continuera d'avoir force et vigueur jusqu'à ce que l'une des parties contractantes ait notifié à l'autre, un an d'avance, sa volonté de la faire cesser.

OLDENBOURG (Grand-duché d').

Convention du 6 *mars* 1847 (1).

Art. 1. Les Gouvernements français et oldenbourgeois s'engagent par la présente convention, à se livrer réciproquement chacun, à l'exception de ses citoyens et habitants, les individus réfugiés d'Oldenbourg en France, ou de France dans le Grand-Duché d'Oldenbourg, et poursuivis ou condamnés par les tribunaux compétents pour l'un des crimes ci-après énumérés.

L'extradition aura lieu sur la demande que l'un des deux gouvernements adressera à l'autre par voie diplomatique.

2. Les crimes à raison desquels cette extradition sera accordée sont :

1° Assassinat, empoisonnement, parricide, infanticide, meurtre, viol, attentat à la pudeur consommé ou tenté avec violence ;

2° Incendie ;

3° Faux en écriture authentique ou de commerce et en écriture privée, y compris la contrefaçon des billets de banque et effets publics, mais non compris les faux qui, dans le pays auquel l'extradition est demandée, ne sont point punis de peines criminelles ou afflictives et infamantes ;

4° Fabrication et émission de fausse monnaie ;

5° Contrefaçon des poinçons de l'État servant à marquer les matières d'or et d'argent ;

6° Faux témoignage, dans les cas où il entraîne peine criminelle ou afflictive et infamante ;

7° Vol, lorsqu'il a été accompagné de circonstances qui lui impriment le caractère de crime suivant la législation des deux pays ;

(1) V. *Bulletin des lois*, 1847, 1, 402.

8° Soustractions commises par les dépositaires publics, mais seulement dans les cas où elles sont punies de peines criminelles ou afflictives et infamantes ;

9° Banqueroute frauduleuse.

3. Tous les objets saisis en la possession d'un prévenu, lors de son arrestation, seront livrés au moment où s'effectuera l'extradition ; et cette remise ne se bornera pas seulement aux objets volés, mais comprendra tous ceux qui pourraient servir à la preuve du délit.

4. Si l'individu réclamé est poursuivi ou se trouve détenu pour un crime ou délit qu'il a commis dans le pays où il s'est réfugié, son extradition pourra être différée jusqu'à ce qu'il ait subi sa peine.

Dans le cas où il serait poursuivi ou détenu dans le même pays à raison d'obligations par lui contractées envers des particuliers, son extradition aura lieu néanmoins, sauf à la partie lésée à poursuivre ses droits devant l'autorité compétente.

5. L'extradition ne sera accordée que sur la production d'un arrêt de condamnation ou de mise en accusation, délivré en original ou en expédition authentique par les tribunaux compétents, dans les formes prescrites par la législation du gouvernement qui fait la demande.

6. Chacun des deux gouvernements contractants pourra, sur l'exhibition d'un mandat d'arrêt décerné par l'autorité compétente, demander à l'autre l'arrestation provisoire du prévenu ou du condamné dont il réclamera l'extradition. Toutefois cette arrestation ne sera accordée et n'aura lieu que suivant les règles prescrites par la législation du pays auquel elle sera demandée. L'étranger ainsi arrêté provisoirement sera remis en liberté si, dans les trois mois, la production des pièces mentionnées dans l'article 5 n'a pas eu lieu de la part du gouvernement qui réclame l'extradition.

7. Si le prévenu ou le condamné n'est pas sujet de celui des deux États contractants qui le réclame, il ne pourra être livré qu'après que son gouvernement aura été consulté et mis en demeure de faire connaître les motifs qu'il pourrait avoir de s'exposer à l'extradition.

8. Il est expressément stipulé que le prévenu ou le condamné dont l'extradition aura été accordée ne pourra être, dans aucun cas, poursuivi ou puni pour aucun délit politique antérieur à l'extradition, ou pour aucun fait connexe à un semblable délit, ni pour aucun des crimes ou délits non prévus par la présente convention.

9. L'extradition ne pourra avoir lieu si, depuis les faits imputés, la poursuite ou la condamnation, la prescription de l'action ou de la peine est acquise, d'après les lois du pays où le prévenu s'est réfugié.

10. Les frais auxquels auront donné lieu l'arrestation, la détention et le transfert à la frontière des individus dont l'extradition aura été accordée, seront remboursés, de part et d'autre, d'après les règlements légaux et les tarifs existant dans le pays qui en aura fait l'avance.

11. La présente convention ne sera exécutoire que dix jours après sa publication.

12. La présente convention continuera à être en vigueur jusqu'à l'expiration de six mois après déclaration contraire de la part de l'un des gouvernements.

Déclaration du 5 *mai* 1868 (1).

Art. **1.** L'extradition sera accordée sur la production d'une expédition authentique du jugement ou de l'arrêt de condamnation ou de mise en accusation, ou du mandat d'arrêt décerné contre l'accusé et expédié dans les formes prescrites par la législation du gouvernement qui demande l'extradition, ou de tout autre acte ayant au moins la même force que ce mandat et indiquant également la nature et la gravité des faits poursuivis, ainsi que la disposition pénale applicable à ces faits.

2. 1° L'individu poursuivi soit en France, soit dans le Grand-Duché d'Oldenbourg, pour l'un des faits mentionnés

(1) V. *Bulletin de lois*, 1868, 1, 433.

dans l'article 2 de la convention d'extradition du 6 mars 1847, devra être arrêté provisoirement sur l'exhibition d'un mandat d'arrêt décerné par l'autorité compétente et produit par voie diplomatique.

2° L'arrestation provisoire devra également être effectuée sur avis, transmis par la poste ou par télégraphe, de l'existence d'un mandat d'arrêt, à la condition, toutefois, que cet avis sera régulièrement donné par voie diplomatique au ministre des Affaires étrangères du pays sur le territoire duquel l'inculpé se sera réfugié.

3° L'arrestation sera facultative, si la demande est directement adressée à une autorité judiciaire ou administrative de l'un des deux États; mais cette autorité devra procéder sans délai à tous les interrogatoires et investigations de nature à vérifier l'identité ou les preuves du fait incriminé, et, en cas de difficulté, rendre compte au ministre des Affaires étrangères des motifs qui l'auraient porté à surseoir à l'arrestation réclamée.

4° L'arrestation provisoire aura lieu dans les formes et suivant les règles voulues par la législation du gouvernement requis; elle cessera d'être maintenue si, dans les quinze jours, à partir du moment où elle a été effectuée, le gouvernement n'est pas régulièrement saisi de la demande d'extradition du détenu.

PAYS-BAS.

Convention du 7 novembre 1844 (1).

Art. 1. Les Gouvernements français et néerlandais s'engagent, par la présente convention, à se livrer réciproquement, à l'exception de leurs nationaux, les individus juridiquement accusés ou condamnés pour l'un des crimes ou délits ci-après énumérés, savoir :

1° Assassinat, empoisonnement, parricide, infanticide, meurtre, viol;

2° Incendie;

3° Faux en écriture authentique ou de commerce et en écriture privée, y compris la contrefaçon des billets de banque et effets publics, mais non compris les faux certificats, faux passe-ports et autres faux qui, d'après le Code pénal, ne sont point punis de peines afflictives et infamantes;

4° Fabrication et émission de fausse monnaie;

5° Faux témoignage :

6° Vol, lorsqu'il a été accompagné de circonstances qui lui impriment le caractère de crime;

7° Soustraction commise par les dépositaires publics, mais seulement dans le cas où elle est punie de peines afflictives et infamantes;

8° Banqueroute frauduleuse.

2. L'extradition n'aura pas lieu lorsque la demande en sera motivée sur le même crime ou délit pour lequel l'individu réclamé aura été ou sera encore poursuivi dans le pays où il s'est réfugié.

Si l'individu réclamé est poursuivi ou se trouve détenu pour un crime ou délit commis dans le pays où il s'est réfu-

(1) V. *Bulletin des lois*, 1845, 1, 73.

gié, son extradition sera différée jusqu'à ce qu'il ait subi sa peine.

3. Il est expressément stipulé que l'étranger dont l'extradition aura été accordée ne pourra, dans aucun cas, être poursuivi ou puni pour un délit politique antérieur à l'extradition ou pour aucun fait connexe à un semblable délit, ni pour aucun des crimes ou délits qui ne sont pas dénommés dans la présente convention.

4. L'extradition ne pourra avoir lieu si, depuis les faits imputés, les poursuites ou la condamnation, la prescription de l'action ou de la peine est acquise, d'après les lois du pays dans lequel se trouve l'étranger prévenu ou condamné.

5. L'extradition sera demandée par la voie diplomatique; et ne sera accordée que sur la production d'un arrêt de condamnation ou de renvoi à l'audience publique d'une cour, ou de mise en accusation, délivré en original ou en expédition authentique, par les tribunaux compétents, dans les formes prescrites par la législation du gouvernement qui fait la demande.

6. Les gouvernements respectifs renoncent à réclamer la restitution des frais d'entretien, de transport et autres, qui résulteront de l'extradition d'accusés ou de condamnés, et ils consentent, réciproquement, à prendre ces frais à leur charge.

7. Lorsque, dans la poursuite d'affaires pénales, un des gouvernements jugera nécessaire l'audition de témoins domiciliés dans l'autre État, une commission rogatoire sera envoyée à cet effet par la voie diplomatique, et il y sera donné suite en observant les lois du pays où les témoins seront invités à comparaître. Les gouvernements respectifs renoncent, de part et d'autre, à former aucune réclamation par suite des frais qui en résulteront.

8. Si la comparution personnelle d'un témoin est nécessaire ou désirée, son gouvernement l'engagera à se rendre à l'invitation qui lui sera faite, et, en cas de consentement, il lui sera accordé des frais de voyage et de séjour, d'après les tarifs et règlements qui sont en vigueur dans le pays où l'audition devra avoir lieu.

9. Lorsque, dans une cause pénale, la communication de pièces qui se trouveraient entre les mains des autorités de l'autre pays sera jugée utile ou nécessaire, la demande en sera faite de la manière indiquée à l'article 5, et l'on y donnera suite, s'il n'existe pas de considérations spéciales qui s'y opposent, et sous l'obligation de renvoyer ces pièces.

Le principe posé à l'article 6 est également applicable aux frais résultant de l'envoi et de la restitution des pièces.

10. La présente convention ne deviendra exécutoire que vingt jours après son insertion, en France, dans le *Bulletin des lois*, et, aux Pays-Bas, dans le *Journal officiel.*

11. La présente convention continuera à être en vigueur jusqu'à déclaration contraire de la part de l'un des deux gouvernements.

Déclaration du 7 novembre 1844 (1).

Les Hautes Parties contractantes ont arrêté, de commun accord, la disposition suivante, au sujet d'un cas dont elles n'ont pas jugé à propos de faire mention dans la convention qu'elles ont signée, ce même jour, entre elles :

Si les accusés ou condamnés ne sont sujets ni de l'un ni de l'autre des deux États, chacun des Gouvernements français et néerlandais se réserve la faculté de pouvoir rechercher et prendre, s'il le juge convenable, le consentement de la puissance à laquelle appartiendra l'individu dont l'extradition lui sera demandée par l'autre gouvernement ; et, une fois ce consentement demandé, l'extradition ne sera obligatoire qu'après qu'il aura été obtenu.

La présente déclaration aura la même force et valeur que si elle était insérée mot à mot dans la convention à laquelle elle est annexée.

(1) *Bulletin des lois*, 1845, 1, 76.

Convention additionnelle 2 août 1860 (1).

Art. 1. L'article 5 de la convention du 7 novembre 1844 est ainsi modifié :

L'extradition sera demandée par la voie diplomatique, et ne sera accordée que sur la production d'une expédition authentique du jugement ou de l'arrêt de condamnation, ou de mise en accusation ou du mandat d'arrêt, délivré dans les formes prescrites par la législation du pays dont le gouvernement fait la demande.

2. Les deux gouvernements contractants pourront, même dès avant la production du mandat d'arrêt, demander l'arrestation immédiate et provisoire de l'étranger dont l'extradition est réclamée.

Cette arrestation provisoire, qui du reste est tout à fait facultative, se fera dans les formes et selon les règles prescrites par la législation du pays où elle a lieu.

L'étranger sera mis en liberté, si dans les quinze jours à partir de celui de son arrestation, il ne reçoit notification du mandat d'arrêt.

3. Quant à l'application de l'article 3 de la convention du 7 novembre 1844, il est bien entendu que ne sera pas réputé délit politique, ni fait connexe à un semblable délit, l'attentat contre la personne d'un souverain étranger, ou contre celle des membres de sa famille, lorsque cet attentat constituera le fait soit d'assassinat, soit d'empoisonnement, soit de meurtre.

4. La présente convention additionnelle sera publiée dans les deux États aussitôt après l'échange des ratifications, lequel aura lieu dans le délai de trois semaines, ou plus tôt si faire se peut. Elle sera mise en vigueur dix jours après celui de la publication.

Elle aura la même durée que la convention du 7 novembre

(1) V. *Bulletin des lois*, 1860, 2, 937.

1844, à laquelle elle se rapporte, et les deux conventions seront censées dénoncées simultanément par le fait de la dénonciation de l'une d'elles.

Convention additionnelle du 3 *août* 1860.

Art. **1**. Les Gouvernements de France et des Pays-Bas s'engagent, par la présente convention, à se livrer réciproquement, dans les cas et aux conditions fixés par la convention du 7 novembre 1844 et la convention additionnelle du 2 août 1860, et sauf les stipulations contenues dans les articles suivants, les malfaiteurs réfugiés des possessions néerlandaises, aux Indes-Occidentales, dans les possessions françaises de ces parages, et des possessions françaises, aux Indes-Occidentales, dans les possessions néerlandaises de ces parages.

2. L'extradition aura lieu sur la demande que le gouverneur de l'une des colonies respectives adressera directement au gouverneur de l'autre, lequel aura le droit, soit de l'accorder immédiatement, soit d'en référer à son gouvernement.

Le principe de communication directe entre les gouverneurs des colonies respectives, au lieu de l'emploi de la voie diplomatique, sera également applicable aux cas prévus par les articles 7 et 9 de la convention du 7 novembre 1844 et les articles 1er et 2 de la convention additionnelle du 2 août 1860.

3. Par dérogation à l'article 1er de la convention additionnelle du 2 août 1860, tout individu subissant, dans les établissements pénitentiaires coloniaux, une peine encourue pour un des crimes prévus dans lesdites conventions, sera extradé sur la production de l'extrait matriculaire relatant les crimes qui ont motivé la condamnation, la juridiction par laquelle elle a été prononcée, indépendamment du signalement de l'individu.

Cet extrait sera certifié au nom du gouverneur par le chef de l'établissement d'où l'évasion aura eu lieu, et revêtu du timbre officiel de l'établissement.

4. Lorsqu'en vertu de l'article 2 de la convention additionnelle du 2 août 1860, l'arrestation provisoire aura été accordée par le gouverneur de la colonie auquel la demande en aura été adressée, le mandat d'arrêt ou l'extrait matriculaire mentionné à l'article précédent devra être transmis à l'étranger détenu, dans le délai de quatre semaines.

5. La présente convention sera publiée dans les deux États, ainsi que dans les colonies respectives, aussitôt après l'échange des ratifications, lequel aura lieu dans le délai de trois semaines, ou plus tôt si faire se peut. Elle sera mise en vigueur dix jours après celui de la publication dans les colonies.

La présente convention continuera à être en vigueur jusqu'à déclaration contraire de la part de l'un des gouvernements. Néanmoins, elle sera censée dénoncée par le seul fait de la dénonciation de la convention du 7 novembre 1844, ou de la convention additionnelle du 2 août 1860.

PÉROU.

Convention du 30 *septembre* 1874 (1).

Art. 1. Le Gouvernement de la République française et le Gouvernement de la République du Pérou s'engagent, par la présente convention, à se livrer réciproquement, à l'exception de leurs nationaux, les individus réfugiés du Pérou en France et dans les colonies françaises, et de France et des colonies françaises au Pérou, qui sont poursuivis ou qui ont été condamnés comme auteurs ou complices par les tribunaux compétents, pour les infractions énumérées dans l'article 2 ci-après.

Si l'extradition de l'individu réclamé n'est pas possible, à raison de sa nationalité, le gouvernement du pays où le crime aura été commis devra faciliter, par la communication de tous les éléments de preuves qui seront à sa disposition, les poursuites qui pourront être intentées dans le pays d'origine.

La demande d'extradition devra toujours être faite par la voie diplomatique.

2. Les crimes à raison desquels l'extradition sera accordée sont les suivants :

1° Assassinat;

2° Homicide, à moins qu'il n'ait été commis dans le cas de légitime défense ou par imprudence;

3° Parricide;

4° Infanticide;

5° Empoisonnement;

6° Avortement;

7° Castration;

8° Viol;

(1) V. *Bulletin des lois*, 1876, 1, 10.

9° Coups portés et blessures faites volontairement, soit avec préméditation, soit quand il en est résulté une infirmité ou incapacité permanente de travail personnel, la perte ou la privation de l'usage absolu d'un membre, de l'œil ou de tout autre organe, ou la mort sans intention de la donner;

10° Extorsion de titres ou de signatures;

11° Incendie volontaire;

12° Vol commis avec violence, escalade, effraction ou autre circonstance aggravante lui donnant le caractère d'un crime ou de vol qualifié, et le rendant punissable, par les lois des deux pays, d'une peine afflictive ou infamante;

13° La contrefaçon ou falsification d'effets publics ou de billets de banque, de titres publics ou privés, l'émission ou mise en circulation de ces effets, billets ou titres contrefaits ou falsifiés, le faux en écriture ou dans les dépêches télégraphiques, et l'usage de ces dépêches, billets ou titres contrefaits, fabriqués ou falsifiés;

14° La fausse monnaie, comprenant la contrefaçon et l'altération de la monnaie, l'émission et la mise en circulation de la monnaie contrefaite ou altérée;

15° La contrefaçon ou falsification de sceaux, timbres, poinçons et marques, l'usage des sceaux, timbres, poinçons et marques contrefaits ou falsifiés, et l'usage préjudiciable de vrais sceaux, timbres, poinçons et marques;

16° Le faux témoignage et la subornation de témoins, le faux serment;

17° Soustraction de fonds publics et concussions commises par des fonctionnaires ou dépositaires publics, mais seulement dans le cas où ces délits seraient punissables d'une peine afflictive ou infamante, suivant la législation du pays où ils auraient été commis;

18° Soustraction frauduleuse des fonds, argent, titres ou effets appartenant à une compagnie ou société industrielle ou commerciale, ou autre corporation, par une personne employée chez elle ou ayant sa confiance, ou agissant pour elle, lorsque cette compagnie ou corporation est légalement établie et que les lois punissent ces crimes d'une peine infamante;

19° Destruction ou dérangement d'une voie ferrée dans une intention coupable;

20° Banqueroute ou faillite frauduleuse;

21° Baraterie, dans le cas où les faits qui la constituent et la législation du pays auquel appartient le bâtiment en rendent les auteurs passibles d'une peine afflictive ou infamante;

22° Insurrection de l'équipage d'un navire, dans le cas où les individus faisant partie de cet équipage se seraient emparés du bâtiment par fraude ou violence, ou l'auraient livré à des pirates;

23° Évasion des individus transportés à la Guyane et à la Nouvelle-Calédonie.

Dans tous les cas, l'extradition ne pourra avoir lieu que lorsque le fait incriminé sera punissable d'un emprisonnement d'un an au moins.

3. L'extradition ne sera accordée que sur la production soit d'un arrêt ou jugement de condamnation, soit d'un mandat d'arrêt décerné contre l'accusé et expédié dans les formes prescrites par la législation du pays qui demande l'extradition, soit de tout autre acte ayant au moins la même force que ce mandat et indiquant également la nature et la gravité des faits poursuivis, leur date, ainsi que la disposition pénale applicable à ces faits.

Dans le cas prévu par le n° 23 de l'article 2, l'évadé sera remis sur la production soit des pièces susmentionnées, soit de l'extrait matriculaire relatant les crimes qui ont motivé la condamnation.

Les pièces seront, autant que possible, accompagnées du signalement de l'individu réclamé.

4. Nonobstant la stipulation de l'article précédent, chacun des deux gouvernements pourra réclamer, par la voie diplomatique, l'arrestation immédiate et provisoire du fugitif, en s'engagant à présenter, dans le terme de quatre mois au plus, les documents justificatifs d'une demande formelle d'extradition. Le gouvernement à qui sera adressée cette demande sera libre d'accorder ou de refuser l'arrestation.

Lorsque l'arrestation provisoire aura été accordée et que

le délai indiqué sera écoulé sans que les documents en question aient été exhibés, le détenu sera mis immédiatement en liberté.

5. Si l'individu réclamé est condamné ou poursuivi pour un crime ou un délit commis par lui dans le pays où il s'est réfugié, son extradition pourra être différée jusqu'à ce qu'il ait été jugé ou jusqu'à ce qu'il ait subi sa peine.

6. Si l'individu réclamé n'est pas citoyen de l'État requérant, l'extradition pourra être suspendue jusqu'à ce que son gouvernement ait été, s'il y a lieu, consulté et invité à faire connaître les motifs qu'il pourrait avoir de s'opposer à l'extradition. Dans tous les cas, le gouvernement saisi de la demande restera libre d'y donner la suite qui lui paraîtra convenable et de livrer le réfugié, pour être jugé, soit au gouvernement de son propre pays, soit à celui du pays où le crime aura été commis.

7. Les crimes et délits politiques sont exceptés de la présente convention.

8. L'individu extradé ne sera ni poursuivi ni puni pour crimes ou délits autres que ceux dont il a été fait mention dans la requête d'extradition, à moins que ces crimes ou délits ne soient prévus à l'article 2 et que le gouvernement qui a accordé l'extradition ne donne son consentement, ou à moins de consentement exprès ou volontaire donné par l'inculpé et communiqué au gouvernement qui l'a livré.

9. L'extradition ne pourra avoir lieu, si, depuis les faits imputés, la poursuite ou la condamnation, la prescription de la peine ou de l'action est acquise d'après les lois du pays où le prévenu s'est réfugié.

10. Quand il y aura lieu à extradition, tous les objets saisis qui peuvent servir à constater le crime ou le délit, ainsi que les objets provenant de vol, seront remis à la puissance réclamante, soit que l'extradition puisse s'effectuer, l'accusé ayant été arrêté, soit qu'il ne puisse y être donné suite, l'accusé ou le coupable s'étant de nouveau évadé ou étant décédé. Cette remise comprendra aussi tous les objets que le prévenu aurait cachés ou déposés dans le pays et qui seraient découverts ultérieurement. Sont réservés, toutefois, les droits que des tiers non impliqués dans la poursuite auraient pu acquérir sur les objets indiqués dans le présent article.

11. Les deux gouvernements renoncent à la restitution des frais résultant de l'arrestation, de la détention, de l'entretien et du transport de l'accusé ou du condamné jusqu'au port où il devra s'embarquer pour se rendre à sa destination.

12. Lorsque, dans la poursuite d'une cause criminelle, l'un des deux gouvernements jugera nécessaire l'audition de témoins domiciliés sur le territoire de l'autre, il adressera une commission rogatoire, par voie diplomatique, au gouvernement du pays où devra se faire cette enquête, et celui-ci y donnera suite dans les formes précisées par la législation. Les deux gouvernements renoncent à toute réclamation de frais de procédure.

Chacune des Hautes Parties contractantes s'engage d'ailleurs à faciliter, par la communication de tous les éléments de preuves qui seront à sa disposition, les procédures criminelles qui viendront à être intentées dans l'autre pays.

13. Dans le cas où l'individu réclamé serait poursuivi ou détenu dans le pays de refuge à raison d'obligations par lui contractées envers des particuliers, son extradition aura lieu néanmoins, sauf à la partie lésée à poursuivre ses droits devant l'autorité compétente.

14. Si, dans une cause pénale, la comparution personnelle d'un témoin est nécessaire, le gouvernement du pays auquel appartient le témoin l'engagera à se rendre à l'invitation qui lui sera faite, et, en cas de consentement, il lui sera accordé des frais de voyage et de séjour d'après les tarifs et règlements en vigueur dans le pays où l'audition devra avoir lieu.

Aucun témoin, quelle que soit sa nationalité, qui, cité dans l'un des deux pays, comparaîtra volontairement devant les juges de l'autre, ne pourra être poursuivi ni détenu pour des faits ou condamnations antérieurs, civils ou criminels, ni sous prétexte de complicité dans les faits objet du procès où il figure comme témoin.

15. Les deux gouvernements s'engagent à se communiquer réciproquement, par voie diplomatique, des bulletins ou extraits constatant les condamnations prononcées contre les nationaux de l'autre pays.

16. La présente convention sera en vigueur pendant cinq ans, à dater du jour de l'échange des ratifications, et si, douze mois avant l'expiration de ce terme, l'une ou l'autre des Hautes Parties contractantes n'annonce pas, par une déclaration officielle, son intention d'en faire cesser l'effet, ladite convention restera obligatoire pendant deux ans, et ainsi de suite jusqu'à l'expiration des douze mois qui suivront la déclaration officielle en question, à quelque époque qu'elle ait lieu.

17. La présente convention sera ratifiée, et les ratifications en seront échangées à Paris, aussitôt que faire se pourra.

PORTUGAL.

Convention du 13 *juillet* 1854 (1).

Art. 1. Les Gouvernements français et portugais s'engagent, par la présente convention, à se livrer réciproquement, chacun à l'exception de ses nationaux, les individus réfugiés de France en Portugal et de Portugal en France, et poursuivis ou condamnés par les tribunaux compétents, pour l'un des crimes ci-après énumérés.

L'extradition aura lieu sur la demande que l'un des deux gouvernements adressera à l'autre par voie diplomatique.

2. Les crimes à raison desquels l'extradition sera accordée sont les suivants :

1° Assassinat, empoisonnement, parricide, infanticide, homicide volontaire, viol, attentat à la pudeur consommé ou tenté avec violence ;

2° Incendie ;

3° Faux en écriture authentique, en écriture de commerce et en écriture privée, y compris la contrefaçon des billets de banque et effets publics, si les circonstances du fait imputé sont telles, que, s'il était commis en France, il serait puni d'une peine afflictive et infamante;

4° Fabrication ou émission de fausse monnaie; contrefaçon ou altération de papier-monnaie, ou émission de papier-monnaie contrefait ou altéré ;

5° Contrefaçon de poinçons de l'État servant à marquer des matières d'or et d'argent;

6° Faux témoignage, dans le cas où, suivant la législation française, il entraîne une peine afflictive et infamante; subornation de témoins ;

7° Vol, lorsqu'il a été accompagné de circonstances qui lui

(1) V. *Bulletin des lois*, 1854, 2, 609.

impriment, d'après la législation française, le caractère de crime; abus de confiance domestique;

8° Soustractions commises par les dépositaires publics, mais seulement dans le cas où, suivant la législation française, elles sont punies de peines afflictives et infamantes;

9° Banqueroute frauduleuse;

3. Tous les objets saisis en la possession d'un prévenu, lors de son arrestation, seront livrés au moment où s'effectuera l'extradition, et cette remise ne se bornera pas seulement aux objets volés, mais comprendra tous ceux qui pourraient servir à la preuve du crime.

4. Si l'individu réclamé est poursuivi ou se trouve détenu pour un crime ou délit qu'il a commis dans le pays où il s'est réfugié, son extradition pourra être différée jusqu'à ce qu'il ait subi sa peine.

Dans le cas où il serait poursuivi ou détenu dans le même pays, à raison d'obligations par lui contractées envers des particuliers, son extradition aura lieu néanmoins, sauf à la partie lésée à poursuivre ses droits devant l'autorité compétente.

5. L'extradition ne sera accordée que sur la production soit d'un arrêt de condamnation, soit d'un arrêt de mise en accusation, soit enfin d'un mandat d'arrêt décerné contre l'accusé et expédié dans les formes prescrites par la législation du pays qui demande l'extradition, ou de tout autre acte ayant au moins la même force que ce mandat, et indiquant également la nature et la gravité des faits poursuivis, ainsi que la disposition pénale applicable à ces faits. Il sera toujours ajouté foi entière au contenu des documents judiciaires qui seront produits conformément au présent article.

6. Si le prévenu ou le condamné n'est pas sujet de celui des deux États contractants qui le réclame, il ne pourra être livré qu'après que son gouvernement aura été consulté et mis en demeure de faire connaître les motifs qu'il pourrait avoir de s'opposer à son extradition.

Toutefois, le gouvernement saisi de la demande d'extradition restera libre de refuser cette extradition, en communiquant au gouvernement qui la réclame la cause de son refus.

7. L'extradition ne pourra avoir lieu que pour la poursuite et la punition des crimes communs. Il est expressément stipulé que le prévenu ou le condamné dont l'extradition aura été accordée ne pourra, dans aucun cas, être poursuivi ou puni pour aucun crime ou délit politique antérieur à l'extradition, ni pour aucun fait connexe à un semblable délit ou crime.

Dans le cas où le prévenu aurait commis un délit, outre le crime à raison duquel l'extradition sera accordée, l'État auquel il sera livré prendra l'engagement de ne pas le poursuivre pour ce délit; mais seulement pour le crime motivant l'extradition.

8. L'extradition ne pourra avoir lieu si, depuis les faits imputés, la poursuite ou la condamnation, la prescription de la peine ou de l'action est acquise, d'après les lois du pays où le prévenu s'est réfugié.

9. Les frais d'arrestation, d'entretien et de transport de l'individu dont l'extradition aura été accordée, resteront à la charge des deux gouvernements, dans les limites de leurs territoires respectifs.

Les frais d'entretien et de passage sur le territoire des États intermédiaires seront à la charge de l'État qui réclame l'extradition.

10. Lorsque, dans la poursuite d'une affaire pénale, un des deux gouvernements jugera nécessaire l'audition de témoins domiciliés dans l'autre État, une commission rogatoire sera envoyée à cet effet par la voie diplomatique, et il y sera donné suite en observant les lois du pays où les témoins sont invités à comparaître.

Les gouvernements respectifs renonceront à toute réclamation ayant pour objet la restitution des frais résultant de l'exécution de la commission rogatoire.

11. Si, dans une cause pénale, la comparution personnelle d'un témoin est nécessaire, le gouvernement du pays auquel appartient le témoin l'engagera à se rendre à l'invitation qui lui sera faite, et, en cas de consentement, il lui sera accordé des frais de voyage et de séjour, d'après les tarifs et règlements en vigueur dans le pays où l'audition devra avoir lieu.

12. Lorsque, dans une cause pénale instruite dans l'un des deux pays, la confrontation des criminels détenus dans l'autre, ou la production de pièces de conviction ou documents judiciaires, sera jugée utile, la demande en sera faite par la voie diplomatique, et l'on y donnera suite, à moins que des considérations particulières ne s'y opposent, et sous l'obligation de renvoyer les criminels et les pièces.

Les gouvernements respectifs renoncent de part et d'autre à toute réclamation de frais résultant du transport et du renvoi, dans les limites de leurs territoires respectifs, de criminels à confronter et de l'envoi ainsi que de la restitution des pièces de conviction et documents.

13. La présente convention ne sera exécutoire que dix jours après sa publication.

14. La présente convention continuera d'être en vigueur jusqu'à l'expiration de six mois après déclaration contraire de la part de l'un des deux gouvernements.

Déclaration du 30 *décembre* 1872 (1).

L'individu poursuivi pour l'un des faits prévus par l'article 2 de la convention d'extradition du 13 juillet 1854, devra être arrêté provisoirement sur l'exhibition d'un mandat d'arrêt ou autre acte ayant la même force, décerné par l'autorité compétente et produit par voie diplomatique.

L'arrestation provisoire devra également être effectuée sur avis transmis par la poste ou par le télégraphe de l'existence d'un mandat d'arrêt, à la condition, toutefois, que cet avis sera régulièrement donné par voie diplomatique au ministre des affaires étrangères.

(1) *Bulletin des lois*, 1873, 1, 525.

L'arrestation provisoire ne sera accordée que pour les nationaux de l'État réclamant, et sous promesse de la production des documents indiqués par l'article 5 de la convention d'extradition du 13 juillet 1854.

L'arrestation provisoire aura lieu dans les formes et suivant les règles établies par la législation du gouvernement requis; elle cessera d'être maintenue si, dans les vingt-cinq jours à partir du moment où elle a été effectuée, ce gouvernement n'est pas saisi de la demande de livrer le détenu.

Les dispositions qui précèdent auront la même durée que la convention du 13 juillet 1854 à laquelle elles se rapportent.

PRUSSE.

Convention du 21 *juin* 1845 (1).

Art. **1**. Les Gouvernements français et prussien s'engagent, par la présente convention, à se livrer réciproquement, à l'exception de leurs nationaux, les individus réfugiés de France en Prusse et de Prusse en France, et poursuivis ou condamnés, par les tribunaux compétents, comme auteurs ou complices de l'un des crimes énumérés ci-après (art. 2). Cette extradition aura lieu sur la demande que l'un des deux gouvernements adressera à l'autre par voie diplomatique.

2. Les crimes à raison desquels l'extradition devra être réciproquement accordée sont :

1° Assassinat, empoisonnement, parricide, infanticide, meurtre, viol, attentat à la pudeur, consommé ou tenté avec violence ;

2° Incendie ;

3° Faux en écriture authentique ou de commerce et en écriture privée, y compris la contrefaçon des billets de banque et effets publics, si les circonstances du fait imputé sont telles que, s'il était commis de France, il serait puni d'une peine afflictive et infamante ;

4° Fabrication ou émission de fausse monnaie, y compris la fabrication, émission ou altération de papier-monnaie ;

5° Faux témoignage, subornation de témoins ;

6° Vol, lorsqu'il a été accompagné de circonstances qui lui impriment le caractère de crime, d'après la législation des deux pays ;

7° Soustractions commises par les dépositaires publics,

(1) V. *Bulletin des lois*, 1845, 2, 521.

dans le cas où, suivant la législation de la France, elles seraient punies de peines afflictives et infamantes;

8° Banqueroute frauduleuse.

3. Tous les objets saisis en la possession d'un prévenu, lors de son arrestation, seront livrés au moment où s'effectuera l'extradition; cette remise ne se bornera pas seulement aux objets volés, mais comprendra tous ceux qui pourraient servir à la preuve du délit.

4. Les pièces qui devront être produites à l'appui des demandes d'extradition sont le mandat d'arrêt décerné contre le prévenu, et expédié dans les formes prescrites par la législation du gouvernement qui demande l'extradition, ou tout autre acte ayant au moins la même force que ce mandat, et indiquant également la nature et la gravité des faits poursuivis, ainsi que la disposition pénale applicable à ces faits.

5. Si l'individu dont l'extradition est demandée était poursuivi ou condamné, dans le pays où il s'est réfugié, pour crimes ou délits commis dans ce même pays, il ne pourra être livré qu'après avoir subi la peine prononcée contre lui.

6. L'extradition ne pourra avoir lieu si, depuis les faits imputés, les poursuites ou la condamnation, la prescription de l'action ou de la peine est acquise d'après les lois du pays dans lequel le prévenu ou le condamné s'est réfugié.

7. Les frais occasionnés par l'arrestation, la détention, et le transport des extradés au lieu où la remise s'effectuera, seront supportés par celui des deux États où les extradés auront été saisis.

8. Les dispositions de la présente convention ne pourront être appliquées à des individus qui se seront rendus coupables d'un délit politique quelconque.

L'extradition ne pourra avoir lieu que pour la poursuite et la punition des crimes communs.

9. Si un individu réclamé a contracté envers des particuliers des obligations que son extradition l'empêche de remplir, il sera néanmoins extradé, et il restera libre à la partie lésée de poursuivre ses droits par devant l'autorité compétente.

10. La présente convention ne sera exécutoire que dix jours après sa publication dans les formes prescrites par les lois des deux pays.

11. La présente convention continuera à être en vigueur jusqu'à l'expiration de six mois après déclaration contraire de la part de l'un des deux gouvernements.

Déclaration du 20 *août* 1845.

Le soussigné chargé d'affaires de Prusse, ayant fait connaître par sa lettre en date du 18 du présent mois au soussigné ministre de l'Intérieur, chargé par intérim du département des Affaires étrangères, qu'il était autorisé par son gouvernement à déclarer au Gouvernement français que la Prusse s'engageait à livrer à la France, le cas échéant, ceux des malfaiteurs réfugiés en Prusse qui seraient, soit accusés de contrefaçon des poinçons de l'État servant à la marque des matières d'or et d'argent, soit condamnés pour s'être rendus coupables de ce crime, la présente déclaration a été acceptée par la France, et elle aura même force et valeur que si elle avait été textuellement insérée dans la convention d'extradition signée entre les deux pays.

Arrestation provisoire des malfaiteurs.

Par un échange de notes en date des 28 juin et 2 septembre 1867, les deux gouvernements se sont engagés réciproquement à autoriser, en vue d'une extradition ultérieure, l'arrestation provisoire des malfaiteurs réfugiés sur le territoire de chacun des deux pays.

SAXE.

Convention du 28 *avril* 1850 (1).

ART. 1. Les Gouvernements français et saxon s'engagent par la présente convention à se livrer réciproquement chacun, à l'exception de ses nationaux, les individus réfugiés de France en Saxe ou de Saxe en France, poursuivis ou condamnés par les tribunaux compétents pour l'un des crimes ci-après énumérés.

L'extradition aura lieu sur la demande que l'un des deux gouvernements adressera à l'autre par voie diplomatique.

2. Les crimes à raison desquels cette extradition sera accordée sont :

1° Assassinat, empoisonnement, parricide, infanticide, homicide volontaire, viol, attentat à la pudeur, consommé ou tenté avec violence;

2° Incendie;

3° Faux en écriture authentique, en écriture de commerce et en écriture privée, y compris la contrefaçon des billets de banque et effets publics, si les circonstances du fait imputé sont telles que, s'il était commis en France, il serait puni d'une peine afflictive et infamante;

4° Fabrication ou émission de fausse monnaie, contrefaçon ou altération de papier-monnaie, ou émission de papier-monnaie contrefait ou altéré;

5° Contrefaçon des poinçons de l'État servant à marquer les matières d'or et d'argent;

6° Faux témoignage, dans les cas où, suivant la législation française, il entraîne peine afflictive et infamante;

Subornation de témoins;

7° Vol, lorsqu'il a été accompagné de circonstances qui

(1) V. *Bulletin des lois*, 1851, 1, 145.

lui impriment le caractère de crime d'après la législation française; abus de confiance domestique;

8° Soustractions commises par les dépositaires publics, mais seulement dans les cas où, suivant la législation française, elles sont punies de peines afflictives et infamantes;

9° Banqueroute frauduleuse.

3. Tous les objets saisis en la possession d'un prévenu, lors de son arrestation, seront livrés au moment où s'effectuera l'extradition; et cette remise ne se bornera pas seulement aux objets volés, mais comprendra tous ceux qui pourraient servir à la preuve du crime.

4. Si l'individu réclamé est poursuivi ou se trouve détenu pour un crime ou délit qu'il a commis dans le pays où il s'est réfugié, son extradition pourra être différée jusqu'à ce qu'il ait subi sa peine.

Dans le cas où il serait poursuivi ou détenu dans le même pays à raison d'obligations par lui contractées envers des particuliers, son extradition aura lieu néanmoins, sauf à la partie lésée à poursuivre ses droits devant l'autorité compétente.

5. L'extradition ne sera accordée que sur la production soit d'un arrêt de condamnation, soit d'un mandat d'arrêt décerné contre l'accusé et expédié dans les formes prescrites par la législation du gouvernement qui demande l'extradition, ou tout autre acte ayant au moins la même force que ce mandat, et indiquant également la nature et la gravité des faits poursuivis, ainsi que la disposition pénale applicable à ces faits. Il sera toujours ajouté foi entière au contenu des documents judiciaires qui seront produits conformément au présent article.

6. Chacun des deux gouvernements contractants pourra, sur la production du mandat d'arrêt, demander à l'autre l'arrestation immédiate et provisoire de l'accusé ou du condamné dont il réclamera l'extradition. Cette arrestation ne sera accordée et n'aura lieu que suivant les règles prescrites par la législation du pays auquel elle sera demandée.

7. Si le prévenu ou le condamné n'est pas sujet de celui

des deux États contractants qui le réclame, il ne pourra être livré qu'après que son gouvernement aura été consulté et mis en demeure de faire connaître les motifs qu'il pourrait avoir de s'opposer à l'extradition.

Dans tous les cas, le gouvernement saisi de la demande d'extradition restera libre de donner à cette demande la suite qui lui paraîtra convenable, et de livrer le prévenu pour être jugé, soit à son pays natal, soit au pays où le crime aura été commis.

8. L'extradition ne pourra avoir lieu que pour la poursuite et la punition des crimes communs. Il est expressément stipulé que le prévenu ou le condamné dont l'extradition aura été accordée ne pourra être, dans aucun cas, poursuivi ou puni pour aucun crime ou délit politique antérieur à l'extradition ou pour aucun fait connexe à un semblable délit ou crime.

Dans le cas où le prévenu aurait commis un délit, outre le crime à raison duquel l'extradition sera accordée, l'État auquel il sera livré prendra l'engagement de ne pas le poursuivre pour ce délit, mais seulement pour le crime motivant l'extradition.

9. L'extradition ne pourra avoir lieu si, depuis les faits imputés la poursuite ou la condamnation, la prescription de l'action ou de la peine est acquise d'après les lois du pays où le prévenu s'est réfugié.

10. Les frais occasionnés par l'arrestation, la détention et le transport des extradés au lieu où la remise s'effectuera, seront supportés par celui des deux États sur le territoire duquel les extradés auront été saisis.

11. La présente convention ne sera exécutoire que dix jours après sa publication dans les formes prescrites par les lois des deux pays.

12. La présente convention continuera à être en vigueur pendant dix années à compter de ce jour, et, passé ce délai, jusqu'à l'expiration de six mois après la déclaration contraire de la part de l'un des deux gouvernements.

SUÈDE ET NORWÈGE.

Convention du 4 juin 1869 (1).

Art. 1. Le Gouvernement de France et celui de Suède et de Norwège s'engagent, par la présente convention, à se livrer réciproquement, sur la demande que l'un des deux Gouvernements adressera à l'autre, à la seule exception de leurs nationaux, tous les individus réfugiés des États de Suède et de Norwège et de leurs colonies en France et dans ses colonies, ou de France et de ses colonies dans les États de Suède et de Norwège et dans leurs colonies, et poursuivis ou condamnés pour l'une des infractions énumérées ci-après, par les tribunaux compétents dans les pays respectifs.

La demande d'extradition devra être faite par la voie diplomatique.

Cependant, lorsqu'il s'agira d'un individu réfugié d'une colonie dans l'autre, les gouverneurs pourront s'adresser directement les demandes d'extradition et se livrer les individus poursuivis ou condamnés pour l'une des infractions prévues dans le présent traité, sauf à en référer immédiatement à leurs gouvernements respectifs.

2. L'extradition sera accordée à raison des infractions suivantes, lorsqu'elles seront punissables de peines supérieures à celle de l'emprisonnement, soit d'après la législation française, soit d'après la législation suédo-norwégienne, savoir :

1° Assassinat, empoisonnement, parricide, infanticide, avortement, et les tentatives de ces mêmes crimes;

Meurtre;

Coups et blessures volontaires ayant occasionné soit la mort, soit la mutilation ou la perte d'un œil ou d'un membre;

(1) V. *Bulletin des lois*, 1870, 1, 14.

Extorsion de titres et de signatures;

Séquestration ou arrestation ou détention illégale de personnes;

Enlèvement d'enfants au-dessous de quinze ans;

2° Viol;

Attentat à la pudeur consommé ou tenté avec violence; attentat à la pudeur consommé ou tenté, même sans violence, sur une personne âgée de moins de treize ans;

3° Bigamie;

4° Incendie;

5° Vol;

6° Fabrication, introduction, émission de fausse monnaie, contrefaçon ou altération de papier-monnaie, ou émission de papier-monnaie contrefait ou altéré; contrefaçon des poinçons servant à marquer les matières d'or et d'argent; contrefaçon des sceaux de l'État et des timbres nationaux, alors même que la fabrication aurait eu lieu en dehors de l'État qui réclamerait l'extradition;

7° Faux en écriture publique ou authentique et de commerce, y compris la contrefaçon d'effets publics, de quelque nature qu'ils soient, et des billets de banque; l'usage de ces faux titres;

8° Faux témoignage;

9° Soustractions et concussions, commises par des dépositaires revêtus d'un caractère public, des valeurs qu'ils avaient entre les mains à raison de leurs fonctions; soustractions commises par des caissiers d'établissements publics ou de maisons de commerce;

10° Banqueroute frauduleuse;

11° Destruction ou dérangement d'une voie ferrée;

12° Baraterie de patrons;

13° Insurrection de l'équipage d'un navire, dans le cas où les individus faisant partie de cet équipage se seraient emparés du bâtiment ou l'auraient livré à des pirates.

3. Quand il y aura lieu à l'extradition, tous les objets saisis qui peuvent servir à constater le délit ou les délits, ainsi que les objets provenant de vol, seront remis à la puissance réclamante, soit que l'extradition puisse avoir lieu, l'accusé ayant été arrêté, soit qu'elle ne puisse avoir son effet, l'accusé ou le coupable s'étant de nouveau échappé ou étant décédé.

4. Si l'individu réclamé est poursuivi ou condamné pour une infraction qu'il a commise dans le pays où il s'est réfugié, son extradition sera différée jusqu'à ce qu'il ait été jugé et qu'il ait subi sa peine. Dans le cas où il serait poursuivi ou détenu dans le même pays à raison d'obligations par lui contractées envers des particuliers, son extradition aura lieu néanmoins sauf à la partie lésée à poursuivre ses droits devant l'autorité compétente.

5. L'extradition ne sera accordée que sur la production soit d'un arrêt de condamnation, soit d'un mandat d'arrêt décerné contre l'accusé et expédié dans les formes prescrites par la législation du pays qui demande l'extradition, soit de tout autre acte ayant au moins la même force que ce mandat et indiquant également la nature et la gravité des faits poursuivis, ainsi que la pénalité applicable à ces faits.

Les pièces seront accompagnées, autant que possible, du signalement de l'individu réclamé.

6. Si le prévenu ou le condamné n'est pas sujet de celui des États contractants qui le réclame, l'extradition pourra être suspendue jusqu'à ce que son gouvernement ait été, s'il y a lieu, consulté et invité à faire connaître les motifs qu'il pourrait avoir de s'opposer à l'extradition.

Dans tous les cas, le gouvernement saisi de la demande d'extradition restera libre de donner à cette demande la suite qui lui paraîtra convenable, et de livrer le prévenu, pour être jugé, soit à son propre pays, soit au pays où le crime aura été commis.

7. L'extradition ne pourra avoir lieu que pour la poursuite et la punition des crimes communs. Toutefois, dans le cas où l'individu livré aura été reconnu coupable sur le chef d'accusation qui a motivé sa remise aux autorités du pays requérant, il pourra être jugé et puni pour les délits communs poursuivis en même temps comme connexes du crime et constituant soit une circonstance aggravante, soit une dégénérescence de l'accusation principale.

Il est expressément stipulé que le prévenu ou le condamné dont l'extradition aura été accordée ne pourra être, dans aucun cas, poursuivi ou puni pour aucun crime ou délit politique antérieur à l'extradition, ni pour aucun des crimes ou délits non prévus par la présente convention.

Ne sera pas réputé délit politique, ni fait connexe à un semblable délit, l'attentat contre la personne d'un souverain étranger ou contre celle des membres de sa famille, lorsque cet attentat constituera le fait soit d'assassinat, soit d'empoisonnement, ou la tentative de ces crimes, soit de meurtre.

8. L'extradition ne pourra avoir lieu si, depuis les faits imputés, la poursuite ou la condamnation, la prescription de l'action ou de la peine est acquise d'après les lois du pays où le prévenu s'est réfugié.

9. L'individu poursuivi pour l'un des faits prévus par la présente convention pourra être arrêté préventivement sur l'exhibition d'un mandat d'arrêt ou autre acte ayant la même force, décerné par l'autorité compétente et produit par voie diplomatique.

L'arrestation provisoire pourra également être effectuée sur avis transmis par la poste ou par télégraphe de l'existence d'un mandat d'arrêt, à la condition que cet avis sera régulièrement donné par voie diplomatique au ministre des Affaires étrangères du pays sur le territoire duquel l'inculpé sera réfugié.

L'arrestation provisoire aura lieu dans les formes et suivant les règles établies par la législation du gouvernement requis; elle cessera d'être maintenue si, dans six semaines, à partir du moment où elle a été effectuée, le gouvernement n'est pas régulièrement saisi de la demande d'extradition du détenu.

10. Les frais occasionnés par l'arrestation, la détention, la garde, la nourriture et le transport des extradés, ou bien par le transport des objets mentionnés dans l'article 3 de la présente convention, au lieu où la remise s'effectuera, seront supportés par celui des États respectifs sur le territoire duquel les extradés auront été saisis.

11. Lorsque, dans la poursuite d'une affaire pénale, un des gouvernements respectifs jugera nécessaire l'audition de témoins domiciliés dans l'autre État, une commission rogatoire sera envoyée, à cet effet, par la voie diplomatique, et il y sera donné suite en observant la loi du pays où les témoins seront invités à comparaître.

Les gouvernements respectifs renoncent à toute réclamation ayant pour objet la restitution des frais résultant de l'exécution de la commission rogatoire et de la communication des pièces. Il en serait de même dans le cas où le transport des criminels pour cause de confrontation viendrait exceptionnellement à se produire.

Si, dans une cause pénale, la comparution personnelle d'un témoin est nécessaire, le gouvernement du pays auquel appartient le témoin l'engagera à se rendre à l'invitation qui lui sera faite, et, en cas de consentement, il lui sera accordé des frais de voyage et de séjour d'après les tarifs et règlements en vigueur dans le pays où l'audition devra avoir lieu.

12. La présente convention ne sera exécutoire que vingt jours après sa publication ; elle continuera à être en vigueur pendant cinq années. Dans le cas où, six mois avant l'expiration de ce terme, aucun des gouvernements contractants n'aurait déclaré y renoncer, elle sera valable pour cinq autres années, et ainsi de suite, de cinq ans en cinq ans.

SUISSE.

Convention du 9 juillet 1869 (1).

Art. 1. Le Gouvernement de Sa Majesté l'Empereur des Français et le Gouvernement de la Confédération suisse s'engagent à se livrer réciproquement, sur la demande que l'un des deux gouvernements adressera à l'autre, à la seule exception de leurs nationaux, les individus réfugiés de Suisse en France et dans les colonies françaises, ou de France et des colonies françaises en Suisse, et poursuivis ou condamnés comme auteurs ou complices par les tribunaux compétents, pour les crimes et délits énumérés ci-après :

1° Assassinat;

2° Parricide;

3° Infanticide;

4° Empoisonnement;

5° Meurtre;

6° Avortement;

7° Viol;

8° Attentat à la pudeur consommé ou tenté avec ou sans violence;

9° Attentat aux mœurs en excitant, favorisant ou facilitant habituellement la débauche ou la corruption de la jeunesse de l'un ou de l'autre sexe au-dessous de l'âge de vingt et un ans;

10° Outrage public à la pudeur;

11° Enlèvement de mineurs;

12° Expositions d'enfants;

13° Coups et blessures volontaires ayant occasionné soit la mort, soit une maladie ou incapacité de travail personnel pendant plus de vingt jours, ou ayant été suivis de mutilation,

(1) V. *Bulletin des lois*, 1870, 1, 45.

amputation ou privation de l'usage d'un membre, cécité, perte d'un œil ou autres infirmités permanentes ;

14° Association de malfaiteurs pour commettre des infractions prévues par la présente convention ;

15° Menaces d'attentat contre les personnes ou les propriétés, avec ordre de déposer une somme d'argent ou de remplir toute autre condition ;

16° Extorsions ;

17° Séquestration ou détention illégale de personnes ;

18° Incendie volontaire ;

19° Vol et soustraction frauduleuse ;

20° Escroquerie et fraudes analogues ;

21° Abus de confiance, concussion et corruption de fonctionnaires, d'experts ou d'arbitres ;

22° Falsification, introduction et émission frauduleuse de fausse monnaie ; de papier-monnaie ayant cours légal ; falsification des billets de banque et des effets publics ;

Contrefaçon des sceaux de l'État et de tous timbres autorisés par les gouvernements respectifs et destinés à un service public, alors même que la fabrication ou la contrefaçon aurait eu lieu en dehors de l'État qui réclamerait l'extradition ;

23° Faux en écriture publique ou authentique ou de commerce, ou en écriture privée ;

24° Usage frauduleux des divers faux ;

25° Faux témoignage et fausse expertise ;

26° Faux serment ;

27° Subornation de témoins et d'experts ;

28° Dénonciation calomnieuse ;

29° Banqueroute frauduleuse ;

30° Destruction ou dérangement, dans une intention coupable, d'une voie ferrée ou de communications télégraphiques ;

31° Toute destruction, dégradation ou dommages de la propriété mobilière ou immobilière ;

Empoisonnement d'animaux domestiques ou de poissons dans les étangs, les viviers ou les réservoirs ;

32° Suppression ou violation du secret des lettres.

Sont comprises dans les qualifications précédentes les tentatives de tous les faits punis comme crimes dans le pays réclamant et celles des délits de vol, d'escroquerie et d'extorsion.

En matière correctionnelle ou de délits, l'extradition aura lieu dans les cas prévus ci-dessus : 1° pour les condamnés contradictoirement ou par défaut, lorsque la peine prononcée sera au moins de deux mois d'emprisonnement; 2° pour les prévenus ou accusés, lorsque le maximum de la peine applicable au fait incriminé sera, dans le pays réclamant, au moins de deux ans ou d'une peine équivalente.

Dans tous les cas, crimes ou délits, l'extradition ne pourra avoir lieu que lorsque le fait similaire sera punissable dans le pays à qui la demande est adressée.

2. Les crimes et délits politiques sont exceptés de la présente convention.

Il est expressément stipulé qu'un individu dont l'extradition aura été accordée ne pourra dans aucun cas, être poursuivi ou puni pour un délit politique antérieur à l'extradition ni pour aucun fait connexe à un semblable délit.

3. La demande d'extradition devra toujours être faite par la voie diplomatique.

4. L'individu poursuivi pour l'un des faits prévus par l'article 1er de la présente convention devra être arrêté provisoirement sur l'exhibition d'un mandat d'arrêt ou autre acte ayant la même force, décerné par l'autorité compétente et produit par voie diplomatique.

L'arrestation provisoire devra également être effectuée sur avis transmis par la poste ou par le télégraphe de l'existence d'un mandat d'arrêt à la condition toutefois que cet avis sera régulièrement donné par voie diplomatique au ministre des Affaires étrangères, si l'inculpé est réfugié en France, ou au Président de la Confédération si l'inculpé est réfugié en Suisse.

L'arrestation sera facultative, si la demande est directement parvenue à une autorité judiciaire ou administrative de l'un des deux États; mais cette autorité devra procéder sans délai à tous interrogatoires de nature à vérifier l'identité ou les preuves du fait incriminé, et, en cas de difficulté, rendre compte au ministre des Affaires étrangères ou au Président de la Confédération suisse des motifs qui l'auraient portée à surseoir à l'arrestation réclamée.

L'arrestation provisoire aura lieu dans les formes et suivant les règles établies par la législation du gouvernement requis; elle cessera d'être maintenue si, dans les quinze jours à partir du moment où elle a été effectuée, ce gouvernement n'est pas saisi, conformément à l'article 3, de la demande de livrer le détenu.

5. Quand il y aura lieu à l'extradition, tous les objets saisis qui peuvent servir à constater le crime ou le délit, ainsi que les objets provenant de vol, seront remis à l'État réclamant, soit que l'extradition puisse s'effectuer, l'accusé ayant été arrêté, soit qu'il ne puisse y être donné suite, l'accusé ou le coupable s'étant de nouveau évadé ou étant décédé. Cette remise comprendra aussi tous les objets que le prévenu aurait cachés ou déposés dans le pays et qui seraient découverts ultérieurement. Sont réservés, toutefois, les droits que des tiers non impliqués dans la poursuite auraient pu acquérir sur les objets indiqués dans le présent article.

6. L'extradition ne sera accordée que sur la production, soit d'un arrêt ou jugement de condamnation, soit d'un mandat d'arrêt décerné contre l'accusé et expédié dans les formes prescrites par la législation du pays qui demande l'extradition, soit de tout autre acte ayant au moins la même force que ce mandat et indiquant également la nature et la gravité des faits poursuivis, ainsi que leur date.

Les pièces seront, autant que possible, accompagnées du signalement de l'individu réclamé et d'une copie du texte de la loi pénale applicable au fait incriminé.

Dans le cas où il y aurait doute sur la question de savoir si le crime ou le délit, objet de la poursuite, rentre dans les prévisions du traité, des explications seront demandées, et, après examen, le gouvernement à qui l'extradition est réclamée statuera sur la suite à donner à la requête.

7. Si l'individu réclamé est poursuivi ou condamné pour une infraction commise dans le pays où il s'est réfugié, son extradition pourra être différée jusqu'à ce qu'il ait été jugé et qu'il ait subi sa peine. Dans le cas où il serait poursuivi ou détenu dans le même pays à raison d'obligations par lui contractées envers des particuliers, son extradition aura lieu néanmoins, sauf à la partie lésée à poursuivre ses droits devant l'autorité compétente.

Dans le cas de réclamation du même individu de la part de deux États pour crimes distincts, le gouvernement requis statuera en prenant pour base la gravité du fait poursuivi ou les facilités accordées pour que l'inculpé soit restitué, s'il y a lieu, d'un pays à l'autre, pour purger successivement les accusations.

8. L'extradition ne pourra avoir lieu que pour la poursuite et la punition des crimes ou délits prévus à l'article 1er. Toutefois, elle autorisera l'examen, et, par suite, la répression des délits poursuivis en même temps comme connexes du fait incriminé et constituant, soit une circonstance aggravante soit une dégénérescence de l'accusation principale.

L'individu qui aura été livré ne pourra être poursuivi ou jugé contradictoirement pour aucune infraction autre que celle ayant motivé l'extradition, à moins du consentement exprès et volontaire donné par l'inculpé, et communiqué au gouvernement qui l'a livré, ou à moins que l'infraction ne soit comprise dans la convention et qu'on n'ait obtenu préalablement l'assentiment du gouvernement qui aura accordé l'extradition.

9. L'extradition pourra être refusée, si la prescription de la peine ou de l'action est acquise, d'après les lois du pays où le prévenu s'est réfugié, depuis les faits imputés ou depuis la poursuite ou la condamnation.

10. Les frais occasionnés par l'arrestation, la détention, la garde, la nourriture et le transport des extradés, ou bien par le transport des objets mentionnés dans l'article 4 de la présente convention, au lieu où la remise s'effectuera, seront supportés par celui des deux États sur le territoire duquel les extradés auront été saisis.

Lorsque l'emploi de la voie ferrée sera réclamé, le transport se fera par cette voie; l'État requérant remboursera seulement les frais de transport payés aux compagnies par le gouvernement requis, d'après le tarif dont il jouit et sur la production des pièces justificatives.

11. Le transit sur le territoire français ou suisse, ou par les bâtiments des services maritimes français, d'un individu extradé n'appartenant pas au pays de transit et livré par un autre gouvernement, sera autorisé sur simple demande par voie diplomatique, appuyée des pièces nécessaires pour établir qu'il ne s'agit pas d'un délit politique ou purement militaire.

Le transport s'effectuera par les voies les plus rapides, sous la conduite d'agents du pays requis et aux frais du gouvernement réclamant.

12. Lorsque dans la poursuite d'une affaire pénale, un des deux gouvernements jugera nécessaire l'audition de témoins domiciliés dans l'autre État ou tous autres actes d'instruction, une commission rogatoire sera envoyée à cet effet par la voie diplomatique, et il y sera donné suite d'urgence, conformément aux lois du pays.

Les gouvernements respectifs renoncent à toute réclamation ayant pour objet la restitution des frais résultant de l'exécution de la commission rogatoire, à moins qu'il ne s'agisse d'expertises criminelles, commerciales ou médico-légales.

Aucune réclamation ne pourra non plus avoir lieu pour les frais de tous actes judiciaires spontanément faits par les magistrats de chaque pays, pour la poursuite ou la constatation de délits commis sur leur territoire par un étranger qui serait ensuite poursuivi dans sa patrie.

13. En matière pénale, lorsque la notification d'un acte de procédure ou d'un jugement à un Français ou à un Suisse paraîtra nécessaire, la pièce transmise par la voie diplomatique ou directement au magistrat compétent du lieu de la résidence sera signifiée *à personne,* à sa requête, par les soins du fonctionnaire compétent, et il renverra au magistrat expéditeur, avec son visa, l'original constatant la notification, dont les effets seront les mêmes que si elle avait eu lieu dans le pays d'où émane l'acte ou le jugement.

14. Si, dans une cause pénale, la comparution personnelle d'un témoin est nécessaire, le gouvernement du pays auquel appartient le témoin, l'invitera à se rendre à la citation qui lui sera faite. En cas de consentement du témoin, des frais de voyage et de séjour lui seront accordés, à partir de sa résidence, d'après les tarifs et règlements en vigueur dans le pays où l'audition devra avoir lieu.

Il pourra lui être fait, sur sa demande, par les magistrats de sa résidence, l'avance de tout ou partie des frais de voyage qui seront ensuite remboursés par le gouvernement requérant.

Aucun témoin, quelle que soit sa nationalité, qui, cité dans l'un des deux pays, comparaîtra volontairement devant les juges de l'autre, ne pourra être poursuivi ni détenu pour des faits ou condamnations antérieurs, civils ou criminels, ni sous prétexte de complicité dans les faits objet du procès où il figure comme témoin.

15. Lorsque, dans une cause pénale instruite dans l'un des deux pays, la confrontation de criminels détenus dans l'autre ou la production de pièces de conviction ou documents judiciaires sera jugée utile, la demande en sera faite par la voie diplomatique, et l'on y donnera suite, à moins que des considérations particulières ne s'y opposent, et sous l'obligation de renvoyer les criminels et les pièces.

Les gouvernements contractants renoncent à toute réclamation de frais résultant du transport et du renvoi, dans les limites de leurs territoires respectifs, de criminels à confronter, et de l'envoi et de la restitution des pièces de conviction et documents.

16. La présente convention est conclue pour cinq années.

L'époque de sa mise en vigueur sera fixée dans le procès-verbal d'échange des ratifications.

Dans le cas où, six mois avant l'expiration des cinq années, aucun des deux gouvernements n'aurait déclaré y renoncer, elle sera valable pour cinq autres années, et ainsi de suite, de cinq ans en cinq ans.

Elle sera ratifiée, et les ratifications en seront échangées aussitôt que faire se pourra.

Les dispositions du traité du 18 juillet 1828 concernant les matières criminelles, ainsi que la déclaration du 30 septembre 1833, sont et demeurent abrogées.

VÉNÉZUÉLA.

Convention du 23 *mars* 1853 [1].

Art. **1**. Le Gouvernement français et le Gouvernement vénézuélien s'engagent à se livrer réciproquement, à l'exception de leurs nationaux, tous les individus fugitifs de France réfugiés dans le Vénézuéla, ou les fugitifs du Vénézuéla réfugiés en France, poursuivis ou condamnés par les tribunaux compétents comme auteurs ou complices de l'un des crimes énumérés dans l'article 2 de la présente convention; et l'extradition aura lieu sur la demande que l'un des deux gouvernements adressera à l'autre par la voie diplomatique.

2. Les crimes pour lesquels l'extradition devra être réciproquement accordée sont les suivants :

1° Assassinat, empoisonnement, parricide, infanticide, meurtre;

2° Castration, viol, attentat à la pudeur tenté ou consommé avec violence;

3° Incendie;

4° Vol, lorsqu'il a été accompagné de circonstances qui lui impriment le caractère de crime, d'après la législation des deux pays;

5° Faux en écriture publique ou authentique;

6° Faux en écriture privée ou de commerce, quand le fait est puni de peines afflictives ou infamantes, suivant les lois des deux pays;

7° Fabrication, émission de fausse monnaie;

8° Fabrication, émission de faux papier-monnaie; altération du papier-monnaie;

9° Soustraction de fonds, effets ou documents, de quelque

(1) V. *Bulletin des lois*, 1856, 1, 764.

espèce qu'ils soient, appartenant à l'État, commise par des employés ou dépositaires publics ou par des particuliers, lorsque cette soustraction est punie par les lois des deux pays de peines afflictives ou infamantes.

10° Banqueroute frauduleuse au préjudice du trésor public ou des particuliers;

11° Faux témoignage; subornation de témoins.

3. Les pièces qui devront être produites à l'appui des demandes d'extradition sont le mandat d'arrêt décerné contre les prévenus, conformément aux lois du pays dont le gouvernement demande l'extradition, ou toutes autres pièces ayant au moins la même force que ce mandat, et indiquant également la nature et gravité des faits poursuivis, ainsi que la disposition pénale applicable à ces faits.

4. Quand il y aura lieu à l'extradition, tous les objets saisis qui peuvent servir à constater le délit ou les délits, ainsi que les objets provenant de vol, seront remis à la puissance réclamante, soit que l'extradition puisse avoir lieu, l'accusé ayant été arrêté, ou soit qu'elle ne puisse avoir son effet, l'accusé ou le coupable s'étant de nouveau échappé. La remise des objets provenant de vols, et des pièces qui pourront servir à prouver le délit ou les délits, aura lieu de même, bien que, pour cause de mort, l'extradition ne puisse avoir lieu.

5. Si des individus étrangers à la France ou au Vénézuéla venaient à se réfugier d'un pays dans l'autre, après avoir commis l'un des crimes énumérés dans l'article 2, l'extradition ne sera accordée qu'après que le gouvernement du pays auquel appartient l'étranger réclamé, ou son représentant, aura été consulté et mis en demeure de faire connaître les motifs qu'il pourrait avoir de s'opposer à l'extradition.

Cette disposition sera également observée par le Gouvernement français à l'égard des Vénézuéliens, et par le Gouvernement vénézuélien à l'égard des Français dont l'extradition leur serait demandée par d'autres gouvernements.

6. Si l'individu dont l'extradition est demandée était poursuivi ou avait été condamné dans le pays où il s'est réfugié, pour crimes ou délits commis dans ce même pays, il ne pourra être livré qu'après avoir été jugé, acquitté ou gracié, et, dans le cas de condamnation, qu'après avoir subi la peine prononcée contre lui.

7. La demande d'extradition ne sera pas admise si, depuis les faits imputés, les poursuites ou la condamnation, la prescription de l'action ou de la peine est acquise d'après les lois du pays dans lequel se trouve l'étranger.

8. Si l'individu réclamé a contracté envers des particuliers des obligations que son extradition l'empêche de remplir, il n'en sera pas moins extradé et la partie lésée sera libre de poursuivre ses droits par devant l'autorité compétente.

9. Les frais occasionnés par l'arrestation, la détention et le transport des extradés au lieu où la remise s'effectuera, seront à la charge de celui des deux États dans lequel l'accusé ou le coupable aura été saisi, et ils seront remboursés par la partie réclamante.

10. Les crimes et délits politiques sont exceptés de la présente convention. Il est expressément stipulé que l'individu dont l'extradition aura été accordée ne pourra être, dans aucun cas, poursuivi ou puni pour aucun délit politique antérieur à l'extradition, l'extradition ne pouvant avoir lieu que pour poursuivre et châtier les crimes communs spécifiés dans l'article 2. Il est également stipulé que l'application de la présente convention aura pour point de départ la date de la signature, et que les faits antérieurs à cette date ne pourront être l'objet d'une demande d'extradition.

11. La présente convention continuera d'avoir force et vigueur jusqu'à ce que l'une des parties contractantes ait notifié à l'autre, un an d'avance, sa volonté de la faire cesser.

12. La présente convention sera ratifiée conformément aux constitutions respectives des deux pays, et les ratifications en seront échangées à Caracas, le plus tôt que faire se pourra.

WALDECK ET PYRMONT (PRINCIPAUTÉ DE).

Convention du 10 *juillet* 1854 (1).

ART. **1**. Les Gouvernements de France et de Waldeck et Pyrmont s'engagent, par la présente convention, à se livrer réciproquement, chacun à l'exception de ses nationaux, les individus réfugiés de France dans les principautés de Waldeck et Pyrmont, et des principautés de Waldeck et Pyrmont en France, et poursuivis ou condamnés par les tribunaux compétents pour l'un des crimes ci-après énumérés.

L'extradition aura lieu sur la demande que l'un des deux gouvernements adressera à l'autre par la voie diplomatique.

2. Les crimes à raison desquels l'extradition sera accordée sont les suivants :

1° Assassinat, empoisonnement, parricide, infanticide, meurtre, viol, castration, avortement, attentat à la pudeur consommé ou tenté avec violence, lorsqu'il aura été commis sur un enfant de l'un ou de l'autre sexe âgé de moins de onze ans; association de malfaiteurs, lorsque ce crime est puni, d'après la législation française, de peines afflictives et infamantes; menaces d'attentat contre les personnes ou les propriétés; extorsion de titres et de signatures; séquestration des personnes;

2° Coups et blessures volontaires, dans le cas où ces faits sont punissables, suivant la loi française, de peines afflictives et infamantes;

3° Incendie;

4° Faux en écriture publique ou authentique et de commerce ou de banque, et faux en écriture privée, y compris la contrefaçon des billets de banque et effets publics, mais non

(1) V. *Bulletin des lois*, 1854, 2, 785.

compris les faux qui ne sont point, suivant la loi française, punis de peines afflictives et infamantes;

5° Fabrication, introduction, émission de fausse monnaie, contrefaçon ou altération de papier-monnaie, ou émission de papier-monnaie contrefait ou altéré;

6° Contrefaçon de poinçons de l'État servant à marquer les matières d'or et d'argent; contrefaçon du sceau de l'État et des timbres nationaux;

7° Faux témoignage en matière criminelle; faux témoignage et faux serment en matière civile;

8° Subornation de témoins;

9° Vol, lorsqu'il a été accompagné de circonstances qui lui donnent le caractère de crime, d'après la législation française; abus de confiance domestique, lorsque ce crime est puni d'après la législation française, de peines afflictives et infamantes; soustractions et concussions commises par les dépositaires et fonctionnaires publics, mais seulement dans le cas où, suivant la législation française, elles sont punies de peines afflictives et infamantes;

10° Banqueroute frauduleuse.

3. Tous les objets saisis en la possession d'un prévenu, lors de son arrestation, seront livrés au moment où s'effectuera l'extradition; et cette remise ne se bornera pas seulement aux objets volés, mais comprendra tous ceux qui pourraient servir à la preuve du crime.

4. Chacun des deux gouvernements contractants pourra, dès avant la production du mandat d'arrêt, demander l'arrestation immédiate et provisoire de l'accusé ou du condamné, laquelle demeurera néanmoins facultative pour l'autre gouvernement.

Lorsque l'arrestation provisoire aura été accordée, le mandat d'arrêt devra être transmis dans le délai de deux mois.

5. L'extradition ne sera accordée que sur la production, soit d'un arrêt de mise en accusation, soit enfin d'un mandat d'arrêt expédié dans les formes prescrites par la législation du pays qui réclame l'extradition, ou de tout autre acte ayant au moins la même force que ce mandat et indiquant également la nature et la gravité des faits poursuivis, ainsi que la disposition pénale applicable à ces faits.

6. Si l'individu réclamé est poursuivi ou se trouve détenu pour un crime ou délit qu'il a commis dans le pays où il s'est réfugié, son extradition pourra être différée jusqu'à ce qu'il ait subi sa peine.

7. Si le prévenu ou le condamné n'est pas sujet de celui des deux États contractants qui le réclame, l'extradition pourra être suspendue jusqu'à ce que son gouvernement ait été, s'il y a lieu, consulté et invité à faire connaître les motifs qu'il pourrait avoir de s'opposer à l'extradition.

Dans tous les cas, le gouvernement saisi de la demande d'extradition restera libre de donner à cette demande la suite qui lui paraîtra convenable, et de livrer le prévenu pour être jugé, soit à son pays natal, soit au pays où le crime aura été commis.

8. Il est expressément stipulé que le prévenu ou le condamné dont l'extradition aura été accordée, ne pourra, dans aucun cas, être poursuivi ou puni pour un délit politique antérieur à l'extradition, ni pour un des crimes ou délits non prévus par la présente convention.

9. L'extradition ne pourra avoir lieu si, depuis les faits imputés, la poursuite ou la condamnation, la prescription de la peine ou de l'action est acquise d'après les lois du pays où le prévenu s'est réfugié.

10. Les frais d'arrestation, d'entretien et de transport de l'individu dont l'extradition aura été accordée, resteront à la charge des deux gouvernements dans les limites de leurs territoires respectifs.

Les frais d'entretien et de passage sur le territoire des États intermédiaires sont à la charge de l'État qui réclame l'extradition.

11. Lorsque, dans la poursuite d'une affaire pénale, mentionnée dans la présente convention, un des deux gouvernements jugera nécessaire l'audition de témoins domiciliés dans l'autre État, une commission rogatoire sera envoyée, à cet effet, par la voie diplomatique, et il y sera donné suite en observant les lois du pays où les témoins sont invités à comparaître.

Les frais résultant de l'exécution de la commission rogatoire sont à la charge du gouvernement qui la demande.

12. Si, dans une cause pénale, la comparution d'un témoin est nécessaire, le gouvernement du pays auquel appartient le témoin l'engagera à se rendre à l'invitation qui lui sera faite, et, en cas de consentement, il lui sera accordé des frais de voyage et de séjour d'après les tarifs et règlements en vigueur dans le pays où l'audition doit avoir lieu.

13. Lorsque, dans une cause pénale instruite dans l'un des deux pays, la confrontation de criminels détenus dans l'autre, ou la production de pièces de conviction ou documents judiciaires sera jugée utile, la demande en sera faite par la voie diplomatique, et l'on y donnera suite, à moins que des considérations particulières ne s'y opposent, et sous l'obligation de renvoyer les criminels et les pièces.

Les gouvernements respectifs renoncent, de part et d'autre, à toute réclamation de frais résultant du transport et du renvoi, dans les limites de leurs territoires respectifs, de criminels à confronter, et de l'envoi ainsi que de la restitution des pièces de conviction et documents.

14. La présente convention continuera à être en vigueur jusqu'à l'expiration de six mois après déclaration contraire de la part de l'un des deux gouvernements.

WURTEMBERG.

Convention du 25 *janvier* 1853 (1).

Art. 1. Les Gouvernements français et wurtembergeois s'engagent par la présente convention à se livrer réciproquement, chacun à l'exception de ses nationaux, les individus réfugiés de France en Wurtemberg ou de Wurtemberg en France, poursuivis ou condamnés par les tribunaux compétents pour l'un des crimes ci-après énumérés.

L'extradition aura lieu sur la demande que l'un des deux gouvernements adressera à l'autre par voie diplomatique.

2. Les crimes à raison desquels cette extradition sera accordée sont :

1° Assassinat, empoisonnement, parricide, infanticide, meurtre, viol, attentat à la pudeur consommé ou tenté avec violence;

2° Incendie;

3° Faux en écriture authentique, en écriture de commerce et en écriture privée, y compris la contrefaçon des billets de banque et effets publics, mais non compris les faux qui, dans le pays auquel l'extradition est demandée, ne sont point punis de peines afflictives et infamantes;

4° Fabrication ou émission de fausse monnaie;

5° Contrefaçon des poinçons de l'État servant à marquer les matières d'or et d'argent;

6° Menaces d'un attentat contre les personnes ou les propriétés; extorsion de titres et de signatures;

(1) V. *Bulletin des lois*, 1853, 1, 353.

7° Faux témoignage, dans le cas où il entraîne peine afflictive et infamante; subornation de témoins;

8° Vol, lorsqu'il a été accompagné de circonstances qui lui impriment le caractère de crime puni par des peines afflictives et infamantes; abus de confiance domestique;

9° Soustractions commises par les dépositaires publics, mais seulement dans les cas où elles sont punies de peines afflictives et infamantes;

10° Banqueroute frauduleuse.

3. Tous les objets saisis en la possession d'un prévenu lors de son arrestation seront livrés au moment où s'effectuera l'extradition, et cette remise ne se bornera pas seulement aux objets volés, mais comprendra tous ceux qui pourraient servir à la preuve du crime.

4. Si l'individu réclamé est poursuivi ou se trouve détenu pour un crime ou délit qu'il a commis dans le pays où il s'est réfugié, son extradition pourra être différée jusqu'à ce qu'il ait subi sa peine.

Dans le cas où il serait poursuivi ou détenu dans le même pays à raison d'obligations par lui contractées envers des particuliers, son extradition aura lieu néanmoins, sauf à la partie lésée à poursuivre ses droits devant l'autorité compétente.

5. L'extradition ne sera accordée que sur la production, soit d'un arrêt de condamnation soit d'un mandat d'arrêt décerné contre l'accusé et expédié dans les formes prescrites par la législation du gouvernement qui demande l'extradition, ou tout autre acte ayant au moins la même force que ce mandat, et indiquant également la nature et la gravité des faits poursuivis, ainsi que la disposition pénale applicable à ces faits.

6. Chacun des deux gouvernements contractants pourra, sur la production du mandat d'arrêt, demander à l'autre l'arrestation immédiate et provisoire de l'accusé ou du condamné dont il réclamera l'extradition.

7. Si le prévenu ou le condamné n'est pas sujet de celui

des deux États contractants qui le réclame, il ne pourra être livré qu'après que son gouvernement aura été consulté et mis en demeure de faire connaître les motifs qu'il pourrait avoir de s'opposer à l'extradition.

Dans tous les cas, le gouvernement saisi de la demande d'extradition restera libre de donner à cette demande la suite qui lui paraîtra convenable et de livrer le prévenu pour être jugé, soit à son pays natal, soit au pays où le crime aura été commis.

8. Les dispositions de la présente convention ne pourront être appliquées à des individus qui se seront rendus coupables d'un délit politique quelconque.

L'extradition ne pourra avoir lieu que pour la poursuite et la punition des crimes communs.

9. L'extradition ne pourra avoir lieu si, depuis les faits imputés, la poursuite ou la condamnation, la prescription de l'action ou de la peine est acquise d'après les lois du pays où le prévenu s'est réfugié.

10. Les gouvernements respectifs renoncent à réclamer la restitution des frais d'entretien, de transport, d'arrestation provisoire ou autres qui résulteraient de l'extradition d'accusés ou de condamnés, et ils consentent à prendre réciproquement ces frais à leur charge.

11. Lorsque dans la poursuite d'affaires pénales, un des gouvernements jugera nécessaire l'audition de témoins domiciliés dans l'autre État, une commission rogatoire sera envoyée, à cet effet, par voie diplomatique, et il y sera donné suite en observant les lois du pays où les témoins seront invités à comparaître.

Les gouvernements respectifs renoncent, de part et d'autre, à former aucune réclamation par suite des frais qui en résulteraient.

12. Lorsque, dans une cause pénale, la communication des pièces qui se trouveraient entre les mains des autorités de l'autre pays sera jugée utile ou nécessaire, la demande en sera faite par la voie diplomatique, et l'on y donnera suite s'il n'existe pas de considérations spéciales qui s'y opposent, et sous l'obligation de renvoyer les pièces.

Le principe posé à l'article 10 de la présente convention est également applicable aux frais résultant de l'envoi et de la restitution des pièces.

13. La présente convention continuera à être en vigueur jusqu'à l'expiration de six mois après la déclaration contraire de la part de l'un des deux gouvernements.

COMPLÉMENT.

COMMISSIONS ROGATOIRES.

Ainsi que nous l'avons déjà exposé, p. 155, les commissions rogatoires adressées par les magistrats français aux autorités étrangères doivent, en principe, être transmises par la voie diplomatique.

Et spécialement, en ce qui concerne nos relations avec l'Allemagne, nous avons fait observer qu'il fallait s'abstenir de correspondre directement avec les autorités de ce pays.

Ainsi, une circulaire du ministère d'État, en date du 8 août 1885, prescrit à toutes les autorités d'Alsace-Lorraine de renvoyer par la voie diplomatique et sans avoir été exécutées, toutes les commissions qui leur sont directement adressées.

Abstraction faite des cas tout à fait exceptionnels, cette règle ne comporte que deux exceptions concernant les commissions rogatoires envoyées par un parquet de département frontière et relatives à une affaire urgente.

La circulaire précitée prohibe, tout particulièrement, l'exécution de toute commission rogatoire transmise par un parquet de département frontière et qui émanerait d'un parquet éloigné.

Dans les cas d'urgence, l'exécution des commissions rogatoires peut être demandée par télégramme, mais il est indispensable de recourir à l'emploi de la voie diplomatique.

Toute demande de casier judiciaire doit être faite par la voie diplomatique, quelle que soit l'urgence; il n'y a aucune distinction à faire entre les demandes adressées par un parquet frontière et celles provenant de parquets plus éloignés.

ERRATA.

Page 82, ligne 18.

Au lieu de : Mais, si des tiers impliqués...
Mettez : Mais, si des tiers non impliqués...

Page 97, ligne 7.

Au lieu de : Cependant, certains États, le Grand-Duché de Luxembourg, l'Angleterre et les États-Unis...
Mettez : Cependant certains États, le Grand-Duché de Luxembourg, l'Angleterre, les États-Unis, Brême, Hambourg, Lubeck, les grands-duchés de Mecklembourg-Schwérin et de Mecklembourg-Strélitz...

Page 100, ligne 15.

Au lieu de : Les demandes d'extradition... etc.....
Mettez : « Les demandes d'extradition adressées au gouvernement des États-Unis doivent être accompagnées d'un mandat d'arrêt et des dépositions de témoins reçues sous serment et *antérieurement* à la délivrance du mandat d'arrêt.

TABLE DES MATIÈRES.

A

Pages.

B

C

D

E

(1) Toute demande d'extradition adressée aux Etats-Unis doit être accompagnée d'un mandat d'arrêt et des dépositions de témoins reçues sous serment et *antérieurement* à la délivrance du mandat d'arrêt, V. p. 100 et 381. Pour la légalisation de ces diverses pièces, V. p. 102.

F

G

H

I

J

L

M

N

O

P

Q

R

S

T

U

V

W

BAR-LE-DUC, IMPRIMERIE CONTANT-LAGUERRE.

A LA MÊME LIBRAIRIE.

Traité théorique et pratique de droit public et administratif, contenant l'examen de la doctrine et de la jurisprudence, la comparaison de notre législation avec les principales lois politiques et administratives de l'Angleterre, des États-Unis, de la Belgique, de la Hollande, des principaux États de l'Allemagne et de l'Espagne; la comparaison de nos institutions actuelles avec celles de la France avant 1789, par A. Batbie, professeur à la Faculté de droit de Paris, avocat à la Cour d'appel, sénateur, ancien ministre de l'Instruction publique et des Cultes. 2e *édition*, remaniée et mise au courant de la législation et de la jurisprudence, 1885, 8 vol. in-8°... 72 fr. »

Les Constitutions européennes, Parlements, Conseils provinciaux et communaux et organisation judiciaire dans les divers États de l'Europe, par G. Demombynes, avocat à la Cour d'appel de Paris, 2e *édition*, refondue et augmentée, 1883, 2 forts volumes in-8°....................................... 24 fr. »

Précis du Cours d'économie politique professé à la Faculté de droit de Paris, contenant, avec l'exposé des principes, l'analyse des questions de législation économique, par Paul Cauwès, professeur à la Faculté de droit de Paris. 2e édition, revue et augmentée, 1881-1882. 2 vol. grand in-8°........ 20 fr. »

Principes d'économie politique, par Ch. Gide, professeur d'économie politique à la Faculté de droit de Montpellier, 1884. 1 vol. in-18.......... 5 fr. »

Traité de droit international public en temps de paix, par Carnazza-Amari, professeur de droit international à l'Université royale de Catane, traduit en français et précédé d'une étude sur l'état actuel du droit des gens en Italie, par Montanari-Revest, ancien bâtonnier de l'ordre des avocats près le Tribunal civil de Toulon, juge suppléant au même siège. 1880-1881, 2 volumes in-8°... 16 fr. »

Répertoire diplomatique et consulaire, indication, dans un ordre alphabétique, des textes du droit français et du droit international positif qui doivent servir de règle de conduite aux fonctionnaires et agents chargés de la surveillance de nos intérêts à l'étranger, par P. Chevrey-Rameau, sous-directeur au Ministère des Affaires étrangères, officier de la Légion d'honneur, 1883, 1 vol. in-8°. 7 fr. 50

Répertoire diplomatique et consulaire. Supplément pour les années 1883 1884, par P. Chevrey-Rameau, 1885, 1 vol. in-8°.......................... 5 fr. »

Traité élémentaire de Droit international privé, par André Weiss, professeur à la Faculté de droit de Dijon, avocat à la Cour d'appel, 1886, 1 volume in-8°... 12 fr. »

Précis de Droit international privé, par Frantz Despagnet, professeur agrégé à la Faculté de droit de Bordeaux, 1886, 1 vol. in-8°........ 10 fr. »

Essai sur le droit international privé, précédé d'une étude historique sur la condition des étrangers en France, et suivi du texte de tous les traités intéressant les étrangers, par Louis Durand, avocat près la Cour d'appel de Lyon, docteur en droit, 1884, 1 vol. in-8°.. 10 fr. »
(Ouvrage couronné par la Faculté catholique de Lyon et par l'Académie de législation de Toulouse.)

Manuel de Droit international privé avec indication et solution des questions posées aux examens de licence en 1882 et 1883, par Bourdon-Viane et H. Magron, répétiteurs de Droit. 1 fort vol. in-18............................ 6 fr. »

Constitutions qui ont régi la France depuis 1789 jusqu'à l'élection de M. Grévy comme Président de la République, conférées entre elles et annotées par Tripier, 2e *édition* augmentée d'un supplément, 1879, 1 fort v. in-12. 5 fr. »

BAR-LE-DUC, IMPRIMERIE CONTANT-LAGUERRE.

www.ingramcontent.com/pod-product-compliance
Ingram Content Group UK Ltd.
Pitfield, Milton Keynes, MK11 3LW, UK
UKHW022325190726
13856UKWH00001B/224

9 782013 487757